볼품없는
인생에 깃든
하나님의
은혜

볼품없는 인생에 깃든 하나님의 은혜

저자 남성덕

초판 1쇄 발행 2020. 11. 4.

발행처 도서출판 브니엘
발행인 권혁선

등록번호 서울 제2006-50호
등록일자 2006. 9. 11.

서울특별시 송파구 백제고분로28길 25 B101호 (05590)
마케팅부 02)421-3436
편집부 02)421-3487
팩시밀리 02)421-3438

ISBN 979-11-90308-33-5 03230

독자의견 02)421-3487
이메일 editorkhs@empal.com

북카페 주소 cafe.naver.com/penielpub.cafe
인스타그램 @peniel_books

도서출판 브니엘은 독자들의 책에 관한 아이디어나 원고를 설레는 마음으로 기다리고 있습니다. 책으로 엮기를 원하는 아이디어가 있으신 분은 위의 이메일로 간단한 개요와 취지, 연락처 등을 보내주십시오. 머뭇거리지 말고 문을 두드리세요. 길이 열립니다.

도서출판 브니엘은 갓구운 빵처럼 항상 신선한 책만을 고집합니다.

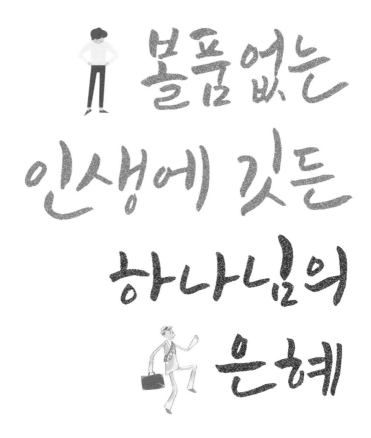

볼품없는 인생에 깃든 하나님의 은혜

남성덕 | 지음

평범하고 볼품없는 오늘의 우리에게까지 이어지는 하나님의 은혜 ●

 브니엘

세상에는 수많은 사람이 있다. 세계인구는 77억이 넘으며, 앞으로도 꾸준히 증가할 것이다. 세계는 지금 만원이다. 살아 있는 사람만이 아니라 아담 이후 지금까지 지구상에 살았던 모든 사람의 숫자를 합치면 상상을 초월한다. 세상에는 그렇게 많은 사람이 살고 있고 그보다 더 많은 사람이 살다갔지만, 그 모든 사람 하나하나가 다 다르다는 것은 놀라운 일이 아닐 수 없다.

수만 마리의 새떼가 날아드는 갯벌을 보면 모든 새가 다 똑같이 생겼다는 것을 알게 된다. 자세히 보면 제각각 다르게 생겼을지도 모르겠다. 그러나 같은 종류의 새들은 마치 쌍둥이처럼 닮아서 우리는 새 하나하나를 구별할 수가 없다. 새들은 생긴 모습도, 하는 행동도 모두 똑같다. 어쩌면 생각하는 것도 다 같을지 모르겠다. 개미는 또 어떤가? 군집생활을 하는 개미 수는 수백, 수천, 수만 마리에 이른다. 개미들은 똑같은 행태와 모습을 하고 있다. 우리는 개미를 보면서 각각의 개미를 구별해 낼 수 없다. 모든 개미는 다 똑같이 생겼기 때문이다.

그러나 사람에 대해서라면 말이 달라진다. 세상의 모든 사람은 제각각 다르게 생겼다. 생긴 것만 다를 뿐 아니라 삶의 방식, 하고 있는 일, 좋아하는 것, 생각하는 게 모두 다르다. 지문 하나만 봐도 겹쳐지는 사람이 없다. 그렇기에 우리는 새나 개미와 달리 인간에 대해서는 분명히 다르다고 말할 수 있다.

하나님은 그렇게 사람들을 다른 모습으로 만드셨다. 세상의 모든 사람은 주어진 상황도 다 다르거니와 선택과 결정을 내릴 때도 모두 다른 길을 간다. 어떤 사람은 최상의 상황에서 최악을 선택하고, 어떤 사람은 악이 가득한 처지에서도 최선의 경지에 이른다. 모든 사람은 다 다르다.

성경에는 수많은 사람이 등장한다. 성경을 읽으면서도 인간이란 이토록 다양하다는 것을 보게 된다. 우리는 그렇게 다른 사람이다. 성경에는 우리에게 익숙한 인물이 있다. 태어나서 자라고 일하고 사랑하고 죽어갔던 모든 일이 마치 눈에 보이듯 친근한 사람들이 있다. 아브라함, 모세, 엘리야, 바울과 같은 사람은 성경에 조금만 관심 있는 사람이라면 그들 삶의 내용을 얼마든지 들어보았을 것이다.

그러나 성경에는 그렇게 유명한 인물만 등장하지 않는다. 이 책에서는 그런 인물들을 다루어보았다. 익숙하지 않은 이름, 처음 들어보는 인물, 처음 만나는 낯선 이름들을 발견하게 될 것이다. 어떤 이름에 대해서는 '이런 이름이 성경에 있었어?'라고 생각될지도 모르겠다. 그들의 삶은 대단하지 않을지도 모른다. 어떤 인물은 기껏해야 한두 줄에 불과한 인물이기도 하다. 그러나 그들도 모두 성경의 주인 공이다. 그들이 성경에 기록된 것만으로도 그들은 읽어야 할 가치가 있다. 생소하고 낯선 인물들을 통해 그들이 어떤 가치를 선택했는지, 그들 삶 속에 드러난 의미는 무엇인지를 생각해보고 묵상한 것이 바로 이 책이다.

섹션 1에서는 성경에 등장하는 조연들 중에서 위대한 일을 행한 사람들을 추적해보았다. 사무엘상하의 주인공은 다윗이지만 조력자로서 자신의 역할을 잘 감당했던 요나단이라든지, 예수님을 최초로 만난 사람들 중에 노인인 시므온이라든가, 사도행전의 주인공인 바울을 위기에서 건져준 로마의 백부장 루시아 등 열세 명의 조연을 등장시켰다. 그들은 주인공을 더욱 눈부시게 해주었을 뿐만 아니라 독보적인 위치에서 자신의 역할을 제대로 해내고 말았다. 그렇게 되었던 원인이 무엇인지를 생각해보았다.

섹션 2에서는 기적을 경험한 사람들을 등장시켰다. 아내가 남의 아기를 임신했지만 받아주었던 요셉이라든가, 뺨을 맞고 감옥에 갔지만 진리를 드러내는 데 능숙했던 미가야 선지자라든가, 도망간 노예였으나 바울을 만나서 변화된 빌레몬이라든가, 죽었다가 살아난 나사로나 유두고에 대한 이야기들을 실어보았다. 그들을 읽으면 인생이란 기적의 연속이란 것을 알게 된다. 기적의 현장 속에서 놀라운 일을 해낸 사람들이 어떻게 기적의 주인공이 될 수 있었는지를 살펴보았다.

섹션 3에서는 실패한 사람들을 다루었다. 병을 고치고서도 그저 자신의 자리로 돌아가고만 나아만이나, 평생을 후회하며 살아야 했던 아담이나, 입신양명을 위해 딸을 희생했던 입다라든가, 베드로에 의해서 귀가 잘린 말고 같은 인물 열 명이 등장한다. 그들의 생애를 통해서 아쉽고 답답한 점들을 살펴보았다. 좋은 환경과 훌륭한 가문이 반드시 인생의 완전함을 보장하는 게 아니란 사실을 알게 된다.

섹션 4에서는 두 사람의 이야기를 엮어보았다. 그들은 한때 교회 부흥에 혁혁한 공을 세웠으나 서로 싸우고 있는 유오디아와 순두게였고, 비슷하지만 다른 처지에 놓였던 야이로의 딸과 혈루증 여인이었으며, 형제로서 차기 대제사장을 이어가지 못하고 그만 불에 타서 죽은 나답과 아비후였고, 남편의 사랑을 놓고 서로 견제하기에 바빴던 레아와 라헬이었다. 이런 열 쌍의 커플을 서로 비교하기도 하고 차이점을 논해보기도 하면서 하나님의 인도하심은 무엇인지를 볼 수 있었다.

섹션 5에서는 열다섯 명의 여인의 인생을 살펴보았다. 역사적으로 약자일 수밖에 없는 여인이 성경에는 꽤 많이 등장한다. 그들은 때론 실패하고, 때론 위기를 이겨냈으며, 때론 절망 속에서 예수님을 만나는 등 각자의 인생을 살아왔다. 가장 멀리는 하와라든가, 가까이는 뵈뵈, 아들이나 사위로 인해서 비극을 경험했던 나인성 과부나 베드로의 장모 같은 이름 없이 대명사로만 불리는 여인들이 이 섹션의 주인공이다. 이 여인의 삶에 대한 의문과 대답을 찾아보았다.

마지막으로 섹션 6은 열세 명의 악인의 모습을 그려보았다. 배신의 대명사인 가룟 유다, 세상을 사랑해서 떠난 데마, 애굽의 신처럼 추앙받던 바로, 당대 실력가 고라, 마술로 사마리아를 장악했던 시몬, 예수님을 십자가 형틀에 내어주었던 빌라도에 이르기까지 혀를 내두르는 악인들의 다양한 모습을 다루었다. 그들이 그토록 어리석은 일을 했던 이유는 무엇이지, 그렇게 해서 겪어야 했던 대가는 무엇인지, 그것이 어떤 의미를 가지고 있는지를 살펴보았다.

　이렇게 총 72개의 이야기에 걸쳐 80명이 넘는 사람들에게 질문하고 대답하면서 그들 삶의 의미를 찾아가는 여정이 바로 이 책이 하는 일이다. 그러나 이 책의 기능은 거기에서 끝나지 않는다. 중요한 것은 책에 등장하는 인물들이 아니다. 그들에게 던진 질문을 오늘을 살아가는 우리에게도 던져볼 필요가 있다는 점이다. 이름도 잘 모르는 낯선 인물들을 성경에서 찾고 그들의 모습을 찾아봐야 할 이유가 바로 여기에 있다. 그들을 잘 들여다보고 묵상하다 보면 그들 속에 우리의 얼굴이 비쳐 보일 때가 있다. 자, 이제 그들의 이야기로 들어가보자.

글쓴이 남성덕

C·O·N·T·E·N·T·S
차례

볼품없는
인생에 깃든
하나님의
은혜

| Section 3 | 1% 부족한 아쉬운 실패자들

볼품없는
인생에 깃든
하나님의
은혜

| Section 5 | 약하고 부족하지만 강한 여인들

볼품없는
인생에 깃든
하나님의
은혜

볼품없는
인생에 깃든
하나님의
은혜

Section 1

아름다운
하나님의 조연들

요나단
그는 왜 왕이 될 수 없었을까

요나단을 볼 때 우리는 두 개의 안경을 끼고 본다. 사울이란 안경과 다윗이란 안경. 이스라엘 초대 왕이지만 당대로 정권이 끝나버린 어리석은 왕 사울을 아버지로, 이스라엘 최고의 전성기를 구가했던 왕 다윗을 친구로 둔 요나단은 이 둘과의 관계를 통해서만 제대로 평가될 수 있다. 이 두 가지 안경을 사용해서 요나단을 살펴보자.

첫 번째는 사울이란 안경이다. 요나단이란 이름에는 "하나님께서 주셨다"는 뜻이 있다. 사울이 첫아들을 낳고 "하나님이 주셨구나!" 이렇게 고백하며 그 이름을 지었을 터였다. 타락하기 전까지의 겸손하고 여린 사울은 하나님의 은혜를 기억하고 감동하며 아들에게 '요나단'이란 멋진 이름을 지어주었다. 그랬던 사울이 변하기 시작했다.

무엇이든 처음이라는 것은 시행착오를 겪기 마련이다. 개척자처럼 맨 처음 길을 걸어간다는 것은 쉬운 일이 아니다. 이스라엘 역사에서 처음으로 시작되는 왕정의 책임이 사울에게 주어졌다. 주변국이 끊임없이 견제와 도발을 이어갈 때 신흥 국가의 초대 왕으로서 그는 어떤 덕목을 갖춰야 할까? 겸손하고 여린 성품은 나라를 이끌기에는 부족하다. 사울은 겸손을 당당함으로, 여림을 대범함으로 바꾸어야 했지만 당당함이나 대범함은 좀처럼 생기지 않았다. 그는 조급하게 정책을 이끌었고 조언자들을 적으로 만들었다.

사울의 아들 요나단이야말로 제대로 된 덕목을 갖춘 사람이었다. 바위틈에 주둔한 블레셋 군인을 혼내주자고 호기롭게 말하는 요나단을 보라. 그의 옆에는 단 한 명의 부하밖에 없었다. 그는 "여호와의 구원은 사람이 많고 적음에 달리지 아니하였느니라"(삼상 14:6)면서 블레셋 수비대를 기습하기도 했다. 그 덕에 땅도 진동했다고 하니 그의 대범함에 놀라지 않을 수 없다(삼상 14:15).

당시 전쟁 중이던 사울은 군인들에게 음식을 먹지 말라는 명령을 내렸다. 금식 명령을 듣지 못했던 요나단은 블레셋을 혼내준 뒤에 수풀로 숨어 들어갔다가 야생 꿀을 찍어 먹었다. 요나단은 말했다.

"내가 이따위 꿀을 조금 먹고도 힘이 넘치는데, 군인들도 뭔가를 먹는다면 원수 갚는 건 시간문제 아니겠느냐."

요나단의 말에 군사들이 피도 빼지 않고 고기를 먹는 바람에 모두 왕의 명령을 어기게 되었다. 사울은 금기를 어기게 만든 요나단을 찾아냈고 사형에 처하려고 했다. 그러나 요나단은 왕 앞에 불려가서도 눈 하나 깜짝하지 않았다. 목숨이 위태로운 상황에서 요나단의 자신감은 빛났다. 백성의 탄원으로 위기에서 벗어나게 된 것도 요나단에게는 훈장과 같은 경험이 되었다.

요나단은 장남이기에 사울을 이어서 왕이 될 조건으로 충분했다. 그의 대범함이나 자신감도 괄목할 만하고, 백성의 여론도 그를 지지하고 있었으니 차기 왕으로 딱 알맞은 인물이었다. 그런데 왜 요나단은 왕이 되지 못했을까? 이제 다윗이라는 안경으로 바꾸어보자.

사울이 정통성을 갖춘 왕이라는 데는 이견이 없다. 그러나 사울 왕조는 당대에서 끝난 일회성 왕조에 불과했다. 사울이 왕이 되기 전에 이스라엘은 사사시대의 마지막을 향하고 있었다. 왕이 없어서 자기 멋대로 행했다(삿 21:25)는 것이 사사시대에 대한 평가였고, 이스라엘 백성들은 새로운 시대에 맞춰 왕을 요구했다. 왕을 통해서 이스라엘은 경쟁력 있는 나라가 될 것을 기대했기 때문이다. 그러나 안타깝게도 사울은 실패하고 말았다. 순수했던 그는 점점 질투에 눈이 멀어 다윗 한 사람을 제거하기 위해 국력을 소모했다. 사울이 왕정이란 제도를 망치는 주범이 되어 버렸다. 그렇다면 다시 사사시대로 돌아가야 할까?

하나님은 제도를 엎어버리지 않고 왕이 교체되기를 원하셨다. 이스라엘에게 새로운 기회가 주어졌고 그 주인공은 다윗이었다. 사울의 시대는 끝났고 베들레헴의 목동 다윗을 통해 왕정은 다시 든든히 세워질 것이었다. 사울 왕이 이것을 순순히 받아들일 리가 없었다.

사울 왕은 하나님의 뜻을 부정하느라 광기에 휩싸일 지경이었다. 요나단은 어떤 입장이었을까? 그는 아버지가 아니라 다윗의 손을 들어주었다.

요나단의 눈에 아버지의 실정과 지도력에는 한계가 있어 보였다. 아버지의 시대가 저물어 간다고 생각했다. 그렇다면 차기 왕은 누가되어야 할까? 자신을 살펴보았다. 그는 왕의 장남이었다. 흉악한 적이든, 왕의 위협이든 어떤 것에서도 기백을 잃은 적이 없었다. 군인과 백성이 자신을 지지한다는 것도 알았다. 그는 차기 왕으로서 충분한 자격을 갖추고 있었다. 요나단은 생각했다. '나 외에 누가 왕이 될수 있을까?'

한 사람이 떠올랐다. 바로 다윗이었다. 시골에서 양치기나 하던, 햇볕에 볼이 빨갛게 상기된 소년 다윗, 블레셋의 역사(力士) 골리앗을 죽인 에베스담밈 전투의 영웅 다윗을 자신과 비교해보았다. 지금도 어디에선가 왕의 명령을 수행하느라 비지땀을 흘리는 다윗이었다. 요나단은 하나님의 뜻이 다윗을 향하고 있다는 사실을 서서히 깨달았다(삼상 23:17).

요나단은 백기를 들었다. 나에게는 모든 것이 갖춰졌지만 한 가지가 없노라. 그리고 그 한 가지는 모든 것이었노라! 요나단은 자기가 왕이 될 수 없는 한 가지 이유로 하나님의 선택을 꼽았다. 하나님은 나를 선택하지 않고 다윗을 선택하셨다. 요나단은 절망했지만 아버지 사울 왕처럼 질투에 사로잡히거나, 자포자기 심정으로 폐인이되어 은둔하거나, 차기 왕 앞에서 비굴하게 고개 숙이지 않았다. 요나단은 올바른 선택을 했다. 그는 다윗을 자신의 친구로 삼았다.

결국 요나단이 얻은 것은 무엇일까? 가장 중요한 하나님의 뜻을 어기지도 않았을 뿐더러 자존심도 지킬 수 있었다. 다윗이 요나단보다 먼저 죽으면 차기를 노릴 수 있을지도 모른다. 그러나 요나단이 먼저 죽으면 다윗의 마음에 영원히 남게 된다. 요나단의 의도는 적중했다. 다윗에게 영원히 지워지지 않는 친구! 우리는 요나단이 아버지 사울처럼 어리석지 않음에 안도하며 요나단이라는 훌륭한 친구를 둔 다윗을 기억하게 되었다. 요나단은 운이 없었지만 바보는 아니었다.

시므온
노인들을 사용하시는 이유는

예수님은 태어난 지 팔 일째 되는 날에 할례를 받으셨다. 할례는 유
대인 남자라면 누구나 받아야 할 의식이었다. 할례를 받으면서 아기
의 이름도 공식적으로 '예수'라고 부르게 되었다. 할례 외에도 아기
가 첫 번째로 예루살렘 성전을 방문할 때 치르는 정결예식이 있었다.
예수님의 부모는 아기를 데리고 성전에 들어가 비둘기 제사를 지냈
다. 첫아들을 하나님께 드린다는 의미였다. 그렇게 정결예식을 치르
는 중에 한 노인이 성전으로 들어왔다. 의롭고 경건하기로 유명한 시
므온이었다.
시므온은 예수님의 가족과 맞닥뜨리는 순간 무엇인가를 알아보았다.

그는 감격에 겨워 아기를 안고 하나님께 찬송을 올렸다.

"내 눈이 주의 구원을 보았습니다!"

시므온은 예수님의 부모에게도 아낌없는 축복을 전했다. 마리아에게는 "칼이 네 마음을 찌르듯 하리라"는 비장한 말도 남겼다. 그리고 시므온은 사라졌다. 시므온에 대한 기록은 이것이 전부다.

이 이야기의 목적은 무엇일까? 아기이신 예수님을 한눈에 알아볼 사람을 성경에 심어놓은 것이다. 동방의 먼 곳에서 온 박사들이 진귀한 보물로 아기 예수께 경배하는 〈마태복음〉과 견주어 〈누가복음〉은 시므온을 내세우고 있다. 동방 박사와의 차이점이라면 이방인이 아니라 유대인이라는 점, 그중에서도 권위 있고 역량 있는 사람이라는 점이다. 시므온을 통해 예수님이 진정한 메시아임을 입증한 것이다.

시므온은 의롭고 경건하여 이스라엘의 위로를 기다렸으며 늘 성령이 함께하시던 사람이었다. 팔십사 년 동안 성전 안에서 금식과 기도로 하나님을 섬겼던 과부 안나와 비슷한 수준의 영향력이 있었다. 나이도 아마 비슷할 것이다. 당시는 어려서 죽는 일이 많았고, 전쟁이나 사고로 쉽게 목숨을 잃던 시대라 구십이 넘은 그들은 꽤나 장수한 노인이었다.

시므온 할아버지는 어떤 모습이었을까? 아기 예수를 안기에도 힘에 부쳐 보이는 허연 수염의 허리 굽은 인자한 할아버지의 모습을 그려보면 될 것이다. 성경엔 시므온의 나이가 적지 않음을 암시한 부분이 있다. 죽기 전에 그리스도를 볼 것이며, 종을 편히 놓아주신다는 말은 절대로 어린 사람에게 해당하는 얘기가 아니다. 성경에는 시므온 말고 다른 노인들도 등장한다. 누가 있을까?

곧바로 떠오르는 사람은 노아다. 방주를 짓는 노아의 모습을 묘사한 그림이나 영화에는 어김없이 할아버지의 모습이 나온다. 홍수가 터졌을 때 육백 세였으니 노인이 분명했다. 또 어떤 노인이 있을까? 죽기 전의 모세도 백이십 세의 노인이었다. 사무엘을 가르쳤던 제사장 엘리는 죽을 때 구십팔 세의 할아버지였고, 다윗에게 기름을 붓고 역사의 뒤안길로 사라지려는 사무엘도, 사자 굴에 들어갔던 다니엘도 노인의 대열에 낄 수 있을 것이다.

이들에게는 젊은 사람이 따라올 수 없는 연륜과 경험이 있었다. 세상에는 고집스럽고 욕심 많은 노인도 많다. 그러나 하나님께서 사용하시는 노인은 어김없이 그들만의 성숙한 인격과 깊이가 있음을 볼 수 있다. 하나님께서 순발력이나 기동성에 있어서 젊은이보다 떨어지는 노인을 사용하시는 이유는 무엇일까? 그들의 권위나 연륜 때문만은 아닐 것이다. 젊은이들이 범접할 수 없는 그들만의 자세가 있다. 어떤 자세가 있을까? 시므온을 통해서 살펴보도록 하자.

시므온이 아기 예수를 안고는 이렇게 찬양했다.

"주재여 이제는 말씀하신 대로 종을 평안히 놓아주시는도다. 내 눈이 주의 구원을 보았사오니 이는 만민 앞에 예비하신 것이요 이방을 비추는 빛이요 주의 백성 이스라엘의 영광이니이다"(눅 2:29-32).

이 찬양 속에는 오랫동안 하나님의 말씀을 기다린 자의 인내를 엿볼 수 있다. 마치 성을 지키는 근위병처럼 평생 주의 구원을 보기 위해 기다리다가 마침내 임무를 완성해 낸 자의 환희를 볼 수 있다. 시므온은 평생 무엇을 기다렸을까? 두말할 것도 없이 주의 구원과 이스라엘의 영광이었다. 그가 맡은 임무는 그리스도를 기다리는 것이었다.

위에 열거한 노아, 모세, 엘리, 사무엘, 다니엘 같은 노인들에게도 각자의 임무가 있었다. 노아는 온 인류의 구원이었고, 모세는 이스라엘의 가나안 입성이었으며, 사무엘은 이스라엘 왕정의 시작이었고, 다니엘은 망국에서 살아남은 사람으로 하나님의 뜻을 전달하는 것이었다. 그들 모두가 공통으로 기다렸던 것은 무엇일까? 그 역시 주의 구원과 이스라엘의 영광이었다.

하나님께서는 역사적인 위대한 임무를 젊은이가 아닌 해당 노인들에게 부여하셨다. 젊은 사람이 쉽게 간과해버릴 일이 이 노인들에 의해서 훌륭하고 깊이 있게 이루어지도록 하셨다. 나이가 들면서 젊었을 때의 혈기는 다듬어지고, 하나님의 성품에 가까워졌기 때문에 가능한 일이었을 것이다. 모난 돌이 정을 맞아 깎이고 깎이어 드디어 멋진 작품으로 완성되었다.

그러고 보면 약간 억울한 생각이 들 수도 있겠다. 결정적으로 주의 구원인 예수 그리스도를 보고 품에 안은 사람은 노아나 모세가 아니라 시므온이라는 난데없이 나타난 노인이기 때문이다. 그러나 성경에 생략되었을 뿐 시므온의 생애도 온갖 고통과 인내로 한 평생 주님을 기다렸을 것이라 짐작해 볼 수 있다. 그리고 나머지 노인들도 하나님의 나라에서 예수님과 함께 영원히 있을 것이다. 결국 모두 원하는 것을 얻은 셈이다. 그들은 모두 예수님 품에서 각자 시대의 임무를 후회 없이 완수했노라고 예수님께 얘기하고 있을 것이다.

이제 시므온은 할 일을 다 끝낸 사람이 되어 편안한 마음으로 임무 교대를 한다. 그러므로 마리아에게 들려준 이야기는 마리아에게만 해당하는 것이 아니라 남은 임무를 맡아야 할 모든 세대에게 공통으로 해당하는 교훈이 된다. 살아남은 사람들은 시므온 같은 이전 세대의 임무를 이어받아 '칼이 마음을 찌르듯' 하는 심정으로 그리스도를 따라 신앙의 길을 가야 할 것이다. 그토록 오랜 세월 묵묵히 깨어서 메시아를 기다렸기에 한눈에 아기 예수님을 알아본 시므온처럼 예수님 앞에 서는 날까지 우리도 깨어 있어야 할 것이다. 그럴 때 예수님과의 만남이 감격스러울 수 있기 때문이다.

루시아

사도 바울을 도와준 이유는

루시아라는 이름을 들어보았는가? 정확히 말하자면 클라우디오 루시아(Claudius Lysias)이다. 어딘가 낯익은 이름 같지만 감을 못 잡겠다면 힌트를 주겠다. 성경에 나오는 이름이다. 신약에 등장한다. 여전히 오리무중인가? 오히려 성경에 등장한다니까 더 아리송하다고? 성경에는 모세, 엘리야, 바울 같은 익숙한 히브리 이름이 나온다. 그런데 이 그리스 이름 클라우디오 루시아는 아무래도 성경과는 안 맞아 보인다. 클라우디오 루시아는 로마 천부장의 이름이다.

고대 로마의 천부장은 지휘관 중에서 가장 큰 규모의 군대 지휘관이었고, 천대의 수레가 끄는 마병을 지휘 감독하는 막강한 권한을 휘두르는 사람이었다. 루시아는 사도행전 23장 26절에 처음이자 마지막으로 등장하는데, 총독 벨릭스에게 쓴 편지 서두의 문안에 그의 이름이 낙관처럼 등장하여 성경에 영원히 남아 있게 되었다. 이름은 낯설어도 그를 둘러싼 에피소드는 우리에게 익숙하다.

유대인, 특히 대제사장, 장로들과 바울 사이의 갈등이 극에 달했을 때 소동의 원인이 된 바울이 잡혀가서 매질을 당할 때였다. 바울은 서슬이 퍼런 목소리로 로마 시민권자인 자신에게 적법한 절차 없이 함부로 채찍질하느냐며 고함쳤고, 그때 심문을 담당했던 천부장 루시아가 놀란 눈으로 물었다.

"나 역시 로마 시민권자이지만 엄청나게 많은 돈을 들였다. 행색이 초라하고 가진 것 없어 보이는 네가 무슨 돈으로 로마 시민권을 샀는가?"

그때 바울은 천부장이 더 놀라 자빠질 말을 했다.

"나는 태어나면서부터 로마 시민이었소!"

지금도 세계 곳곳에는 보이지 않는 계급이 있고 그것이 차별의 근거로 사용되고 있는데, 이천 년 전에는 분명한 계급이 있었다. 광야 걸인 같은 초라한 바울이 천부장인 자신보다 우월해보이는 모태 로마 시민권자라니 그의 눈이 휘둥그레질 만도 했다. 그 후 그는 바울을 특별하게 대해주었다. 바울이 죽기 전에는 먹지도 마시지도 않겠다고 결의한 40명의 간계를 엿들은 바울의 조카가 모든 비밀을 소상히 말하자 루시아는 200명의 보병, 70명의 기병, 200명의 창병을 준비시켜 바울을 총독에게 안전하게 보냈다. 그리고 그는 성경에 더 이상 등장하지 않는다.

여기에는 몇 가지 교훈이 있다. 우선 루시아가 보여준 바울에 대한 예우이다. 단지 로마 시민권자이기 때문에 잘 대해주었을까? 물론이다. 로마 시민권은 단지 신분만을 의미하는 것이 아니라 권력과 책임을 의미하기도 했으니까. 그런데 루시아가 애초에 바울에게 로마 시민권에 대해서 물어보거나 관심을 기울일 이유가 없다는 걸 알아야 한다. 천부장으로서 바울의 정체를 모르는 상태에서는 그가 바울을 심문하고 고문하여 죽이거나 40명의 배고픈 유대인 무리에게 내던져도 상관없는 일이었다. 애초에 바울은 로마인 천부장의 관심을 끌 가치가 없는 존재였다. 그런데 루시아가 바울을 주목했다. 왜 그랬을까? 그것은 바울이 사용하는 언어 때문이었다.

소동 중에 쇠사슬에 끌려가던 바울은 멀리 있던 천부장에게 그의 나라 언어로 소리쳤다.

"내가 한마디만 해도 되겠습니까?"

기껏해야 유대인 중류층이 쓰는 히브리어나 시정잡배들의 언어인 아람어로 말할 것이라 여겼던 바울이 당대 가장 고급 언어인 코이네 헬라어를 말하자 천부장은 깜짝 놀랐다. 멀리는 애굽과 가까이는 유대에서 크고 작은 반란이 일어났을 때 그들의 우두머리는 대개 무식한 사람이었다. 이런저런 골치 아픈 사람 중의 하나일 거라 여겨지던 바울이 그의 외모와는 달리 고급 언어를 사용한 교양 있는 말솜씨를 보이자 천부장은 곧 매료된 것이었다.

비싼 옷이나 고급스러운 차는 돈으로 얼마든지 살 수 있다. 그러나 몸에 밴 언어와 교양은 돈으로 살 수 있는 성질의 것이 아니다. 평소에는 눈에 보이는 물질적인 것이 그를 규정하지만 특별한 순간 그를 구해주는 것은 그의 몸에 속속들이 배어 있는 교양이고 문화이다. 비록 바울은 죄수의 몸으로 사슬에 매여 있지만 그의 태생은 감출 수 없었다. 우리가 더 나은 스펙을 쌓고 더 많은 경쟁력을 갖추기 전에 과연 내게 품위와 교양이 있는지 고민할 필요가 있다. 위기의 순간 우리를 구명해 줄 수 있는 것은 많은 돈이 아니라 한마디 언어일 수도 있기 때문이다.

또 다른 교훈은 타이밍이다. 대제사장과 장로들은 공회를 통해 천부장에게 공소 사실을 더 확인하고 싶으니 바울을 보내라고 요구할 참이었다. 그러면 천부장은 바울을 건네주어야 하고, 바울은 공회로 가던 중에 매복한 40명의 유대인 무리에 의해서 처참하게 죽을 예정이었다. 그랬다면 바울이 로마에 가보지도 못했을 테니 역사는 완전히 달라졌을 것이다. 그런데 천부장은 무장한 군인을 동원해서 바울을 공회가 아니라 안디바드리에 있는 총독에게 보냈다. 왜 그랬을까?

40명 유대인의 결의를 엿듣게 된 바울의 조카가 먼저 그 내막을 천부장에게 알렸기 때문이었다. 아, 이 놀라운 역사적 타이밍을 보라. 한 발만 늦었어도 이야기는 완전히 달라졌을 것이다. 무엇이든 타이밍이 중요하다. 조금 더 구체적으로는 빠른 게 더 낫다. 예를 들어보자. 이런저런 단점에도 불구하고 '카카오톡'이라는 모바일 메신저가 최대의 이용자를 거느렸고 앞으로도 이 관계는 바뀌지 않을 것이다. 왜일까? 간단하다. '카카오톡'이 모바일 메신저 시장을 선점했기 때문이다. 다른 통신 회사가 아무리 좋은 메신저나 앱을 내놓아도 이미 익숙해졌고 많은 친구가 사용하고 있는 '카카오톡'을 떠나지 않을 것이다. 이런 예는 세상에 비일비재하다.

시간이라는 것은 생물(生物)처럼 사람에게 영향을 미치고 역사를 좌우한다. 시간을 어떻게 사느냐에 따라 사람의 운명이 갈라지게 된다. 그러므로 시간을 지혜롭게 사용하며 특별히 어떤 사건에 있어서 선점하는 지혜가 필요하다. 시간이 많다고 생각하는 젊은 사람이라면 그 시간을 조절하고 균형을 갖출 수 있는 혜안을 갖기 바란다. 시간을 선점해서 하나님의 시간 속에서 역사를 지배하는 자로 우뚝 서 보는 것은 어떨까?

삭개오

부자가 구원을 얻을 수 있을까

삭개오의 이야기는 우리에게 많이 알려진 이야기 중에 하나임이 틀림없다. 어린 시절 주일학교에서 설교나 성경공부에 단골로 등장하는 인물이었다. 그 이유는 무엇일까? 겨우 열 절밖에 되지 않는 짧은 내용에 발단, 전개, 위기, 절정, 결말의 완벽한 구조로 되어 있고, 극적인 반전과 감동으로 가득하기 때문이다.

세리장인 삭개오는 예수님이 자기 동네에 오신다는 소문을 듣고 구경을 나갔지만 키가 작아서 예수님의 그림자도 보기 어려웠다. 그는 돌무화과나무 위로 올라가 예수님을 내려다보았다. 그런 삭개오를 발견한 예수님은 삭개오의 집을 방문하겠다고 하셨다. 예수님의 심방을 받은 삭개오는 사람들 앞에서 자신의 재산 절반을 가난한 사람을 위해 기부하고, 억울하게 남의 돈을 착복한 것이 있다면 네 배로 갚겠다고 말했다. 예수님은 구원이 삭개오의 집에 이르렀으며 그가 아브라함의 자손이라 인정해주셨다. 모든 사람이 행복했다. 참으로 훈훈한 결말이 아닐 수 없다.

부자이기에 무엇 하나 아쉬울 것이 없는 삭개오는 굳이 예수님을 만날 이유가 없었다. 그렇다면 그가 예수님을 보고 싶어 했던 이유는 무엇일까? 이에 대한 답은 한 장 앞의 여리고 맹인사건을 통해 힌트를 얻을 수 있다(눅 18장). 시각장애인은 매우 민감한 귀를 가지고 있다. 여리고의 맹인은 평소와 다르게 자신의 동네에 무슨 일인가가 벌어진 것을 직감했다. 맹인은 물었다.

"도대체 무슨 일이 일어나고 있는 거요?"

이윽고 그는 자신의 동네에 나사렛 예수가 왔다는 사실을 알게 되었다. 시각장애인인 그는 평소에 예수님에 대한 소문을 들었을 것이다. 소문에 민감해야 뭐라도 얻어먹을 수 있는 입장에서 당시 최고의 이슈 메이커인 예수님에 대한 이야기를 모를 수 없었다. 기적을 일으킨다는 예수님이 다른 곳도 아닌 자신의 코앞에 왔다는 소식에 귀가 번쩍했다. 그는 사람들이 모인 방향을 향해 고래고래 고함을 질렀다.

"맹인이 외쳐 이르되 다윗의 자손 예수여 나를 불쌍히 여기소서"(눅 18:38).

이 기회를 놓치면 영원히 후회할 것 같았다. 그는 사활을 다해 소리쳤고, 그가 외치는 소리는 군중을 뚫고 예수님의 귀에 들렸다. 그는 예수님을 만났고, 드디어 눈을 뜨게 되었으며, 사람들은 하나님께 영광을 돌렸다. 이것이 삭개오 이야기의 바로 앞에 등장하는 이야기였다.

눈 뜨길 열망했던 시각장애인과 달리 모든 것을 갖춘 삭개오 입장에서는 예수님께 요구할 내용이 없었다. 그럼에도 삭개오가 예수님을 보기 원했던 이유는 순전히 호기심 때문이었다. 시각장애인의 귀에도 들릴 정도의 화젯거리는 삭개오가 외면할 수준이 아니었다.

삭개오는 돌감람나무에 올라가 예수님을 보았다. 왜 하필 돌감람나무였을까? 무화과나무도 있고, 상수리나무도 있고, 종려나무도 있지 않았겠는가? 당시 여리고의 목자들은 양을 치면서 부업으로 돌감람나무를 배양하고 있었다. 다른 나무에 올라가면 금방 눈에 띌 수 있었다. 그러나 돌감람나무라면 다른 목자들도 올라가 있으니 자신의 호기심을 위장할 수 있었다(류모세, 「열린다 성경 / 식물편」, 79쪽). 그렇다면 지금 돌감람나무에는 다른 목자들도 올라가서 예수님을 구경하고 있었다고 추정할 수 있다. 놀랍게도 예수님은 그 수많은 목자 중에 삭개오를 콕 집어냈다.

삭개오는 자신의 집을 방문한 예수님과 구경꾼 앞에서 회개의 고백을 했다. 도대체 그에게 어떤 일이 일어난 것일까? 무엇 때문에 그는 자신의 재산 절반을 헌납하고 잘못에 대한 네 배의 보상을 약속한 것일까? 예수님의 인격과 그분의 가르침을 통해 크게 깨닫고 마음의 찔림을 받았을 것으로 보인다. 그러나 보다 정확한 이유가 성경에 나와 있다.

> "뭇 사람이 보고 수군거려 이르되 저가 죄인의 집에 유하러 들어갔도다 하더라"(눅 19:7).

〈공동번역〉은 이렇게 되어 있다. "이것을 보고 사람들은 모두 '저 사람이 죄인의 집에 들어가 묵는구나!' 하며 못마땅해하였다." 말하자면 온 동네 사람이 삭개오를 죄인이라 지칭하고, 더불어 그 집에 들어간 예수님까지도 싸잡아서 비난하고 있는 상황이었다. 그런데 아이러니하게도 이것이 삭개오의 마음을 움직이는 계기가 되었다.

삭개오는 지금까지 비난받는 데 익숙한 인물이었다. 키가 작다는 콤플렉스도 있었다. 삭개오가 부자라고 하는 세리, 그중에서도 세리장이 된 것의 팔 할은 그의 복수심과 증오 때문이었다. 사람들이 비난할수록 삭개오는 권력을 이용해 더 악랄하게 세금을 거두었고, 사람들은 그런 삭개오에게 더 큰 비난을 가했다. 악순환의 연속이었다. 그런데 지금 예수님이 그 사슬을 끊었다. 그동안 누구도 삭개오만큼 비난받은 사람이 없었고, 삭개오를 대신해서 비난받은 사람은 더욱 없었다. 그런데 그 유명한 예수님이 삭개오 때문에 사람들의 비난과 손가락질을 대신 받고 있었다.

시각장애인의 이야기가 있는 누가복음 18장에는 부자 관원의 얘기도 나온다. 재산을 팔아 가난한 사람들에게 나누어주라고 했더니 근심하며 돌아간 관원을 보며 예수님이 말씀하셨다. "낙타가 바늘귀로 들어가는 것이 부자가 하나님의 나라에 들어가는 것보다 쉬우니라." 이 말씀이 얼마나 많은 부자에게 절망을 안겨주었던가! 그런데 겨우 한 장 넘어가서 누가복음 19장을 보면 당대 최고의 부자 삭개오가 구원을 얻고 아브라함의 자손으로 인정받은 이야기가 나온다. 삭개오는 어떻게 부자로서 하나님 나라의 일원이 된 것일까?

예수님은 낙타와 바늘귀 얘기 후에 "사람이 할 수 없는 것을 하나님은 하실 수 있느니라"(눅 18:27)고 말씀하셨다. 삭개오가 그 재산으로 스스로 구원을 얻으려고 했다면 재산 때문에라도 하나님 나라는 구경도 못했을 것이다. 그런데 예수님은 돌감람나무에 올라간 수많은 사람 중에 삭개오를 찾아내서 그의 집에 가시고, 그를 대신해서 비난을 받아주셨다. 그러자 삭개오는 자동문처럼 마음을 활짝 열고 전재산을 내놓았으며, 그 비어 있는 곳에 예수님이 들어가셨다. 부자가 어떻게 구원을 받는지에 대한 힌트를 삭개오가 충분히 우리에게 던져준 셈이다.

이드로

아이디어는 어디에서 나오는 것일까

애굽을 탈출한 이스라엘 백성은 스무 살 이상 남자만 60만 명이 넘었다. 그 많은 백성은 저마다의 이해관계가 있었다. 40년 동안 광야 생활을 했으니 여러 불만이 있었고 서로 부딪히는 일도 많았다. 그럴 때 각 개인의 입장을 들어주고, 법에 따라 적절하게 공과를 구별하는 일이 필요했다. 사람들의 억울함을 공명정대하게 풀어줄 리더가 절실했고 열 명 중에 하나, 오십 명 중에 하나, 백 명 중에 하나, 천 명 중에 하나를 리더로 뽑아서 백성을 골고루 관리하자는 아이디어가 나왔다. 이 획기적인 생각은 모세가 아니라 그의 장인인 이드로의 것이었다. 이드로의 십부장, 오십부장, 백부장, 천부장이라는 아이디어는 이스라엘에 잘 정착되었고, 구약에서 신약으로 넘어오는 동안 여러 제도가 사라져간 것과 달리 유대인의 삶 속에 살아남았다.

이 제도는 성경에서만 보이는 것이 아니라 오늘의 교회에서도 구역, 셀, 목장, 다락방 등등의 모습으로 적용되고 있다. 교회뿐만 아니라 군대에서도 분대, 소대, 중대, 대대, 연대, 사단이라는 모습으로, 국가에서도 반장, 통장, 읍장, 구청장, 군수, 시장 등의 제도로 이드로의 아이디어와 유사한 점을 얼마든지 찾을 수 있다. 이토록 중요한 제도를 일개 이방인 제사장인 이드로가, 그것도 이런 제도가 필요 없는 미디안의 제사장이 어떻게 생각해 낼 수 있었을까?

이 질문은 "모세는 왜 생각해내지 못했을까?"라고 바꿔보면 답이 쉽게 나온다. 모세는 이스라엘 백성의 송사를 직접 대면해서 해결하려 했다. 수많은 사람의 원성과 불만을 혼자서 해결하려고 아침 일찍부터 백성들의 이야기를 들었다. 그 덕분에 온종일 바쁜데 한 가지 일이 해결되면 두 가지 일이 생기고, 한 사람의 문제를 해결하면 민원인은 두 배로 늘어났다. 백성들 사이에 법적으로 해결해야 할 일은 날이 갈수록 많아지는데 모세는 혼자서 온종일 사람들을 상대하느라 지쳐만 갔다.

모세는 '숲 안'에 있었다. 숲 안에 있다 보니 나무는 보이지만 숲이 보이지 않아 길을 찾지 못했다. 모세는 이스라엘의 내부인이고 그 속에서 자기 일을 했기 때문에 문제는 볼 수 있었지만 문제를 해결할 답은 알아낼 수가 없었다. 자신의 임무가 분명했으니 열심히 하다 보면 문제가 해결되리라 생각했을 뿐이었다.

반면 이드로는 이스라엘 사람이 아닌 외부인이었다. 급수가 낮아도 고수가 보지 못하는 바둑돌을 쉽게 찾는 훈수꾼처럼 이드로는 모세와 이스라엘 백성이 빠진 문제와 그 문제를 해결할 방법을 찾아냈다. 그가 단순한 농부나 목동이 아니라 제사장이라는 사실도 도움이 되었을 것이다. 그럼에도 이드로가 모세의 문제를 정확히 해결하기까지는 한계가 있을 텐데 그 생각을 해낸 이유는 무엇일까?

> "모세의 장인이 모세가 백성에게 행하는 모든 일을 보고 이르되 네가 이 백성에게 행하는 이 일이 어찌 됨이냐. 어찌하여 네가 홀로 앉아 있고 백성은 아침부터 저녁까지 네 곁에 서 있느냐"(출 18:14).

이드로는 모세가 온종일 고생하는 것을 보았다. 모세는 아침부터 저녁까지 열심히 일했다. 백성들도 광야의 더위를 참으며 온종일 모세를 기다리느라 고생이 이만저만이 아니었다. 모세도, 이스라엘 백성들도 모두 고단하고 지쳐 보였다. 이드로가 사위에게 찾아올 때 자기 딸 십보라와 손자들과 동행했다. 모세의 사명을 위해 십보라는 친정에 있었다. 오랜만에 남편을 만나기 위해 먼 길을 왔음에도 바쁜 남편을 먼발치에서 기다려야 하는 딸의 얼굴을 이드로는 보았다.

아내와 아들들을 볼 겨를도 없이 내내 바쁘기만 한 모세를 보면서 이드로는 이러다가 우리 딸 청상과부가 되는 것은 아닌가 하는 안타까운 마음을 가졌다. 바쁜 사위보다 가족과 오순도순 정답게 보내는 사위를 더 흐뭇하게 여기는 장인으로서 그는 팔을 걷어붙이고 모세에게 충고했다. 그리고 그 충고가 십부장, 오십부장, 백부장, 천부장이라는 제도를 만들어냈다.

여기서 우리가 배울 수 있는 교훈이 있다. 문제가 있을 때 그것을 객관화해야 답을 찾을 수 있다는 사실이다. 숲 안에 있을 것이 아니라 숲 밖에서 숲을 보는 것이 필요하다. 그래서 다른 사람의 조언도 듣고, 때로는 여행도 가면서 문제에서 벗어나 다른 시각을 가질 수 있어야 한다. 또 있다. 사랑이 위대한 발명품을 만든다는 사실이다. 이드로가 자기 딸과 사위를 사랑했기에 아이디어를 낼 수 있었다. 사랑하는 사람이 어려움을 겪을 때 문제를 해결할 방법이 쏟아지게 된다.

모든 일을 지도자 한 사람이 다 해낼 수 없다. 누군가 자신에게 필요한 조언을 해줄 때 합리적 사고로 받아들이는 것이 중요하다. 만약 이드로가 모세에게 조언했는데 모세가 조언대로 하지 않고 계속해서 혼자 이스라엘 백성을 줄 세워서 재판했다면 과로사로 일찍 죽었을지 모른다. 모세는 장인의 아이디어를 과감하게 실행했다. 그랬더니 그 큰 조직이 효율적으로 잘 돌아갔다.

이드로는 비록 이방인이고 외부인이었지만 문제를 자신의 것으로 여겼다. 문제를 객관화할 때 어렵던 문제도 쉽게 풀 수 있었다. 덕분에 인류 역사에 매우 중요한 자산이 된 제도가 탄생했고, 이것은 앞으로도 많은 사람을 도와줄 유용한 도구가 될 것이다. 딸을 사랑한 아버지의 현명한 판단과 세상에서 제일 바쁜 사위의 필요에 대한 발명이 바로 이 제도였다.

실루아노
무식한 어부가 이렇게 화려한 문장을

베드로는 베드로서를 통해 본도, 갈라디아, 갑바도기아, 아시아, 비두니아에 흩어진 기독교도 유대인들에게 편지를 썼다. 베드로의 편지는 투박하지 않고 유려하고 화려한 문체에 깊이 있는 내용을 선사하고 있다. 무식한 어부 출신인 베드로가 어떻게 그리도 유창한 헬라어 편지를 쓸 수 있었을까? 어부 앞에 '무식한'이라는 수식어를 붙인 이유는 그의 출신이 갈릴리 빈민가라는 데 기인한다. 이방인은 아니지만 정통 유대인으로부터도 인정받지 못하는 지역이 갈릴리였다. 이리저리 소외된 그들은 갈릴리 주변에 터를 잡고 살며 가운데 있는 커다란 호수에서 고기 잡는 일을 주 수입원으로 삼았다.

갈릴리 출신 유대인은 대부분 지역 밖으로 벗어나지 못한 좁은 시야를 가졌기 때문에 그 호수를 바다라고도 불렀다. 그곳은 그들 세상의 전부였고 중심이었다. 자기 배를 소유한 야고보, 요한과는 달리 베드로는 남의 배를 빌려서 고기를 잡았다. 정치와 종교의 중심지였던 예루살렘에서 멀리 떨어져 있었고 모든 문화적인 혜택으로부터도 누락되었던 곳에 살았기 때문에 그는 굳이 글을 배울 필요를 못 느꼈다. 물고기를 팔기 위한 기본적인 지식만 있으면 아무 지장이 없었다. 호수에서 평생 물고기나 잡아서 먹고살 운명이었다.

그랬던 베드로가 예수님의 제자가 되어 3년간 유대 전 지역을 돌아다녔다. 예수님의 공생애는 매우 바빴기 때문에 베드로가 따로 시간을 내서 글을 익힐 여유는 없었다. 그렇다고 예수님께서 그에게 글을 깨우치는 기적을 주셨다고 생각하기도 어렵다. 그런데 베드로의 편지를 통해 유려한 글쓰기 실력을 볼 수 있다. 도대체 그 비밀은 어디에 있는 것일까?

베드로 서신에는 시적인 표현이 더러 등장한다. 거짓 선지자에 대한 묘사에서 베드로는 "물 없는 샘, 광풍에 밀려가는 안개"라고 비유했다. 허탄한 자랑의 말을 토하고 그릇되게 행하는 사람에 대한 날카로운 지적도 있다. 섬세한 감수성과 사물에 대한 예리한 관찰력이 없이는 나올 수 없는 언어로 가득하다. 어디 그뿐이랴. 베드로후서 3장 8절을 보라.

"사랑하는 자들아 주께는 하루가 천 년 같고 천 년이 하루 같다는 이 한 가지를 잊지 말라."

교회의 2천 년 역사를 아우르는 하나님의 오래 참으심에 대한 탁월한 해석이며, 믿음의 선배들이 이 한마디에 소망을 품고 주님 오실 날을 기대하며 십자가에, 불에, 사자에, 창에, 톱에 죽어갈 수 있었던 비밀스러운 말씀이다. 다시 오실 주님이지만 그 은혜가 한이 없어서 기다리고 또 기다리는 주님에 대해 이보다 더 정확하게 서술할 수 있을까? 그 어떤 문장이 이보다 더 성도들을 믿음에서 떨어지지 않게 붙들 수 있겠는가? 빈민가 출신 어부의 언어라고는 도저히 믿기지 않는 베드로의 이러한 통찰력은 어디에서 기인한 것일까?

그래서 어떤 사람은 베드로의 서신이 위작(僞作)일 가능성을 주장하기도 한다. 그러나 그렇기에는 베드로의 개인적인 경험이 정확하고 확실하게 드러나 있다. 변화산 사건에 대한 기억이라든가 예수님의 고통을 바로 옆에서 목격한 것과 같은 그의 견해가 분명하고 힘있게 드러나 있다. 이 편지를 베드로가 쓴 것은 확실해보인다. 그렇다면 이 편지의 유려한 필체와 무식한 어부 출신이라는 인간 베드로 사이의 괴리감은 어떻게 설명할 수 있을까? 우리는 베드로전서를 읽다가 낯선 이름을 발견하게 된다. 베드로전서 5장 12절을 보자.

"내가 신실한 형제로 아는 실루아노로 말미암아 너희에게 간단히 써서 권하고 이것이 하나님의 참된 은혜임을 증언하노니 너희는 이 은혜에 굳게 서라."

실루아노는 로마식 이름으로 우리가 잘 아는 실라를 말한다. 바울과 바나바가 예루살렘 공의회를 통해 교회 안의 분쟁을 해결했고, 그회의 내용을 전달하기 위한 두 명의 증인 중 하나였던 실라는 바나바와 바울이 서로 결별한 뒤 바울과 함께 선교여행에 동행한 인물이었다. 실루아노는 바울과 함께 감옥에 갇히는 등 온갖 고생을 다했다.

실루아노는 헬라파 유대인으로서 학문적으로는 거의 바울에 필적할 수준이었을 것이다. 사도행전에서 실루아노의 역할을 많이 발견하기는 어렵지만 바울과 함께 당당히 주역으로 활약한 것은 분명했다. 그렇지만 실루아노에게 한계가 있었는데 직접 예수님을 만나 공생애 내내 곁에 있던 베드로의 경험에는 미치지 못한다는 것이었다. 실루아노는 베드로를 만나 예수님에 대한 모든 증언을 들었고, 베드로의 이야기를 대필하는 위치에까지 서게 되었다.

베드로는 문맹이었다. 예수님의 공생애 기간 처음부터 끝까지 함께했던 그는 자신의 마음 깊은 곳에 예수님에 대한 증언을 뜨거운 피처럼 간직하고 있었다. 실루아노는 베드로의 곁에서 그의 이야기를 들었고, 그것을 베드로의 입장에서 표현하고 드러낼 수 있었다. 실루아노의 문필이 베드로의 경험과 만나 수많은 그리스도인을 감동시키고 살릴 수 있었다. 그렇게 아름다운 편지 베드로전후서가 쓰였다. 그래서 베드로의 서신은 온전히 베드로의 것이기도 하지만 위대한 조력자 실루아노의 것이기도 했으며, 그들을 귀하게 사용하신 예수 그리스도의 것이기도 하다.

가이오

어떻게 하면 축복받을 수 있을까

"사랑하는 자여 네 영혼이 잘됨같이 네가 범사에 잘되고 강건하기를 내가 간구하노라"(요삼 1:2). 사랑하는 사람에게 주고 싶은 축복의 성경 말씀 중에 이 구절은 순위에서 밀리지 않을 것이다. 영혼, 범사, 건강이라는 삼박자의 축복을 모두 다 주겠다면 좋아하지 않을 사람이 있겠는가? 그러나 이 말씀은 예수께서 제자나 성도에게 주신 말씀이 아니다. 사도 요한이 1세기 말경에 소아시아에 사는 '가이오'라는 한 사람을 향해 쓴 편지의 서두 부분이다.

가이오가 누구이길래 성경 한 권(물론 그래 봐야 한 장에 불과하다)이 그에게 집중하고 있을까? 가이오는 '기쁘다'는 뜻이지만 정작 가이오가 어떤 사람인지 우리는 잘 알 수가 없다. 요한삼서 말고도 성경에는 가이오가 더 등장하는데 바울이 전도여행을 할 때 만난 마게도냐인 가이오(행 19:29), 바울에게 세례받은 고린도인 가이오(롬 16:23), 아시아까지 바울과 동행한 더베 사람 가이오(행 20:4)가 있지만, 이들 중의 하나인지 아니면 전혀 다른 인물인지 알 수가 없다.

그러나 요한삼서를 잘 분석해보면 가이오가 어떤 성격과 인격을 갖춘 사람인지 알 수 있다. 먼저 가이오가 다니는 교회 성도들이 그가 얼마나 진실한 사람인지를 증언하고 있다(3절). 사도 요한은 가이오를 아들처럼 여기고 있고(4절), 가이오는 교회에 온 낯선 순례객을 잘 챙겨주며(5절), 순례객들도 이구동성으로 가이오를 칭찬하고 있다(6절). 가이오는 자신이 섬기는 교회에서 누구보다 성실하고 바르게 사역하고 있는 매우 귀중한 형제임에 틀림없었다.

가이오와 비교되는 사람도 등장한다. 그 이름이 '디오드레베'이다. 그는 으뜸되기를 좋아하고 악한 말로 남을 헐뜯어야만 성미가 풀리는 사람이었다. 새로이 교회에 들어오는 사람에 대해서 불신의 눈으로 바라보고, 누구라도 새로운 사람을 환영하면 번번이 그 사람마저 쫓아내고야 마는 고약한 사람이었다. 같은 교회 안에 이토록 상반되는 두 사람이 있었다. 남을 대접하기 좋아하는 가이오와 악한 말을 서슴지 않고 사람들을 교회에서 쫓아내는 디오드레베.

그러나 실망할 필요가 없다. 그 교회에 한 사람이 더 있었다. '데메드리오.' 그는 세 부류에게 인정받는 사람이었다. 먼저 많은 사람이 이구동성으로 그를 좋게 평했다. 그리고 진리의 말씀이 그를 인정했고, 요한을 비롯한 리더들도 그를 인정했다(12절). 만약 이 교회에 세 사람만 있다면 적어도 두 명은 괜찮은 사람이고, 한 명만 골치 아픈 사람이었다.

우리는 선량하고 올바른 다수의 사람보다는 힘든 한 사람에게만 눈길을 주는 경향이 있다. 가이오나 데메드리오 같은 훌륭한 사람 사이에 있기 때문에 디오드레베는 유독 두드러져 보인다. 이런 사람이 없으면 좋겠지만 천국이 아니라면 어디든 알곡과 가라지가 섞여 있기 마련이다. 그렇다면 어떻게 하면 디오드레베를 극복하고 가이오나 데메드리오처럼 될 수 있을까?

예수님은 말씀하셨다. 누구든지 자기를 높이는 자는 낮아지고 자기를 낮추는 자는 높아질 것이다(마 23:12). 디오드레베는 사람들 앞에 서기를 좋아하며 많은 말로 자신을 꾸미는 사람이었다. 그렇지만 모든 사람이 알았다. 그의 이름은 기억되면 기억될수록 추악하고 초라하다는 사실을. 그 스스로가 으뜸이 되려 하고 높아지려고 했기에 세상 모든 사람은 그를 으뜸이라고 인정하지 않았으며 성경에도 악명으로만 남을 뿐이었다.

반면에 가이오나 데메드리오는 어떨까? 그들이 구체적으로 어떤 일을 했는지, 어떤 어려움을 뚫고 선한 일을 했고, 그것을 통해 어떤 영향력을 미쳤는지 알 수가 없다. 그럼에도 우리 눈에 선하다. 진리 안에 사는 삶을 낯선 이들이 인정할 정도라면(가이오), 모든 사람과 리더뿐 아니라 진리가 보증할 정도라면(데메드리오) 얼마나 귀한 인물인지는 이해하고도 남는다. 스스로 높아지려고 하면서 남에게 피해나 주는 사람과 겸손하게 남을 섬기며 모든 사람에게 공감을 받는 사람, 우리는 수천 년의 시간을 뛰어넘어 가이오나 데메드리오라는 이름을 부르며 감동한다.

요한은 요한삼서를 마치며 가이오를 향해서 쓰고픈 이야기는 많지만 직접 만나 회포도 풀고 얘기도 나누고 싶다고 말했다. 요한뿐만 아니라 그의 친구들이 너나 할 것 없이 가이오에게 손을 흔들며 따뜻한 미소로 인사했다(13-15절). 가이오는 사람들에게 칭찬과 사랑을 받았다. 그래서 처음에 이야기했던 요한의 축복의 말인 "사랑하는 자여 네 영혼이 잘됨같이 네가 범사에 잘되고 강건하기를 내가 간구하노라"는 인사가 더욱 마음에 와닿게 된다.

우리는 교회에서 어떤 사람일까? 가이오나 데메드리오일까? 아니면 디오드레베일까? 사람들 앞에 나서기 좋아하며 언제나 남의 평가에 연연하는 사람은 아닐까? 남이 볼 때는 충성스러워 보이지만 아무도 주목하지 않으면 이내 마음을 닫아버리는 사람은 아닐까? 아니면 알아주는 이 없어도 묵묵히 하나님과 사람을 섬기는 사람일까? 지금은 어쩌면 디오드레베가 단연 눈에 띄고 칭송받는 시대일 수도 있겠다. 그러나 요한 같은 교회의 리더라면 분명히 알 것이다. 누가 가이오이고 누가 디오드레베인지. 교회의 리더가 몰라주면 어떠랴? 하나님은 아시지 않는가! 이 축복이야말로 그런 당신을 위한 말씀임을 우리는 분명히 알고 있다.

보아스

이방 여인 룻에게 그리도 잘해준 이유는

우리가 흔히 암흑기로 기억하는 사사시대에도 아름다운 로맨스가 두 번이나 있었다. 하나는 사사시대 초기에 갈렙의 딸 악사와 첫 번째 사사 옷니엘의 러브 스토리이고, 다른 하나는 사사시대를 배경으로 하는 〈룻기〉에 등장하는 룻과 보아스의 사랑 이야기다. 암울한 시대이기 때문에 이들의 사랑 이야기는 더욱 도드라져 보인다. 어지러운 시대에 사랑은 희망을 줄 수 있다. 전쟁의 와중에 이스라엘 젊은이들은 악사와 옷니엘, 룻과 보아스 얘기를 들으면서 아름다운 사랑을 꿈꾸었는지도 모른다.

그런데 악사와 옷니엘이라는 푸른 청춘의 이야기와 달리 룻과 보아스의 이야기는 보다 근본적인 질문을 던지게 한다. 보아스라는 정통 유대인 남자와 이방 여인이며 한 번 결혼했었던 룻과의 로맨스가 보수적인 시각에서는 조금 어긋나 보이고 이해되지 않기 때문이다. 사사시대는 이방 나라와의 갈등이 끊임없었고 성경은 이방 여인과의 혼인에 대해서 금기시했다. 그런데 왜 성경은 그들의 사랑을 아름답게 그리고 있으며, 보아스는 무엇 때문에 이방 여인 룻에게 그리도 잘해주었을까?

보아스는 자기 밭에 들어와서 이삭을 줍는 룻을 인식한 이후로 그녀에게 다른 밭으로 가지 말 것과 밭에서 일하는 여자들만 따라갈 것을 당부하고, 물이 필요하면 물 단지에서 목을 축이고, 배고플 때는 일꾼만을 위한 빵도 먹을 수 있도록 허락해주었다. 그러면서 이삭을 뽑아 슬쩍 흘려주기도 하고, 보리뿐 아니라 밀 수확이 끝날 때까지 양식을 보장해주었다. 과부이자 이방 여인에게 이만한 특혜를 준 적이 있었던가? 룻은 궁금했다. 왜 자신에게만 유독 잘해주는지.

> "보아스가 그에게 대답하여 이르되 네 남편이 죽은 후로 네가 시어머니에게 행한 모든 것과 네 부모와 고국을 떠나 전에 알지 못하던 백성에게로 온 일이 내게 분명히 알려졌느니라. 여호와께서 네가 행한 일에 보답하시기를 원하며 이스라엘의 하나님 여호와께서 그의 날개 아래에 보호를 받으러 온 네게 온전한 상 주시기를 원하노라 하는지라"(룻 2:11-12).

말하자면 룻이 시어머니에게 잘했으며 자기 고향을 떠나 낯선 이스라엘의 일원이 되었기 때문이라는 것이다. 어려운 환경에서도 열심을 다하는 사람을 보면 감동하기 마련이다. 그러나 딱한 사정이 시어머니 나오미에게만 있었을까? 남에게 잘하는 사람이 어디 며느리 룻뿐이었을까? 그것만으로는 보아스의 편애를 설명하기 어렵다. 보아스가 보기에 룻에게는 남들이 갖지 못한 특별한 것이 있어야 했다.

룻이 유독 예뻤기 때문은 아닐까? 남편 없는 여자에 대한 음흉한 마음을 품고 괜히 잘해주는 것은 아닌가 하는 의심도 생긴다. 젊은 여인에 대한 보아스의 욕망에 대한 폄하를 접고 이방인에 대한 그의 긍휼한 마음으로 봐도 여전히 이상하다. 룻은 유대인이 하찮게 여기는 이방 여인에 불과했다. 보아스가 아무리 잘해준다고 해도 자신의 아내로 삼아 모든 이스라엘의 권리를 함께 나누는 것은 분별없는 행동이었다. 도대체 룻의 어떤 점이 보아스의 마음을 움직인 것일까?

룻이 이방 여자라는 사실을 강조하다 보니 의외로 여기에 답이 있다는 걸 알게 된다. 룻기 4장 끝에 가면 유다의 아들 베레스로부터 시작해서 다윗에 이르기까지의 족보가 나온다. 그리고 마태복음 1장에는 아브라함과 다윗의 계보를 통해 예수님까지의 족보가 나온다. 두 가지를 비교해보자.

"베레스의 계보는 이러하니라. 베레스는 헤스론을 낳고, 헤스론은 람을 낳았고, 람은 암미나답을 낳았고, 암미나답은 나손을 낳았고, 나손은 살몬을 낳았고, 살몬은 보아스를 낳았고,

보아스는 오벳을 낳았고, 오벳은 이새를 낳고, 이새는 다윗을
낳았더라"(룻 4:18-22).

"유다는 다말에게서 베레스와 세라를 낳고, 베레스는 헤스론
을 낳고, 헤스론은 람을 낳고, 람은 아미나답을 낳고, 아미나
답은 나손을 낳고, 나손은 살몬을 낳고, 살몬은 라합에게서 보
아스를 낳고, 보아스는 룻에게서 오벳을 낳고, 오벳은 이새를
낳고"(마 1:3-5).

보아스의 아버지는 살몬이며, 살몬은 라합과 결혼을 했다. 우리가
알다시피 라합은 여리고성의 여관 주인이었다. 여호수아가 두 명의
정탐꾼을 보내서 여리고성의 동태를 파악하게 했을 때 그들의 목숨을
구해준 여인이었다. 라합은 자신의 동족보다 이스라엘을 선택했고,
하나님의 백성이 되기로 기꺼이 헌신했다. 라합의 선택으로 인해 두
정탐꾼은 무사히 본진으로 돌아와서 상황을 알릴 수 있었고, 라합의
가족은 여리고성이 무너질 때 살아남을 수 있었다. 라합은 예수님의
족보에 오른 다섯 명의 여자 중 하나가 되었다. 라합은 유대인 살몬과
결혼해서 보아스를 낳았다. 보아스의 어머니는 라합이었다.
　　바로 이러한 배경이 보아스가 룻에게 끌린 이유였을 것이다. 보아
스의 어머니 라합은 자신의 동족이 아닌 이스라엘을 선택했고 여호와
신앙을 받아들여 유대 남자와 결혼한 이방 여자였다. 보아스는 어릴
때부터 어머니로부터 여호와 신앙에 대해서 배웠다. 라합은 아들에게

인간에 대한 예의와 하나님의 사랑에 대해 가르쳤다. 하나님의 넓으신 사랑이 유대인을 뛰어넘어 이방인에게도 흐른다는 것을 보아스가 깊이 각인하게 된 것은 어머니의 교육 때문이었으리라. 보아스는 그 프레임으로 룻을 보았다. 시어머니를 버리지 않고 봉양하며 어머니의 신앙을 따라 여호와 신앙에 합류한 여인 룻, 낯선 이스라엘을 선택해 고난의 길을 걸어온 그녀를 통해 보아스는 어머니 라합을 보았다. 보아스가 룻에게 시선이 가는 것은 자연스러운 일이었다.

한 가정에서 반듯하게 잘 자란 사람은 행위와 품성이 남다를 수밖에 없다. 라합은 여리고 사건 이후에 성경에 더 이상 등장하지 않지만 그녀의 삶이 어땠는지 아들 보아스를 통해 유리처럼 볼 수 있다. 자녀를 보면 부모를 알 수 있기 때문이다. 어려움을 당하더라도 약자를 보호하는 사람, 한밤중에 아름다운 젊은 여자의 유혹을 정중하게 거절했던 사람, 그러면서도 그녀와 정당하게 혼인하기 위해 모든 희생을 다 치른 사람, 그 사람이 바로 보아스였다. 사사시대가 비록 암흑기라고 하지만 룻과 보아스의 이토록 아름다운 사랑을 통해 예수 그리스도의 계보가 숭고하게 이어져 나가고 있음을 볼 수 있는 것이다.

에바브로디도
돈의 유혹에 빠지지 않는 방법은

'에바브로디도' 라는 이 긴 이름은 빌립보서에서 딱 두 번, 2장과 4장에 잠시 언급되는데 모두 심부름과 관련이 있었다. 이런 내용이다. 빌립보 교인들은 감옥에 갇힌 바울의 옥바라지를 위해 헌금을 모았다. 그들은 에바브로디도에게 그 돈을 주어서 바울에게 보냈다. 바울이 갇혀 있는 로마의 감옥과 빌립보 지역의 거리는 상당했다. 거리 탓에 에바브로디도는 상당 시간을 낯선 땅에서 보내야 했다. 그러다가 향수병과 함께 원인 모를 병을 동시에 앓게 되었다.

"그는 여러분 모두를 그리워하고 있을 뿐만 아니라 자기가 병을 앓았다는 소식을 여러분이 들었기 때문에 몹시 걱정하고 있었습니다. 사실 그는 병이 나서 죽을 뻔하였습니다"(빌 2:26-27a, 새번역).

낯선 땅을 지나던 에바브로디도는 시름시름 앓았고 그 고통은 심각했다. 병원은커녕 병명도 모르고 약도 없던 시대, 낯선 객지에서 적절한 치료도 못 받고 아파야 했던 에바브로디도는 이렇게 앓다가 죽을 수도 있다는 공포에 빠졌다. 그리고 그가 죽으면 바울은 물론이고 그를 보낸 빌립보교회도 근심에 휩싸일 터였다. 바울은 감옥에 있으니 그를 도와줄 수 없고, 교회 사람들은 멀리 떨어져 있어서 바로 손쓸 수 없었다. 에바브로디도 혼자서 병마와 싸울 수밖에 없었다.

그렇게 앓던 에바브로디도가 극적으로 살아났다. 긴 잠을 자다가 일어난 사람처럼 펄펄 나는 것 같았다. 그는 거짓말처럼 병에서 해방되었다. 본인은 말할 것도 없이 기뻤겠고, 나중에 그 이야기를 들은 고향 사람들도 굉장히 감격스러워했다. 그러나 제일 가슴을 쓸어내린 사람은 바울이었다. 바울이 어찌나 고민했던지, 그의 병이 나았다는 소식을 듣고 자기 병이 나은 것처럼 환호했다.

"사실 그는 병이 나서 죽을 뻔하였습니다. 그러나 하나님께서 그를 불쌍히 여기시고, 그만이 아니라 나도 불쌍히 여기셔서 나에게 겹치는 근심이 생기지 않게 해주셨습니다"(빌 2:27, 새번역).

바울은 그 기쁜 소식을 빌립보교회에 알려주고 싶었다. 자신의 근황과 함께 빌립보교회에 당부하고 싶은 이야기를 편지에 담아 인편에 보냈다. 누구를 심부름꾼으로 사용했을까? 당연히 에바브로디도였다. 고향으로 돌아가 바울의 편지를 전하며 사람들을 안심시키고, 죽을 뻔했다가 살아난 간증을 나누고, 남아 있는 향수병도 완전히 고치기 위해서였다. 집으로 돌아가는 에바브로디도의 발걸음이 왠지 가벼울 것 같지 않은가?

에바브로디도는 그 먼 거리를 단지 한 번만 왕복한 것 같지는 않다. 빌립보교회는 바울에게 헌금을 보내기 위한 심부름꾼으로 에바브로디도를 거듭 보냈다. 에바브로디도는 배달부가 되어 빌립보교회와 바울이 갇힌 감옥을 여러 번 왕래했다. 죽을 뻔한 고비를 거듭 넘기면서 그 험한 길이 눈에 익을 정도로 다녔다. 우리는 여기에서 에바브로디도의 신실함을 보게 된다. 에바브로디도의 손에는 적지 않은 헌금이 있었다. 그 돈을 하나도 건드리지 않으면서 그 먼 길을 가는 것은 책임감만으로는 감당하기 어려운 일이었다.

돈이란 그 속성상 사람의 마음을 유혹하는 구석이 있다. 욕심과 멀어야 할 교회나 목회자가 돈 때문에 넘어지는 것도 그 유혹 때문이다. 젊은 에바브로디도가 많은 헌금을 들고 다닐 때 유혹이 있었을 것이다. 혼자서 돈을 나르면서 곁에 아무도 없을 때 그것을 갖고 싶다는 미혹이 없을 리가 없었다. 그러나 소유란 무엇일까? 세상의 모든 것은 원래부터 내 것이 아니었고, 지금 가진 것도 내 것이 아니며, 앞으로도 내 것은 없다. 무엇이든 잠시 갖고 있을 뿐이다.

에바브로디도는 만질 수 있고 손에 쥐어볼 수는 있지만 그 돈은 절대로 자기 것이 아님을 알았다. 어쩌면 세상 모든 것도 마찬가지일 것이다. 우리가 먹고 입고 누리는 모든 것은 잠시 나를 스쳐 지나가는 것일 뿐이다. 어떤 물질이든 시간이 지나면 다 사라지기 마련이다. 젊음, 건강, 땅, 집, 가족 모든 것은 우리가 소유할 수가 없다. 잠깐 누리다가 다시 돌려줘야 할 것에 불과하다. 한번도 내 것인 적이 없었고 앞으로도 내 것일 수가 없다. 원래의 목적을 벗어나면 그것은 재앙이 될 뿐이다. 에바브로디도가 전달해야 할 그 돈을 자신을 위해 착복한다면 교회와 바울에게도 실망일 테지만 에바브로디도 역시 평생 고통에 시달릴 것이다. 그 어떤 것도 나의 것이 아니란 사실을 알 때 유혹을 이겨낼 수 있다.

에바브로디도는 그 많은 현금을 나르면서도 그것이 절대 자기 것이 될 수 없음을 알았다. 횡령을 해도 그것은 절대 자기 것이 아니며 부작용만 클 것임을 알았다. 처음에는 몰랐을 수도 있다. 그가 죽도록 앓았던 원인 모를 병은 어쩌면 소유에 대한 내면의 깊은 갈등에 기인한 것일 수도 있다. 아무도 보지 않는 낯선 땅에서 수중의 현금은 에덴동산의 뱀처럼 그를 유혹했을 것이다. 하나님이 그를 살려주신 후에 그는 소유로부터 자유로운 사람이 되었다. 심지어 자기 목숨까지도 아끼지 않은 신실한 사람으로 성장했다.

"그가 그리스도의 일을 위하여 죽기에 이르러도 자기 목숨을
돌보지 아니한 것은 나를 섬기는 너희의 일에 부족함을 채우

려 함이니라"(빌 2:30).

그리하여 그는 감옥과 교회를 오가며 좋은 소식을 전달해주는 심
부름꾼으로 영원히 성경에 남게 되었다. 잠깐 사라지고 말 돈의 유혹
을 뿌리치고 죽을 뻔한 고비를 넘겨 다시 살아난 이후에 영원한 것이
무엇인지 알았기 때문이었다. 그는 그렇게 성경 말씀 속에 주인공으
로 남게 되었다.

보디발

요셉을 믿었을까, 아내를 믿었을까

야곱이 사랑하는 아내 라헬에게서 얻은 첫째 아들로 아버지의 편애를 받았던 요셉이 애굽에 노예로 팔려 갔다. 요셉은 바로 왕의 경호대장이며 당시 최고의 실력자인 보디발의 노예가 되었다. 보디발에게는 많은 노예가 있었을 것이다. 그런데 보디발은 요셉에게 집안일과 재산을 모두 맡게 했다. 요셉이 집안을 관리하자 무엇이든 잘되었다.

경호대장이라 함은 자신이 상대하는 사람이 어떤 인물인지 재빠르게 알아채며, 사람을 적재적소에 배치할 줄 알고, 부하들을 효율적으로 운용할 줄 아는 사람이다. 일이 제대로 돌아갈 수 있도록 한번 믿고 맡기면 모든 권한을 이양했다. 적절한 판단이었다. 집안일에 대한 독보적인 권리를 아직 어리고 출신도 모르는 노예에게 맡긴 것은 대단한 모험이 아닐 수 없었다. 그런데 보디발은 요셉의 능력에 대해 정확히 파악했기에 집안일은 잘 돌아갔고 재산은 점점 더 늘어갔다.

보디발이 최강대국 애굽의 왕의 경호대 대장까지 될 수 있었던 것은 그와 같은 관찰력과 실행력, 사람을 볼 줄 아는 직관력이 있기 때문이었다. 끊임없이 주변을 살피고, 빠른 시간 안에 낯선 이를 가려내며, 정확하게 판단할 줄 알아야 왕을 보호하고 재산을 간수할 수 있었다. 보디발은 그런 면에서 최강의 능력을 갖춘 사람이었다.

그러나 보디발은 자신이 먹는 음식만큼은 요셉에게 맡기지 않았다(창 39:6). 어쩌면 뒤에 있을 술 맡은 관원, 빵 맡은 관원 이야기의 암시일지도 모르겠다. 이 부분을 통해 보디발이 요셉을 완벽하게 믿지는 않았다는 것도 알 수 있다. 그는 자신의 생명에 관해서 만큼은 철저하게 관리할 정도로 주도면밀한 사람이었기에 아무리 요셉이라도 신뢰하지 않았다.

어느 날, 보디발의 아내가 요셉을 유혹했다. 왜 보디발의 아내는 요셉을 유혹했을까? 요셉의 용모가 빼어나고 아름다웠다고는 하지만 엄연히 남편이 있는 여자였다. 더구나 그 남편은 왕의 경호대장이었으며 부정을 저지르거나 남편의 눈 밖에 나면 어려움에 처하게 될 것임을 모르지 않았을 터였다. 부부 사이가 좋지 않았을 수도 있고 문란한 여자였을 수도 있다. 보디발의 아내는 집요하게 요셉을 유혹했지만 요셉은 보디발에 대한 신의를 지켰다.

여인이 자기의 욕심을 채우지 못하고 요셉으로부터 거절당했을 때 제일 처음 비난한 대상은 그의 남편이었다. 여인은 "당신이 우리에게 데려온 히브리 종이 나를 희롱하려고 내게로 들어왔으므로"(창 39:17)라고 말했다. 보디발이 근본도 없는 노예를 데리고 오지 않았다면 희롱당할 일은 없었을 거라는 소리였다. 이 여인은 남 탓하기를 좋아했다. 여인의 말이 그대로 성경에 남아 있는 이유는 주변에 그 소리를 들은 사람이 있다는 말이 된다. 여인은 남이 듣든 말든 자신의 성질대로 비난하고 화내는 사람이었다. 그 대상이 애굽의 최고 권력자 중에 하나라도 상관없었다.

보디발은 아내의 말을 듣고 몹시 화가 났다(19절). 그러나 그 화가 요셉을 향한 것인지, 아니면 아내에 대한 것인지 알 수가 없다. 어쩌면 아내를 향한 것에 더 가까울 것이다. 그토록 철저하고 치밀하며 관찰력이 뛰어난 사람이 사태의 전말을 파악하지 못할 리가 없었다. 아무리 주인의 신임을 받는다고 해도 자기 아내를 넘본 노예를 살려둘 주인은 없었다. 보디발이 요셉을 죽이지 않고 감옥에 넣은 것을 보면 어느 정도 사건을 꿰뚫어 보았을 것이다. 부인을 감옥에 넣을 수 없으니 요셉을 희생시킬 수밖에 없었다.

요셉은 감옥에 갇혀 오랜 세월 고생했다. 감옥에서 술맡은 관원의 꿈을 해몽한 뒤에도 바로 왕 앞에 서기까지는 2년의 세월이 더 지나야 했다. 요셉이 바로의 꿈을 해석하고 애굽의 총리로 서게 된 후에도 보디발이나 그의 아내 이야기는 전혀 등장하지 않는다. 총리로서 왕의 경호대장과 협력한다든가 정치적인 라이벌이 되었다든가 하는 말이 나올 만한데 성경에서 보디발과 그의 부인은 영영 사라지고 말았다.

요셉은 전 세계의 기근을 알아챘고, 총리라는 높은 위치에 올랐고, 애굽을 위기에서 건져냈으며, 바로 왕의 재산을 정점에 끌어올렸고, 애굽을 세계에서 가장 부강한 나라로 만들었다. 편안할 때 위기가 다가온다는 것을 알아챘고, 위기가 왔을 때 그것을 어떻게 기회로 바꾸어야 하는지도 알았던 실력 있는 사람이었다. 보디발은 이런 인물을 가까이 두고 있으면 작게는 가정이, 크게는 사회가 엄청난 혜택을 입는다는 것을 일찍이 알아보았다.

그럼에도 보디발은 끝내 요셉을 놓치고 말았다. 아내의 욕정이 남편의 앞길을 막은 셈이었다. 보디발은 요셉과 함께 애굽의 정점에 설 수 있었다. 그러나 그는 요셉을 감옥에 집어넣었고 돌아볼 생각도 하지 못했다. 요셉의 입장에서는 죽이지 않고 감옥에 넣은 것만으로도 다행이라고 생각할 수 있겠으나 보디발의 입장에서는 일생일대의 기회를 감옥에 처넣어버린 셈이 되었다.

요셉이 바로 왕을 제외하고 애굽의 최고 위치에 올랐을 때 그는 보디발을 부르지 않았다. 보디발의 아내를 불러서 억울한 옥살이에 대해서 시비를 가리고 원수를 갚을 수도 있었으나 그렇게 하지 않았다. 요셉은 복수하지 않았지만 그렇다고 보디발을 불러 국사를 의논하지도 않았다. 보디발에게 요셉은 지나간 기회일 뿐이었다.

보디발이 자기 아내가 요셉에 대한 누명을 씌웠을 때 요셉을 믿었을까? 아니면 아내를 믿었을까? 보디발은 요셉을 믿었을 것이다.

그러나 차마 아내를 버릴 수가 없었고 요셉을 죽이지 않고 감옥에 넣는 것이 그의 마지막 보답이었는지 모르겠다. 그리하여 보디발은 아내와 함께 성경에서 사라진 존재가 되고 말았다. 믿어주어야 할 순간을 놓치면 나중에 돌아올 열매도 없다는 것을 보디발은 보여주고 있었다.

고넬료

로마 장교가 하나님을 믿게 된 이유는

건축 왕 헤롯 대왕이 황제의 이름을 따서 붙인 팔레스틴의 항구도시 가이사랴는 신전과 궁궐, 야외극장 등 대단한 건축물로 가득 찬 당대 최고의 도시였다. 이전에는 성전 건축을 위해 레바논의 백향목이 수입되는 욥바 항구가 주목받았지만 헤롯이 가이사랴를 만들자 그곳은 가장 큰 항구도시가 되었다. 가이사랴에는 로마 본토에서 파견된 총독이나 사령관이 머물렀다. 이탈리아 부대 백부장인 고넬료도 그곳에 살았다. 고넬료에 대해 성경은 이렇게 묘사하고 있다.

"그가 경건하여 온 집안과 더불어 하나님을 경외하며 백성을 많이 구제하고 하나님께 항상 기도하더니"(행 10:2).

　　로마 장교 고넬료와 그 집안이 하나님을 믿는다는 것도 특이한 일
이지만 하나님을 경외하는 것 못지않게 이스라엘 백성을 구제한다는
사실도 드문 일이었다. 지배 국가는 언제나 식민지 백성을 함부로 여
기기 때문이었다. 이런 고넬료를 하나님은 귀하게 사용하셨다. 평소
처럼 기도하던 어느 날, 천사를 보내서 그의 기도와 구제를 다 받았
으니 욥바에 머무는 베드로를 초청하라고 말씀하셨다.

　　고넬료는 지체하지 않고 하인 두 명과 병사 한 명을 욥바로 보냈
다. 가이사랴에서 욥바까지는 해안선을 따라 약 57km 정도가 되고
걸어서는 12시간 가까이 걸리는 거리였다. 객관적으로 보면 이해하
기 힘든 일이다. 혹시 고넬료가 기도 중에 잠깐 꿈을 꾼 것은 아니었
을까? 천사가 직접 고넬료에게 믿음을 주면 안 되는 일일까? 욥바의
어느 집으로 가야 할까? 베드로가 누구이며 그를 왜 불러와야 하는
가? 다양한 질문이 있을 법했다. 그러나 고넬료는 아무 의문을 품지
않고 하나님의 뜻에 따랐다.

　　고넬료가 보낸 심부름꾼이 베드로가 머무는 곳에 도착했을 때는
때마침 베드로가 환상을 본 직후였다. 베드로가 본 환상은 이런 것이
었다. 어떤 보자기가 하늘에서 내려왔고 그 속을 보니 부정한 짐승이
가득했다. 보기만 해도 역겨운데 그것을 잡아먹으라는 하나님의 소
리가 들렸고, 베드로는 거부했다. 그러자 깨끗하게 한 것을 속되다고
하지 말라는 소리가 이어졌다. 환상이었다. 그것은 세 번이나 반복되

었다. 배가 너무 고파 헛것을 보았나 싶었지만 너무나 분명한 환상이었다. 베드로가 그 의미를 골똘히 생각하고 있을 때 고넬료가 보낸 심부름꾼이 문을 두드렸다.

그들이 조금이라도 일찍 왔다면 베드로는 문을 열어주지 않았을 터였다. 베드로는 보자기 환상의 의미를 이방인의 초대에 응하라는 하나님의 뜻으로 받아들였다. 신도 몇 사람과 함께 베드로는 고넬료의 집으로 향했다. 친구들과 함께 베드로를 기다리던 고넬료는 베드로를 보자 바로 절했다. 베드로는 고넬료를 말리며 자신을 부른 이유를 물었다. 고넬료는 대답했다.

"내가 곧 당신에게 사람을 보내었는데 오셨으니 잘하였나이다. 이제 우리는 주께서 당신에게 명하신 모든 것을 듣고자 하여 다 하나님 앞에 있나이다"(행 10:33).

고넬료가 하나님에 대한 신앙을 갖게 된 것은 자발적인 것이었다. 종교적 의식이 다양하고 다신을 인정하는 로마 사람인 그가 자신의 관할지인 가이사랴에 와보니 그 지역에 유대교 종교가 있었고, 그곳에서 '여호와 신앙'을 받아들이게 되었다. 자신만이 아니라 가족이나 동료 군인에게도 권유해서 모두 하나님을 믿게 했다. 우리는 여기에서 고넬료의 인격을 엿볼 수 있다. 고넬료가 아무리 여호와 신앙을 갖자고 해도 무시하면 그만이었다. 그런데 가족이나 군인 중 누구도 고넬료에게 반발하지 않고 함께 신앙을 가졌다. 고넬료는 신망받는 인물이었기 때문이다.

고넬료는 하나님에 대한 믿음을 갖자 어쩌다 몇 번 기도하는 것으로 끝내지 않고 정기적인 기도의 시간을 가졌다. 기도 후에는 언제나 자선을 베풀었다. 그럼에도 그의 신앙은 불완전한 것이었다. 자발적이지만 기준이 없었고 감동적이지만 방향이 없었다. 아무도 하나님이 어떤 분인지, 예수님이 누구인지 제대로 얘기해주는 사람이 없었다. 믿는 방향에 따라 언제든지 바뀔 수 있었고 변질되기 쉬웠다.

그래서 베드로가 그에게 가야만 했다. 고넬료는 베드로를 얼마나 기대했던지 마치 하나님을 뵙는 것 같다며 그에게 절을 했다. 베드로는 그제야 알았다. 하나님께서 왜 보자기 환상을 보여주었는지를, 유대인에게는 부정한 이방인이지만 하나님께서 깨끗하게 한 것에 선입견을 가지고 있었다는 것을, 자신을 맞이하는 고넬료와 그의 동료들의 목마른 심정을. 그래서 베드로는 그들에게 복음을 전했다. 그것은 이방인을 향한 최초의 설교였다.

단지 이방인을 만나는 것만으로도 구설수에 오를 수 있었던 베드로는 엄중한 하나님의 명령을 거부할 수 없었다. 그가 복음을 선포했을 때 이방인 고넬료의 집은 역사의 현장이 되었다. 베드로는 복음의 핵심을 분명하게 선포했다. 그의 설교에는 이방인이라도 이해할 수 있는 복음의 정수가 있었고, 예수님에 대한 분명한 선언이 있었다. 고넬료와 그의 동료들은 겉으로만 하나님을 믿는 자가 아닌 그리스도인이 되었고, 성령을 받았다.

로마 장교가 하나님을 믿게 된 이유는 무엇일까? 처음에는 자신이 다스려야 할 대상에 대한 호기심에서 시작했을 수도 있다. 그러나 그는 진지하게 신앙을 받아들였고, 자선을 통해서 유대 백성을 향한 관심과 사랑을 드러냈다. 통치를 위한 방법이 아니라 백성들을 존중하고 그들의 필요를 채워주고 싶었다. 그런 심성이었기에 가족도, 친구도, 군인도, 유대인도, 그를 사랑하고 존중하게 되었다. 베드로의 설교 이후 최초로 이방인에게 성령이 내렸고 그들은 세례를 받았다. 하나님을 사모하는 진지한 인격의 사람 고넬료, 통치의 대상을 사랑하고 베풀 줄 알았던 고넬료, 가족과 친구들이 자발적으로 자신을 뒤따르게 했던 고넬료, 하나님은 그런 고넬료를 통해 이방인이 하나님께로 나아가는 첫 시작을 우리에게 보여주셨다.

오후 5시에 온 일꾼

왜 똑같이 받았나

천국은 어떤 곳일까? 예수님은 천국이란 아침 일찍 집을 나선 포도
원 주인이라고 말씀하셨다. 제자들에게 들려준 비유였다. 천국이 포
도원 주인이라고? 무슨 뜻일까? 이런 얘기이다.

포도원을 소유한 한 주인이 있었는데 아침 일찍 장터로 나가 일꾼을
모집했다. 하루 품삯을 1데나리온으로 정했다. 일꾼들은 동의했고
주인도 만족했다. 그들을 포도원에 데려다 놓고 해야 할 일을 지시한
뒤에 주인은 한숨 돌렸다. 그제야 아침 식사도 했을 것이다. 일꾼들
덕에 포도원 일은 잘 돌아갔지만 해야 할 일이 많아서 주인은 일꾼을
더 데리고 와야겠다고 생각했다. 주인은 장터로 나섰다. 오전 9시였

다. 그 시간은 일을 구하는 사람이 본격적으로 모이는 시간이었다. 노동시장이 얼어붙었는지 일꾼은 많은데 그들을 써주는 데가 부족했다. 포도원 주인은 일을 구하는 사람들을 불러서 "와서 일하라. 품삯을 주겠다"라고 약속하고 포도원으로 보냈다.

그렇게 오전 시간이 지나갔다. 정오가 되자 주인은 장터에 다시 가보았다. 물건이 필요했을 수도 있고 일꾼들 먹을 것을 사러 갔을 수도 있다. 주인은 여전히 장터에서 서성거리는 사람들을 보았다. 그는 그들도 포도원으로 데리고 갔다. 그런 식으로 오후 3시에도 주인은 일꾼들을 포도원으로 데려왔다.

주인이 계속 일꾼들을 데리고 온 것은 둘 중의 하나였다. 포도원의 일이 너무 많고 급해서 날이 저물기 전에 집중적으로 일할 사람이 필요했거나 아니면 일을 찾는 사람이 여전히 많아서 그들에게 일자리를 제공해주려는 의도였다. 전자는 아니었다. 포도원의 일이 많아서 일꾼이 귀했다면 일꾼의 몫은 갈수록 커져야 했다. 수요와 공급의 법칙에 따른 자연스러운 결과였다. 그러나 그런 일은 없었다. 일꾼들은 주인의 자비에 의지해 일할 수 있게 된 것에 불과했다.

하루 일과가 끝나갈 때는 12시나 3시에 온 일꾼과 아침 일찍 또는 9시에 온 일꾼 사이에 보이지 않는 차별 의식이 생기기 시작할 시간이었다. 오전에 온 일꾼은 그들끼리의 동료의식이 생겨서 품삯에 대한 기대를 했고, 오후에 온 일꾼은 그들대로 눈치를 봐야 했다. 오전 내내 고생한 사람들은 늦게 온 사람에게 일하는 요령이나 방법을 가르쳐주면서 은근히 그들보다 더 많은 품삯을 예상했을 것이다.

그런데 여기에 또 한 가지 사건이 끼어들었다. 오후 5시에 주인은 장터에 또 나가보았다. 필요한 물품을 사러 갔을 수도 있고, 다음날 해야 할 일을 위한 준비작업을 위해서였을 수도 있다. 그런데 온종일 일을 구하지 못하고 서성거리는 사람들이 주인의 눈에 들어왔다. 주인은 물었다.

"제십일시(오후 5시)에도 나가 보니 서 있는 사람들이 또 있는지라. 이르되 너희는 어찌하여 종일토록 놀고 여기 서 있느냐"(마 20:6).

그들은 종일토록 놀고 있지 않았다. 주인의 눈에 띄지 않았을 뿐이었다. 주인이 일꾼들을 구할 때 하필이면 그 자리에 없었거나 아니면 누가 봐도 포도원에서 일하기에 적절하게 보이지 않아 선택되지 못했다. 그들은 몸이 왜소하고 약하거나 어딘가 노동에 적합하지 않아 보이는 사람들이었다. 주인의 눈에 들지 못한 사람들, 일은 하고 싶지만 아무도 써주지 않는 사람들, 원하지만 원하는 대로 못하는 사람들, 이른 시간에 왔지만 다른 사람들이 포도원으로 일하러 들어갈 때 장터에 남아 부러운 눈으로 그들을 봐야만 했던 사람들, 패배감과 무력감으로 위축되어 온종일 고통스럽게 서 있던 사람들이었다.

"아무도 우리에게 일을 시켜주지 않습니다"(7절).

그들의 절망적인 대답이 이어졌다. 일하는 것은 전적으로 주인에게 달려 있었다. 아무리 일하고 싶어도 선택되지 않으면 일꾼이 될 수 없었다. 일꾼을 뽑는 입장에서 키 크고, 힘세고, 성실하게 일할 사람을 고르는 것은 당연한 일이었다. 같은 돈을 주고 별 쓸모없는 사람을 왜 고용하겠는가? 말하자면 그들은 노동시장에서 도태된 사람들이었다. 절망감에 빠진 그들에게 주인은 말했다.

"지금이라도 포도원에서 일하시오."

해가 저물었다. 하루의 일과가 끝이 났다. 오후 6시나 7시쯤, 전기가 없을 때였으니 야간작업을 할 수도 없었다. 일꾼들은 모두 일을 마치고 바지를 털고 땀을 닦으며 주인에게 몰려들었다. 결산이 남았다. 그런데 이상한 계산이 나왔다. 주인은 관리인을 시켜서 맨 나중에 온 사람부터 시간순으로 품삯을 치르게 했다. 마지막에 온 사람들, 그러니까 오후 5시에 온 사람들이 1데나리온을 받았다. 겨우 한두 시간 일했을 뿐인데 하루 품삯을 받았다. 하루에 12시간 일해야 한다면 그들은 1/6데나리온을 받아야 맞았다. 좋게 쳐줘도 1/4데나리온이어야 했다. 그런데 이게 웬 횡재인가! 5시에 왔던 일꾼들은 1데나리온을 받아들고 기분 좋게 돌아갔다.

아침 일찍 와서 종일 고생한 일꾼들은 그들보다 4배나 6배는 족히 받아야 했다. 그들은 속으로 계산했다. '주인이 4데나리온은 주겠구나. 아니면 적어도 2데나리온, 아무리 못해도 포도 몇 박스는 보너스로 받아야 마땅하지.' 그런데 그들이 받은 품삯은 똑같이 1데나리온이었다. 기대가 어그러지는 억울한 상황이었다.

"왜 온종일 일한 제가 겨우 1시간만 얼렁뚱땅 일한 사람과 똑같은 대우를 받아야 합니까?"

그런데 주인의 논리는 분명했다.

"처음 약속대로 1데나리온을 주었을 뿐이다."

이것이 하나님 나라라고 예수님은 설명하셨다. 뭐라고? 하나님 나라는 계산도 제대로 못하는 나라인가? 그렇지 않다. 아침 일찍 와서 일한 일꾼은 노동 시장에서 당당히 합격한 사람, 주인의 선택을 일찍부터 받은 사람, 내일이면 또 누구에게서든 선택받을 수 있는 힘 있는 사람이었다. 그들에게는 건강과 시간이 있고 어디에서나 통할 사람이었다. 그들은 억울하고 불공평한 것이 아니라 남들에게 없는 것을 누리고 있는 자부심 충만한 사람들이었다.

그러나 오후 5시에 온 일꾼은 선택에서 제외된 사람이었다. 아무도 거들떠보지 않는 패배자였다. 그런데 주인의 눈에 그들이 보였다. 주인은 그들에게 품삯을 먼저 주었다. 겨우 한 시간만 어정쩡하게 일 하더라도 그들의 손에 1데나리온을 쥐여주어 가족에게 당당하게 돌아갈 수 있도록 배려했다.

우리는 어디에 속해 있을까? 일찍 선택되었다면 그만한 긍지와 보람을 가지면 되고, 늦게 선택되었다면 주인의 배려에 기쁨과 감사를 가지면 된다. 어쩌면 주인은 그런 것을 기대한 것은 아니었을까? 하나님 나라는 누구도 손해 보지 않는 나라이다. 온종일 일한 사람은 자존감을 높이 가질 수 있고, 패배와 굴욕에 상처받았던 사람도 존중받는 나라, 그것이 포도원 주인의 마음이고, 하나님 나라가 아닐까?

구레네 사람 시몬

왜 억지로 십자가를 졌을까

예수님은 지극히 작은 자 하나에게 한 것이 곧 나에게 한 것이라고 말씀하셨고(마 25:40), 작은 자 하나에게 냉수 한 그릇을 주는 자는 그 상을 잃지 않을 것이라고 하셨다(마 10:42). 냉수 한 그릇은 보잘것없다는 뜻이 아니라 가장 필요한 것을 대접했다는 의미이다. 제자들이 복음을 전하기 위해 이스라엘 동네를 돌아다닐 때 가장 필요한 것은 물 한 그릇이었다. 그것도 시원한 냉수가 절실했다. 냉장고가 없던 시절, 냉수를 대접하려면 새벽 일찍 우물에서 물을 떠 와야 하고 그것을 차갑게 유지해야 가능했다. 냉수 한 그릇은 더위 속에서 목말라하는 사람에게는 딱 알맞게 필요한 것이었다. 말하자면 '냉수 한 그릇' 이란 정확한 타이밍에 정확한 대상에게 매우 소중한 것이었다.

예수님께 정확한 타이밍에, 딱 필요한 시점에, 확실한 도움이 된 냉수 한 그릇 같은 사람이 있었다. 바로 구레네 시몬이다. 예수님은 어떤 타이밍에 있었던 것일까? 늦은 밤 겟세마네에서 땀이 피가 될 정도로 절박하게 기도하고, 배신한 가룟 유다로 인해 공의회에 잡혀가 밤새 고문당하고, 본디오 빌라도에 의해 악명 높은 로마의 채찍질을 당했다. 가시 면류관을 쓰고 주홍색 옷을 우스꽝스럽게 걸쳤으며, 침을 뱉고 희롱하는 군중을 견뎌야 했다. 예수님은 지치고 고달프고 아팠다. 치료받아야 하고 쉬어야 할 타이밍이었다. 그런데 그때 십자가가 주어졌다. 죄수로서 십자가를 지고 골고다 언덕으로 가야 했다. 예수님은 십자가를 놓치며 몇 번이나 쓰러지셨다. 그 시점에 예수님은 세상에서 가장 작은 자가 되셨다.

예수님이 더 이상 십자가를 지고 갈 수가 없을 때 구레네 시몬에게 예수님의 십자가가 주어졌다. 성경에서는 구레네 시몬이 '억지로' 십자가를 졌다고 되어 있다. 그래서 억지로라도 십자가를 지면 복이 있다는 설교를 종종 듣곤 한다. 구레네 시몬이 억지로 십자가를 진 후에 그의 가문은 예수님을 믿게 되었고, 그의 아들 루포가 주 안에서 택하심을 입었고, 그의 부인에 대해 바울이 자기 어머니와 같다고 극찬을 했다(롬 16:13).

그러나 '억지로'라는 것은 사실 그런 뜻이 아니었다. 그 말은 구레네 시몬이 안 하려고 계속 거부했는데 어쩔 수 없어 '그냥 해주자'라면서 십자가를 지었다는 의미가 아니었다. 그 단어는 원어로 앙가

로스(Angaros)에서 유래한 말로 왕의 명령을 수행하기 위해 선박, 말, 사람 등을 강제로 사용하거나 징용할 때 쓰는 말이었다. 로마가 강제로 부역하는 방식이었다. 로마 군인은 어떤 일이 있을 때 누구든지 일을 시킬 수 있었다. 그러니 '억지로' 라는 말은 구레네 시몬에게 방점이 찍히는 것이 아니라 로마 군인에게 있다. 로마 군인은 사람을 함부로 노역시킬 정도로 막강한 파워를 지니고 있었다. 그 어느 누가 부당하다고 말할 수 있었겠는가?

구레네 시몬은 어쩌다가 로마의 노역 대상이 되었을까? 로마 군인이 일을 시킬 때 그 사람의 배경과 정보를 일일이 다 알아보고 시키지는 않는다. 그 자리에 모인 인파 가운데 딱 보기에 힘 있고 아무 저항 없이 고분고분 시키는 대로 할 사람을 골랐을 것이다. 그때, 바로 거기에, 십자가를 끌고 가던 그 길에, 예수님이 쓰러진 바로 그 앞에 시몬이 있었다. 시몬은 자기가 예수님의 십자가를 대신 지게 될 것이란 생각을 전혀 못했다. 만약 그 이전부터 어느 구간 예수님의 십자가를 대신 져줄 사람을 구했다면 몇몇 사람은 나섰을 것이다. 특히 여자들은 힘이 없더라도 도우려고 나섰을 것이며, 용감한 몇 사람은 어떤 불이익을 감수하고라도 십자가를 번쩍 들었을 것이다. 그러나 아무런 전조도 없이, 아무런 예고도 없이 예수님의 십자가가 놓여졌다. 그 순간에 누구도 "내가 십자가를 대신 지겠다"고 나서는 사람은 없었다. 준비되지 못할 정도로 급박하게 돌아간 일이었다.

그때 뜻밖에도 십자가를 지라는 명령이 시몬에게 떨어졌다. 마침 그는 십자가를 대신 져도 될 만큼 힘이 있었다. 그는 자신에게 주어진 일을 잘 감당했다. 만약 그가 제대로 못했다면 로마 군인은 또 다른 누군가에게 십자가를 지라고 했거나, 예수님이 십자가를 마저 들고 가야 하는 최악의 고통에 처했을 것이다. 그러나 다른 누군가는 등장하지 않았고 예수님이 계속 지고 가는 일도 없었다. 시몬은 십자가를 지고 예수님과 함께 골고다 언덕에 도착했다. 모두가 예수님에게 고개를 돌린 그때, 그 길을, 그 무거운 것을 들고, 구레네 시몬은 예수님과 함께 걸어갔다.

예수님이 재판을 받은 총독 관저에서 골고다까지는 그렇게 먼 거리가 아니었다. 그러나 제대로 된 신발도 없던 시절, 걷기에 편한 길이 아닌 자갈과 돌이 있는 그 언덕을 무거운 십자가를 지고 올라가는 것은 결코 쉬운 일이 아니었다. 골고다까지는 경사가 있었고 오가는 길은 험했다. 구레네 시몬이 십자가를 지고 올라갔던 그 거리는 꽤 높은 강도의 노동을 요구하는 일이었다. 예수님은 항상 우리의 짐을 져주시지만 이 순간만큼은 구레네 시몬이 예수님의 십자가 짐을 졌다. 아무 대가를 바라지 않고 아무런 의도도 없는 순수한 노동과 땀이 서린 십자가의 길이었다.

예수님 양옆의 강도들이야 자기 죄 때문에 십자가를 들고 간 것이겠지만 구레네 시몬은 무슨 죄로 십자가를 져야만 했던 것일까? 예수님의 십자가는 구레네 시몬을 위한 대속의 십자가이기도 했다. 그런데 구레네 시몬은 바로 그 예수님의 십자가를 지고 언덕을 올라갔다. 물론 구레네 시몬이 아니어도 누군가는 그 일을 했을 것이다. 로마 군인이 스스로 그것을 지지 않는다면 그들은 누구든 시켜 그 일을 하게 했을 것이다. 만일 그 누군가가 나라면 어땠을까? 나라면 그 일을 할 수 있었을까? 그 무거운 십자가가 내 앞에 놓이고 강제로 지고 가게 했다면 말없이 순종할 수 있었을까?

모든 사람이 예수님을 보고 있을 때 예수님과 함께 십자가를 지고 언덕길을 올라가던 시몬은 예수님과 동일한 시선에서 비탈길을 바라보았다. 시몬은 예수님이 보고 있는 것을 보았다. 그 힘겨운 노동 속에서 시몬이 보았던 것은 무엇이었을까? 십자가가 놓이게 될 골고다 언덕의 해골 형상이었을까? 한껏 내리쬐는 태양 빛이었을까? 지극히 작은 자가 되신 예수님을 위해 딱 필요한 골고다 언덕길의 '냉수 한 그릇이 되어' 시몬을 향한 아버지 하나님의 눈빛을 보았던 것은 아니었을까?

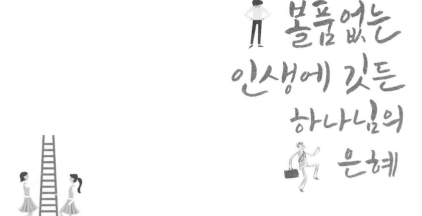

볼품없는
인생에 깃든
하나님의
은혜

Section 2

은혜가 낳은
기적의 사람들

요셉

약혼녀가 남의 아이를 가졌다면

〈마태복음〉을 읽다 보면 제일 첫 장에 나열된 이름을 보고 놀라게 된다. 낯설 뿐만 아니라 발음하기도 힘든 이름을 보면서 성경 읽는 것에 부담을 느낄 수도 있을 것이다. 하지만 각각의 이름은 의미가 있고, 그들이 성경 속에서 펼쳐보인 삶을 추적해보는 것도 쏠쏠한 재미가 있다. 그 수많은 이름은 한 사람을 향해 가고 있다. 그것은 당연히 예수 그리스도이지만 바로 그 이전에 예수님의 아버지 요셉을 겨냥하고 있다는 사실에 주목할 필요가 있다. 요셉의 입장에서는 그 많은 인물이 자신을 향해서 달려오고 있는 것처럼 보인다. 그럼에도 요셉은 그저 조연일 뿐이다.

요셉은 성경에 별로 등장하지 않는다. 같은 이름인 야곱의 아들 요셉이 구약에서 큰 비중을 차지하는 것과는 달리 예수님의 아버지 요셉은 예수님의 아버지라는 것 외에는 알려진 사실이 거의 없다. 어머니 마리아와 관련된 이야기들이 성경에 있고, 그녀가 가톨릭에 의해서 성모로 추앙받는 동안에도 요셉은 성경이나 역사에서 비중 없는 존재로 쓸쓸히 잊혔다.

〈누가복음〉에서 요셉은 철저히 배제되어 소외감을 더한다. 천사 가브리엘은 오직 마리아에게만 나타나 수태고지를 했다. 잉태한 마리아가 제일 처음 찾아가서 의논한 상대도 약혼자 요셉이 아니라 먼 친척 엘리사벳이었다(눅 1:40). 예수님이 탄생하고 목자들이 경배하러 왔을 때도 마음에 그 모든 것을 담은 사람은 마리아였고(눅 2:19), 예루살렘 성전에서 경건한 노인 시므온이 아기 예수를 품고 축복할 때에도 마리아에게만 당부의 말씀을 했으며(눅 2:34), 열두 살 때 사흘 동안 행방불명이 되었던 어린 예수의 당돌한 얘기에 귀를 기울인 사람 역시 마리아였다(눅 2:51).

요셉은 예수님의 아버지임에도 불구하고 성경에서의 분량은 미미하다. 마리아와 비교하면 더욱 두드러져서 예수님의 요셉은 아버지로서 서운할 지경이다. 요셉의 인물됨이 별로 주목할 만하지 못한 그저 그런 존재이기 때문에 그럴까? 그렇지 않다. 요셉이 위기 속에서 얼마나 성숙한 대처를 했는지를 살펴보면 뭉클한 감동을 선사받게 된다.

요셉이 약혼녀 마리아가 임신했다는 사실을 알게 되었을 때의 일이다. 마리아가 직접 요셉에게 임신 사실을 얘기한 것 같지는 않다. 요셉은 마리아의 배가 불러오는 것을 보고 뭔가 일이 잘못되어 가고 있음을 직감했다. 이제 곧 마리아의 임신 사실이 세상에 다 알려지게 될 것이었다. 너무나 사랑해서 결혼을 약속한 여자인데 내 아이가 아닌 다른 이의 아이를 가졌다면 어떻게 해야 할까? 그녀의 부정을 알리고 자신의 정당함을 호소해야 하지 않을까? 상대에 대한 배신감을 어디서 보상받을 수 있을까? 그런데 요셉은 의로운 사람이었고, 조용히 약혼을 파기하려고 했다.

"그의 남편 요셉은 의로운 사람이라. 그를 드러내지 아니하고
　가만히 끊고자 하여"(마 1:19).

　여기에서 '가만히'라는 말은 영어 성경에서 quietly(조용히), privily(남몰래), secretly(비밀스럽게)라고 표현되어 있다. 그만큼 조심스럽고 은밀하게, 즉 세상이 그 내막을 모르게 마리아를 보내려고 했다. 그러다 그날 밤 꿈에 "마리아 데려오기를 무서워하지 말라. 그에게 잉태된 자는 성령으로 된 것이라"라는 말씀을 듣게 되었다. 마리아처럼 천사가 나타나든지, 아니면 하나님께서 직접 나타나 말씀하시든지 보다 확실하게 말해주면 좋겠는데 기껏 꿈이었다. 그러나 요셉은 이 희미한 꿈의 말씀을 하나님의 뜻으로 분명히 믿고 약혼을 파기하지 않고 마리아를 자신의 아내로 맞이했다. 그리고 아이를 낳을 때까지 그녀를 순결하게 지켜주었다.

만약 요셉이 꿈을 무시하고 배신감에 불타올라 파혼했다면 어떻게 되었을까? 마리아의 임신은 결국 세상이 다 알게 될 것이고, 그러면 마리아는 부정한 여자로 찍혀 돌에 맞아 죽게 될지도 모른다. 그러나 '가만히' 마리아와의 관계를 끊어 임신한 아이가 요셉의 친자라는 소문이라도 난다면 요셉은 임신한 약혼녀를 버린 파렴치범으로 찍혀 사람들의 몰매를 맞을 것이다. 그런데도 요셉은 파렴치범을 택했다. 그리고 꿈을 통해 하나님의 뜻을 알고 난 후 아내를 데려오는 선택을 했다. 이로써 자신도 살고, 아내도 살고, 배 속의 아기도 살았다.

결단은 자존심을 내버리고 자신을 부인했을 때에야 생겨날 수 있는 일이다. 비록 신의 아들일지라도 자신의 아이가 아닌 아이를 아들로 키운다는 것은 쉬운 선택이 아니다. 이 선택을 한 요셉이 아직 결혼하지 않은 총각이고 인생의 경험이 많지 않은 아직 어린 자의 결단이라면 더욱 놀라지 않을 수 없다. 성모 마리아가 조명을 받는 동안 성부는커녕 사람들이 별로 기억해주지도 않고, 성경에서도 크게 다루지 않는 요셉이었다. 그는 억울했을까? 그는 어떤 심정이었을까?

누구나 자신의 이름이 높아지기를 바라는 시대, 교회를 짓고 기념관을 세울 때에도 어딘가 자기 이름이 새겨져야 헌금을 하고 기부를 하는 시대가 되었다. 예수 그리스도의 육신의 아버지이면서도 자신을 나타내지도 않고 이름을 강요하지도 않는 요셉이 이 시대를 보면 무슨 생각을 하게 될까? 자신을 숨기는 것처럼 보이는 요셉은 아내와 아들을 지켰고 하나님의 뜻을 이루었으며 자신을 희생했다. 하나님의 뜻이 이루어지고 예수님이 주연이 되기만 한다면 이름이 없어도, 빛이 없어도 요셉처럼 만족하며 살아가는 삶이 참 귀한 시대이다.

미가야

뺨을 맞고 감옥 갈 필요가 있었나

솔로몬 이후 이스라엘은 남북 왕조로 나뉘었다. 남유다는 선한 왕이 다수 나왔지만 북이스라엘은 온통 악한 왕뿐이었다. 그중에서도 아합 왕은 전대미문 최악의 왕이었다. 도피성으로 유명했던 길르앗 라못이 아람에게 접수된 지 오랜 후, 아합 왕은 길르앗 라못을 되찾을 묘수를 냈다. 그는 남유다의 여호사밧 왕에게 동맹을 제안했다. 여호사밧은 그 제안을 받아들였지만 단서를 달았는데 북이스라엘의 선지자에게서 하나님의 뜻이 확인되면 출전하기로 했다.

아합 왕이 선지자 400명에게 하나님의 뜻에 대해서 물으니 그들은 녹음된 테이프처럼 같은 말을 반복했다.

"올라가서 싸우면 길르앗 라못을 되찾을 것입니다."

긍정적인 예언에도 불구하고 여호사밧은 뭔가 미심쩍었다. 왕에게 다른 선지자가 없는지 물었다. 아합 왕은 이믈라의 아들 미가야가 있는데 부정적인 예언만 일삼으며 자신의 발목을 잡는 녀석이라고 투덜거렸다. 여호사밧 왕은 미가야의 예언을 들어야겠다고 고집 부렸고 미가야는 왕 앞에 나오게 되었다.

심상치 않은 분위기를 느낀 미가야는 처음에는 마음에도 없는 말로 싸우면 이긴다고 말했다. 척 봐도 건성으로 하는 말에 아합 왕은 사실을 말하라고 윽박질렀다. 미가야는 그제야 하나님으로부터 받은 계시를 토하듯이 외쳤다.

"그가 이르되 내가 보니 온 이스라엘이 목자 없는 양같이 산에 흩어졌는데 여호와의 말씀이 이 무리에게 주인이 없으니 각 각 평안히 자기의 집으로 돌아갈 것이니라 하셨나이다"(왕상 22:17).

미가야의 예언을 해석하면 전쟁으로 이스라엘 왕 아합은 죽을 것이고, 오히려 그 죽음으로 인해서 부하들은 편히 고향으로 돌아간다는 뜻이었다. 미가야는 선지자 400명의 예언이 한결같은 이유가 거짓말하는 영이 그들의 입에 들어가서 꾄 결과라는 것도 덧붙였다. 그의 말이 끝나기도 전에 선지자의 두목 격이 되는 시드기야가 폭풍처럼 다가와서 미가야의 뺨을 후려치며 소리쳤다.

"여호와의 영이 나를 떠나 어디로 가서 네게 말씀하시더냐!"

미가야의 말은 왕의 심기를 건드리기에 충분했다. 미가야는 감옥에 갇혔고 전쟁은 개시되었다. 아합 왕은 길르앗 라못의 탈환이라는 야심을 버릴 수가 없었기에 미가야의 말을 무시했다. 그럼에도 미가야의 예언이 찜찜했던지 왕복을 벗어 여호사밧 왕에게 입히고는 일반 군인 틈에 숨어들었다. 그 많은 병사 틈에서 적들이 자신을 찾을 수 없을 거라 생각했다.

하나님의 뜻은 반드시 실현되는 법이다. 아합 왕의 꼼수는 통하지 않았다. 우연히 아람 군인이 쏜 화살이 정확히 아합 왕의 가슴에 꽂혔고 그는 전사하고 말았다. 전쟁은 싱겁게 끝났고 군사들은 고향으로 돌아갔다. 미가야의 예언이 정확히 들어맞는 순간이었다. 아합 왕의 시체는 북이스라엘의 수도 사마리아 못 가에서 씻겼고 개들이 그 피를 핥았다는 후문으로 이야기는 완결되었다.

유다 왕 여호사밧이 400명이나 되는 예언자의 말을 듣고서도 미가야의 조언을 듣고 싶었던 이유는 무엇일까? 이스라엘 왕 아합은 미가야의 첫 번째 예언을 듣고서 그것이 마음에서 나오지 않은 것을 알고 그에게 새로운 예언을 하게 했던 이유는 무엇이었을까? 이 두 가지의 의문은 한 가지의 답으로 수렴된다. 여호사밧이나 아합은 진실을 알고 있었다는 사실이다. 그들은 400명 예언자의 소리에서도, 미가야의 첫 예언 속에서도 이미 하나님의 의중을 헤아리고 있었다. 자신의 욕망이 그걸 지우고 싶어 묻고 또 묻는 것일 뿐이었다.

때때로 목회자에게 하나님의 뜻을 묻는 경우가 있다. 목사를 통해 자신이 욕망하는 것, 이미 결정한 자기 뜻을 확인하고 싶어서일 때가 많다. 목회자의 답변이 자기 생각과 일치하면 기분 좋게 돌아가지만 자신이 원하는 것과 다르면 곧바로 다른 목회자를 찾아가기도 한다. 희미한 하나님의 뜻보다는 자신의 분명한 욕망을 편들어주는 목회자를 더 필요로 할 때가 있다. 이미 하나님의 뜻이 무엇인지 알고 있으며, 자신의 의지와 하나님의 뜻이 충돌하는 것을 알면서도 누군가 자신의 편이 되면 그제야 안심하고 원하는 대로 한다. 아합 왕과 다를 바가 없는 일이다.

하나님의 뜻은 내 욕망과 욕심을 강화하는 수단이 아니다. 말씀을 들을 때 말씀이 쓰고 아프고 고통스럽다면 오히려 안심하라. 마치 암을 도려내는 수술처럼 그 아픈 말씀이 나를 살리기 때문이다. 그것이 하나님의 말씀이고, 그것이 진리이다. 무당의 예언은 어떨까? 코에 걸면 코걸이, 귀에 걸면 귀걸이다. 자신에게 좋은 소리만 찾아가는 것은 무당을 찾는 것과 다름이 없고 그렇게 되면 진리와는 영영 멀어진다. 거짓된 무당과 달리 하나님의 말씀은 변함없이 마음 깊은 곳에서 산처럼 움직이지 않는다. 말씀을 믿고 의지한다는 것은 미가야처럼 뺨을 맞고 감옥에 갇힐 각오 정도가 아니면 불가능한 일이다. 뺨도 맞지 않고 감옥에도 가지 않는 편안한 무당이 되는 것보다 차라리 미가야처럼 되는 것이 낫지 않겠는가!

빌레몬
노예를 형제로 받아줄 수 있을까

바울은 빌레몬이란 제자를 잘 알고 있었다. 그에게 부탁이나 명령을
얼마든지 해도 되는 처지였다. 빌레몬은 바울에게 정신적이고 물질
적인 빚을 많이 지고 있었기 때문이었다. 그럼에도 바울이 빌레몬에
게 쓴 편지를 보면 깍듯이 예의를 갖추고 있는 것을 알 수 있다. 바울
은 상대방을 배려한 태도로 말하고 있다.

> "이러므로 내가 그리스도 안에서 아주 담대하게 네게 마땅한 일
> 로 명할 수도 있으나 도리어 사랑으로써 간구하노라"(몬 1:8-
> 9a).

"빌레몬아, 내가 원하는 대로 해줘"라고 명령할 수 있는 처지에 있던 바울은 빌레몬에게 사정하다시피 요청했다. 나이가 많지만 정중하게 사랑을 담아서 청원한다는 사실을 숨기지 않았다. 바울은 빌레몬에게 왜 이렇게 간곡하게 말하는 것일까?

빌레몬은 부자로서 종을 많이 거느리고 있었다. 그중에서 빌레몬의 재산을 훔치고 야반도주한 노예가 한 명 있었다. 그의 이름은 오네시모. 얼마 못 가 현행범으로 체포되었고 감옥에 갇혔다. 이리저리 감옥을 옮겨 다니던 끝에 오네시모는 로마 감옥에서 바울을 만났다. 엄격한 신분제 사회였던 당시에 로마의 법률은 절대적이었고, 노예는 주인에게 귀속되기 때문에 도망가거나 주인의 재산을 침해하는 경우에는 법에 따라 엄벌에 처해졌다. 어떤 엄벌일까? 특별한 경우를 제외하고는 사형에 처했다. 감옥에서 죽을 날만 기다리던 오네시모는 운명적으로 바울을 만났고, 바울은 그에게 복음을 전해주었다.

똑같은 영어(囹圄)의 몸이어도 바울이 종교계 인사임에 반해 오네시모는 법을 어기고 도주한 현행범이었다. 바울은 그런 오네시모를 가까이 두었고 복음으로 영향력을 미쳤다. 어느 정도냐면 감옥에 갇힌 중에도 영적으로 낳은 아들, 즉 새롭게 변화된 오네시모가 되었다. 하지만 오네시모 앞에 놓인 운명은 사형이었다. 바울은 그의 운명을 완전히 바꾸어주고 싶었다. 바울은 오네시모의 주인인 빌레몬에게 간곡한 편지를 썼다.

편지의 내용은 이런 것이었다.

"내가 오네시모를 가까이 두고 나를 섬기는 일을 맡기고 싶은데, 너의 승낙이 있어야 가능하니 오네시모에게 관용을 베풀기를 바란다. 그것은 단지 오네시모를 용서해주어 다시 노예로 복귀시키는 것이 아니라 네 형제로 받아들이는 것이다. 오네시모가 저지른 모든 손해는 내가 대신 갚아주겠다. 네가 나에게 진 빚이 있는데 그것은 없던 거로 하겠다. 나는 네가 요청에 응답할 뿐 아니라 그보다 더한 것도 할 줄로 믿는다."

도망친 노예가 살아남는 정도가 아니라 완전히 자유롭게 될 수 있는 아주 특별한 기회였다. 바울의 편지는 비굴할 정도였다. 그 이유가 무엇일까? 오네시모를 살리기 위해서였다. 그가 사형을 당해서 아깝게 죽고 지옥에 가느니 영혼도 살리고 그의 생명도 복음을 위해 의미 있는 삶을 살 기회를 주려는 것이었다. 그리고 빌레몬을 위한 것이기도 했다. 빌레몬에게 오네시모에 대한 노여움이 여전히 남아있다면 그가 받은 은혜가 무엇인지를 깨닫고 어떤 자비를 베풀어야 할지를 바라는 바울의 간절한 마음이었다. 바울은 빌레몬에게 아부하는 게 아니라 빌레몬 자신을 돌아보아 스스로 올바른 결정을 하게끔 했다.

〈빌레몬서〉는 오네시모라는 노예에 대한 선처를 촉구하는 이야기가 들어 있는 매우 짧은 한 장짜리 성경이다. 바울 인생의 다양한 과정을 살펴보았을 때 더 많은 에피소드가 있었을 것이다. 감옥에서 만난 사람들, 감옥에 갇히게 만든 사람들, 복음에 도움을 주었던 사람들, 방해한 사람들, 전도여행에서 만난 수없이 많은 사람들…. 그 많은 에피소드에 해당하는 사람들 이야기가 다 성경이 되었다면 신약은 구약보다 더 두꺼워졌을 것이다. 수많은 이야기 중에 개인적인 이야기에 불과한 이 편지가 성경으로 남은 이유는 무엇일까? 그것은 이 편지가 오네시모와 빌레몬만을 위한 것이 아니라 오늘 우리에게도 해당하기 때문이다.

우리는 때때로 오네시모의 자리에 설 때가 있다. 남에게 피해를 주다가 결국은 그것에 대한 대가를 치러야 할 형편에 서기도 한다. 또 우리는 빌레몬의 위치에 있을 때도 있다. 나에게 피해를 입히고 괴롭힌 사람에 대한 분노를 품어서 법대로 할지, 자비를 베풀지 고민할 처지에 있을 때가 있다. 때로는 바울처럼 이 둘 사이에 끼어 있기도 하다. 우리가 어느 위치에 있든지 이 성경은 우리에게 도움을 준다. 오네시모로서, 빌레몬으로서, 바울로서 어떤 결정을 내릴지 〈빌레몬서〉가 해답을 주기 때문이다. 바울의 이 편지를 받은 빌레몬은 바울의 요청대로 했을까?

빌레몬은 바울이 요구한 것 이상을 했다. 빌레몬은 편지를 받고 그가 받은 은혜가 무엇인지를 깨닫고 도망자인 오네시모를 형제로 받아주었다. 오네시모는 어땠을까? 죽을 운명에서 다시 살아나는 인생의 전환점을 맞게 되었다. 그는 노예로 살던 때보다 더 열심히 일할 각오를 다졌고, 형제로 받아주었다고 해서 안하무인으로 살지 않았다. 오네시모는 평생 은혜를 갚으며 살았다.

"신실하고 사랑을 받는 형제 오네시모를 함께 보내노니 그는 너희에게서 온 사람이라. 그들이 여기 일을 다 너희에게 알려 주리라"(골 4:9).

만약 우리가 바울의 입장에 선다면 어떻게 해야 할까? 서로의 입장을 고려하여 객관적인 입장을 표명하는 것이 맞지만 때로 어려운 한쪽을 살려야 한다면 배려와 예의로 서로를 중재하는 자세가 필요하다.

결론적으로 짧은 편지 한 장이 생명을 살렸고, 한 사람에게 위대한 결단을 내리게 했다. 이 작은 편지는 시간과 공간을 뛰어넘어 오늘날 불멸의 성경 자리에 서 있는 이유가 바로 거기에 있다.

보블리오
진짜 신이 누구인지 알았을까

이탈리아 시실리에서 남쪽으로 약 100km 지점에 '멜리데'라는 섬이 있다. 길이 30km, 폭 16km 정도의 작은 섬인 이곳은 오래전부터 누군가가 살던 섬이었다. 거친 파도와 성난 바람으로 온갖 고난을 당하다 구사일생으로 이 섬에 불시착한 사람들이 있었다. 조난자들은 멜리데섬의 원주민과 조우하게 되는데, 난파된 배에서 널빤지를 껴안고 겨우 살아남아 이 섬에 들어온 사람들은 바울 포함 무려 276명이나 되었다. 섬의 원주민은 자비를 베풀어 이들을 맞이해주고 차가워진 몸을 녹이라고 불을 피워주었다.

후끈 달아오른 불로 인해 사람들의 몸이 점차 따뜻해질 무렵 수북이

쌓인 나뭇가지 일부를 들어 불 속에 넣던 바울은 손에 뭔가 따끔함을 느꼈다. 나뭇가지 사이에 숨어 있던 독사 한 마리가 불길에서 뛰어나와 바울의 손을 문 것이었다. 그 광경을 본 원주민들은 이렇게 수군거렸다.

> "원주민들이 이 짐승이 그 손에 매달려 있음을 보고 서로 말하되 진실로 이 사람은 살인한 자로다. 바다에서는 구조를 받았으나 공의가 그를 살지 못하게 함이로다 하더니"(행 28:4).

바울이 심상찮은 죄인이며 죄에 대한 대가로 신이 독사를 시켜 바울을 심판한 것이라 생각했다. 바울은 아무렇지도 않게 손에서 뱀을 떼어냈다. 아무 일도 일어나지 않았다. 원주민들의 말속에서 인과응보, 결과에 따른 원인을 믿고 있음을 알게 된다. 누군가 독사에 물리는 것과 같은 끔찍한 결과에는 독사에 물린 자가 죄인이라는 원인이 있다는 생각이었다. 공의는 죄인을 밝히고야 만다고 생각했다. 그러나 그것이 과연 공의였을까?

비가 와서 축축이 젖은 나뭇가지는 습기를 좋아하는 파충류에겐 최적의 휴식 공간이었다. 바울이 아니라 누구라도 나뭇가지를 집어 올린다면 뱀이 있을 확률이 높았다. 바울은 다른 사람을 위해 나뭇가지를 집었고 거기에서 나온 독사가 바울을 물었다. 우연에 따른 결과일 뿐이었다. 그러나 원주민은 거기에 의미를 부여했고 그것을 공의라 여겼다.

독사에 물려 팔이 붓고 식은땀을 흘리다 즉사할 줄 알았던 바울이 아무렇지 않게 돌아다녔다. 그것을 본 원주민들은 더욱 놀라서 외쳤다.

"그는 신이다!"

공의라는 신적인 운명을 이겨낸 존재, 그가 신이 아니면 무엇이랴! 원주민들은 바울에게 몸을 굽혔고 신이 강림했다는 소문이 온 섬에 퍼졌다.

난파된 자들이 편하게 지낼 수 있도록 땅을 주고 먹을 것과 마실 것을 준 사람은 섬의 추장 보블리오였다. 여러 날을 파도 속에서 고생하던 그들은 추장과 원주민의 극진한 환대 속에서 점차 기력을 회복했다. 보블리오 역시 원주민의 대표로서 그들의 사상을 공유하고 있었다. 신처럼 여기는 바울과 그 일행을 극진하게 대접하는 것은 당연한 일이었다. 게다가 열병으로 죽어가던 브블리오의 부친을 바울이 안수하며 기도해준 뒤에 살아난 것도 바울을 신으로 확신하기에 충분한 기적이었다. 기도를 받은 보블리오의 아버지가 자리를 털고 일어난 소문은 다시 온 섬에 퍼졌고 원주민 중에 병에 걸린 사람들이 바울을 찾아와 모두 고침을 받게 되었다.

"이러므로 섬 가운데 다른 병든 사람들이 와서 고침을 받고 후한 예로 우리를 대접하고 떠날 때에 우리 쓸 것을 배에 실었더라"(행 28:9-10).

원주민들은 바울을 통해 여러 기적을 경험했다. 공의를 이긴 신, 죽어가는 사람을 살린 기적의 신, 열병과 각종 병을 고친 바울은 신의 반열에 올랐다. 과연 원주민의 생각이 옳았을까? 바울이 뱀에게 물렸어도 죽지 않은 이유가 무엇인지 모른다. 독이 없는 뱀이었을 수도 있고, 물기만 했지 뱀이 독을 뱉지 않았을 수도 있으며, 바울에게 내성이 있었을 수도 있고, 어떤 설명하기 어려운 초자연적인 역사가 일어난 것일 수 있다. 중요한 것은 그렇다고 바울이 진짜 신이냐 하면 그게 아니란 사실이다. 사람의 병을 낫게 해준 것도 바울이 신이어서가 아니었다. 도대체 이 기적은 어디에서 일어난 것일까?

섬이란 사회적, 문화적, 의료적인 혜택으로부터 고립된 곳이다. 날씨가 조금만 거세도 섬의 생활은 고달프기 그지없다. 인간의 힘으로 어쩔 수 없기 때문에 섬사람들은 날씨나 바다를 관장하는 신이 있다고 믿고 그 신을 달래기 위한 다양한 수단을 사용한다. 지금도 제주도라든가 작은 섬의 바닷가로 가보면 바다에서 제사 지낸 흔적을 어렵지 않게 볼 수 있다. 2천 년 전에는 더 심했을 것이다. 그런데 공의를 빙자한 신이나 바다의 신이 아니라 신중에 신이신 하나님께서 멜리데섬 사람들의 고통과 아픔을 들으셨다. 애굽에서 400년 동안 노예로 고생하던 이스라엘의 부르짖음을 들으신 하나님은 섬의 추장과 원주민의 고통도 들으셨다.

바울이 탄 배가 하필이면 풍랑을 만나고, 하필이면 배가 난파되고, 하필이면 다 살아남고, 하필이면 멜리데섬으로 피신하고, 하필이면 바울이 쥔 나뭇가지에 뱀이 있었고, 하필이면 뱀이 바울을 물었고, 하필이면 바울이 아무렇지도 않았고, 하필이면 추장의 아버지가 열병을 앓고 있었고, 하필이면 원주민 중에 아픈 사람이 많았다. '하필이면'이란 말을 여러 번 반복하는 이 불가능한 확률은 멜리데섬 원주민들의 고통을 풀어주시려는 하나님의 역사였다. 빈약한 확률을 뚫고 하나님께서 바울을 보내주셨다. 바울이 만났던 바람과 파도는 멜리데섬 사람들과 보블리오 내면의 외침이지 않았을까? 하나님이 그 작은 섬의 소리를 들으신 것은 아닐까?

자신의 섬에 바울이란 신께서 강림하신 것이 아니라 하나님께서 그들의 고통과 아픔을 아시고 바울을 보내주셨다는 것을 보블리오는 알았을까? 로마를 향하던 죄수가 모진 시련을 겪으며 276명을 무사히 살리고서 멜리데섬에 온 것이 자신들을 사랑하는 하나님의 뜻임을 원주민들은 깨달았을까? 2천 년이 지났어도 멜리데섬의 원주민보다 못한 수준으로 자기만의 신을 만들어 자기만의 섬에 갇힌 현대인을 하나님께서 사랑하신다는 사실을 우리는 알고 있을까?

갈렙
후배의 앞길을 막는 고집 센 노인네였나

나이를 먹는다는 것은 경험이 연륜으로 쌓여서 더욱 성숙해진다는 것을 의미한다. 남을 배려할 줄 알고, 타인의 입장에서 이해할 줄 알며, 후배들에게 바람막이가 되어주고, 도량이 넓어진다는 것을 뜻한다. 그런데 나이만 먹었지 여전히 어린아이처럼 자기중심적이고, 남을 이해하지 못하며, 타인의 처한 상황을 배려하지 않고, 후배들이야 어떻든 자기만 잘살면 된다고 생각한다면 '어른'이긴 하나 존경받는 어른은 아닐 것이다.

〈여호수아〉에 등장하는 갈렙은 노인이었는데 당시 가장 독보적으로 나이 많은 사람이었다. 그의 나이 85세(수 14:10), 여호수아를 제외하고는 다들 어렸다. 애굽에서 탈출한 이스라엘 1세대는 모두 광야에서 죽었기 때문에 갈렙은 여호수아와 더불어 유일한 어른이었고 나머지 백성들과의 나이 차이가 많이 났다.

모세를 이어 이스라엘의 리더가 된 여호수아는 가나안의 요충지를 확보했다. 그는 각 지파에게 땅을 분배해주기 위해 지파마다 제비를 뽑게 했다. 이제 지파별로 젊은이들이 나서서 스스로 땅을 차지하면 되었다. 후배들이 나설 차례였던 것이다. 바로 그때 여호수아 앞에 나선 이가 있었으니 갈렙이었다. 그는 후배들을 멈추게 하더니 여호수아에게 말했다.

"모세가 나를 정탐꾼으로 보낼 때와 같이 나는 오늘도 여전히 건강하며, 그때와 마찬가지로 지금도 힘이 넘쳐서 전쟁하러 나가는 데나 출입하는 데에 아무런 불편이 없습니다. 이제 주님께서 그날 약속하신 이 산간지방을 나에게 주십시오"(수 14:11-12a, 새번역).

갈렙은 85세의 최고령 노인이었지만 힘으로 얼마든지 땅을 차지할 수 있을 정도로 건강하니 약속한 땅을 내놓으라고 했다. 후배들이 땅을 차지하기 위해서 목숨 걸고 전쟁에 나서든지 말든지 갈렙은 자기 몫의 땅을 달라고 고집했다. 땅을 차지하려면 수많은 적을 물리쳐야 했으며, 그것은 건강한 후배들의 몫이어야 했다. 그런데 갈렙은 40년 전, 기억도 나지 않는 약속을 지키라면서 땅을 달라고 떼쓰고 있었다.

얼핏 보면 갈렙이 노욕을 부리는 욕심쟁이 노인인 것 같다. 갈렙은 전체 이스라엘 중에서 가장 나이 많은 어른으로서 후배에게 모범을 보여야 했다. 후배들을 격려하고 그들의 앞길을 열어주어야 할 사람이 갈렙이었다. 그런데 난데없이 후배들 앞에서 노익장을 과시하면서 직접 전쟁에 나서겠다고 하니 골치 아픈 일이 아닐 수 없다. 갈렙은 후배들의 앞길을 막아서는 그저 고집 센 노인네였을까?

그렇지 않다. 갈렙이 차지하려는 땅을 주목해보자. 갈렙은 '헤브론'이란 땅을 요구하고 있었다. 헤브론의 옛 명칭은 '기럇 아르바'였는데 '기럇'은 성읍, 도시란 뜻이고 '아르바'는 사람의 이름이었다. '아르바'는 누구일까? 골리앗은 아낙 출신인데 아낙에서는 수많은 거인이 태어났다. 그 아낙 사람의 조상이 바로 '아르바'라는 전설적인 인물이었다. 남들보다 골격이 크고 덩치와 키가 두드러진 거인족의 땅, 태어날 때부터 남다른 체격을 자랑하며 기골이 장대한 사람들이 대대로 사는 마을이 바로 기럇 아르바였다.

이스라엘의 젊은이들이 가장 기피하는 땅이 기럇 아르바, 즉 헤브론이었다. 자기 지파가 제비 뽑히지 않기를 바라는 땅이었고, 전쟁을 해봐야 이기기 어려운 난공불락의 성이 헤브론이었다. 85세의 노인인 갈렙은 40년 전을 기억했다. 여호수아를 비롯한 열두 명의 정탐꾼이 밟았던 바로 그 땅에서 수박만 한 포도를 먹는 거인들을 보면서 다른 정탐꾼들이 "우리 이스라엘은 메뚜기처럼 초라할 뿐이다"라고 벌벌 떨 때 "그들은 우리의 밥에 불과하다"고 당당하게 외쳤었다.

세월이 흘러 노인이 되었지만 그때의 기억은 사라지지 않았다. 하나님은 비록 거인의 땅이지만 갈렙과 여호수아 같은 용맹한 자들에게 그 땅을 약속했던 것이었다. 그때의 약속은 시간이 지날수록 더욱 또렷해졌다.

갈렙은 40년 전 싸워보지도 못하고 후퇴해야 했던 뼈아픈 경험을 반복하고 싶지 않았다. 다수의 의견만 듣고 초라하게 물러섰던 이스라엘의 역사를 되돌리고 싶었다. 나이는 많지만 후회하고 싶지 않았다. 그래서 갈렙은 분연히 일어섰다.

"주님께서 나와 함께하시기만 한다면 나는 그들을 쫓아낼 수 있습니다."

이것이 믿음을 담은 갈렙의 고백이었다.

갈렙의 이 모습에서 여전히 순수하고 열정적인 한 젊은이를 볼 수 있다. 나이 먹고 늙은 갈렙의 모습에 젊고 건강한 40년 전 갈렙의 모습이 겹쳐졌다. 자신의 삶에 책임질 줄 알며, 남 탓하지 않고, 열정을 가지고 덤벼들 줄 알고, 후배들에게 좋은 영향력을 끼치는 충성스러운 갈렙을 통해 어떻게 나이를 먹어가야 할지 우리는 알게 된다. 갈렙은 시대의 어른이 되었다. 이윽고 헤브론은 갈렙의 것이 되었다. 기럇 아르바에 살던 거인족은 쫓겨났고 전쟁은 그쳤다. 후배들이 갈렙을 보면서 세차게 일어선 결과였다. 진짜 어른은 갈렙과 같이 용기와 도전을 줌으로 시대를 바꾸는 사람이 아닐까?

에녹

어떻게 죽음을 보지 않고 올라갔을까

예수님의 동생 유다는 교회의 지도자로서 흩어진 여러 교회의 성도들에게 편지를 썼다. 당시의 세상은 성도들의 믿음을 흔들기 위해 모든 유혹과 재난을 무더기로 쏟아내는 모양새였다. 유다는 믿음을 잃지 말고 죄와 힘써 싸우라는 격려와 응원의 짧은 편지를 〈유다서〉를 통해서 성도들에게 전했다. 소돔과 고모라에 살던 사람이나 가인, 발람과 같은 믿음을 저버린 인물의 말로가 얼마나 비참했는지 보여주면서 하나님께서 그들을 단죄하실 것을 에녹의 예언을 빌려 강조했다(유 1:14-15).

아브라함이나 다윗, 모세 같은 위대한 인물도 있고, 다니엘이나 이사야 같은 예언자를 통해서도 하나님의 심판을 논할 수 있는데, 유다는 왜 에녹을 내세웠던 것일까? 적어도 유다에게 에녹은 믿을 만한 말씀을 전해준 인물이었다. 초기 교회에 구원 얻은 사람을 넘어뜨리기 위해 '가만히 들어온 사람들'(유 1:4)이 어찌나 교묘하게 성도를 속이고 부추겼던지 다들 거기에 넘어가기 시작했다. 유다는 아담의 칠 대 손 에녹을 통해 시대의 흐름에 저항하는 것이 얼마나 중요한지를 주장했다. 유다에게 에녹은 최고의 믿음의 인물이기 때문이었다.

민음의 인물로 에녹을 꼽은 사람은 유다만이 아니었다. 히브리서 기자 역시 에녹을 믿음의 조상 중에 수위에 올려놓았다.

> "믿음으로 에녹은 죽음을 보지 않고 옮겨졌으니 하나님이 그를 옮기심으로 다시 보이지 아니하였느니라. 그는 옮겨지기 전에 하나님을 기쁘시게 하는 자라 하는 증거를 받았느니라" (히 11:5).

에녹은 어떻게 죽음을 보지 않고 하나님께 올라간 사람이 될 수 있었을까? 에녹은 어지러운 시대를 살고 있던 초기 교회의 성도들에게 어떻게 믿음의 대명사로 자리매김할 수 있었던 것일까? 에녹이 처음 등장하는 창세기로 가보자. 창세기 5장에는 에녹과 그의 조상 및 후손이 등장하는데 그들은 모두 900세 이상 살았다. 대략 100세를 전후해서 첫 아들을 낳았고, 그 후 수백 년을 살면서 자녀를 낳다가 죽었다. 아직 홍수가 나기 전이라 날씨는 더없이 좋았고, 작물은 끝도 없이 잘 자랐다. 땅에서 가시덤불과 엉겅퀴가 나기는 했으나(창 3:18) 조금만 수고해도 식량을 수급하는 데는 별 지장이 없었다. 가인의 후손들이 거대한 성을 쌓을 정도로 발달한 건축과 과학 기술이 있었고 병이 없어서 장수하기에 알맞은 시대이기도 했다.

에녹은 그토록 평화롭고 풍성한 시대에 태어났다. 당시 평균보다 이른 나이인 65세에 장남 므두셀라를 낳았다. 앞으로 에녹은 900살을 편안하게 살면서 자녀를 낳을 예정이었다. 풍요로운 세상이었다. 그런데 므두셀라를 낳은 에녹에게 어떤 변화가 찾아왔다. 풍요와 다산, 장수와 건강이라는 모든 사람이 꿈꾸는 이상적인 세상처럼 보였으나 에녹의 눈에 세상이 그렇게 아름다워 보이지만은 않았다. 사람들은 본능을 찾아 살았고, 보이지 않는 하나님은 외면하면서 입과 귀에 즐거운 것만 집중했다. 에노스 때에 잠시 여호와의 이름을 불렀으나 사람들은 점차 쾌락이 주는 달콤함에 빠져들고 있었다.

열정과 희망을 품기보다는 적당히 타협하며 권태롭게 사는 사람이 대부분이었다. 사람들은 경건과는 거리가 멀었고 하나님을 의식하지도 않았다. 한없이 평화롭고 아픔이 없으며 자식과 재산이 넉넉한 시대였다. 원하는 바를 얻지 못해 원망할 때나 하나님을 찾았고, 대부분 욕망을 충족시키기 바빴고 불만으로 가득했다.

> "이는 뭇 사람을 심판하사 모든 경건하지 않은 자가 경건하지
> 않게 행한 모든 경건하지 않은 일과 또 경건하지 않은 죄인들
> 이 주를 거슬러 한 모든 완악한 말로 말미암아 그들을 정죄하

려 하심이라 하였느니라. 이 사람들은 원망하는 자며 불만을 토하는 자며 그 정욕대로 행하는 자라. 그 입으로 자랑하는 말을 하며 이익을 위하여 아첨하느니라"(유 1:15-16).

에녹은 그런 시대 풍조에 따라 적당히 살면 그만이었다. 므두셀라를 낳고도 수백 년이나 살아갈 날이 남았다. 그런데 아들을 낳고 그의 이름을 '쏘는 사람'(man of the dart)이라는 뜻인 '므두셀라'라고 짓고 보니 모든 것이 찔리기 시작했다. 이대로 본능을 따라 살아도 되는 것일까? 에녹은 쾌락이 아닌 하나님을 찾으며 시대를 거스르기 시작했다.

"믿음이 없이는 하나님을 기쁘시게 하지 못하나니 하나님께 나아가는 자는 반드시 그가 계신 것과 또한 그가 자기를 찾는 자들에게 상 주시는 이심을 믿어야 할지니라"(히 11:6).

에녹시대의 사람들은 하나님을 기쁘시게 하거나 하나님께 나아가려고 하지 않았다. 그들의 삶에는 믿음이 없었기 때문이었다. 이대로 800년, 900년을 사느니 하나님과 동행하는 것이 훨씬 낫다는 것을 깨달은 에녹은 하나님을 믿고 찾기 시작했고, 이후 300년이란 세월을 하나님과 동행했다. 하나님과 동행했다는 것은 하나님을 기쁘시게 했다는 것이며, 그것은 또한 세상의 방식과는 다른 삶을 선택했다는 뜻이었다. 보이는 것을 추구하는 시대, 보이지 않는 하나님과 함께 본능과 욕망이 아닌 믿음을 따르는 삶을 살았다.

그렇게 300년을 산 어느 날, 에녹의 나이 365세가 되었을 때 하나님은 "이제 그만하면 됐다" 하시면서 에녹을 하늘로 옮겨가셨다. 마치 365년을 365일처럼 살았던 에녹은 영원히 하나님과 함께 살게 되었다. 그리고 그의 증손자 노아 때 홍수가 났다.

오늘 우리시대는 어떨까? 세상은 온통 욕망을 추구하라고 부추기고 있다. 인간의 욕망이 세상을 파괴하는 데 가장 크게 일조하고 있다. 언제 세상이 끝나도 이상하지 않을 정도가 되었다. 하나님과 동행하기보다는 적당히 타협하면서 아프지 않고 건강하게 장수하는 것만이 최고의 꿈이 되었다. 시대정신을 거스르며 하나님과 동행하려는 에녹은 더 이상 없는 것일까? 세상의 길을 따르지 않고 평생 하나님만 따르며 동행하는 사람이 있다면 하나님은 그를 하늘로 홀연히 부르실 것이다.

나사로
다시 살아나서 좋았을까

사람은 누구나 죽는다. 태어날 때는 순서가 있지만 죽는 것은 순서가 없다. 세상에 맨 처음 생겨난 아담보다 그의 아들, 그것도 둘째인 아벨이 제일 처음 죽었다. 사람이라면 누구나 다 죽기 마련이다. 사람은 어떻게든 죽음을 피할 방법을 찾으려 하지만 지금까지 성공한 예가 없다. 죽었다가 살아난 것은 어떨까? 성경에는 예수님 말고도 그런 사람이 등장한다. 바로 나사로이다.

나사로는 예루살렘에서 4km 정도 떨어진 베다니에서 두 명의 여동생과 함께 사는 청년이었다. 전통적이고 유서 깊은 수도 예루살렘은 정치, 문화, 경제의 중심지였고, 예루살렘 성전이 있어서 종교적으로도 가장 중요한 곳이었다. 당대 가장 부유하고 화려한 도시인 예루살렘과 가까운 베다니는 호화로운 도시 이면에 가려진 뒷골목 동네에 불과했다.

예수님은 베다니에 다녀간 적이 있었다. 그리고 그 동네 출신 나사로 남매를 잘 알고 있었다. 나사로가 갑자기 죽었다는 소식이 들은 예수님은 그들 집으로 향하기로 했다. 그런데 이상하게도 예수님은 늦은 출발을 했고 나사로의 집에 도착했을 때는 이미 나사로는 무덤에 들어간 후였다. 베다니는 나사로의 조문객이 동네 입구에 가득 차 있었다. 예수님은 나사로가 묻혀 있는 무덤 입구의 돌을 굴리게 하고 나사로를 불렀다. 죽었던 나사로가 걸어 나왔다. 그의 손과 발은 천에 감겨 있었고 얼굴은 수건으로 싸매어 있었다. 죽어서 무덤 굴에 들어간 나사로는 자신의 발로 당당하게 걸어 나왔다.

나사로는 다시 살아나서 좋았을까? 처음에는 좋았을 것이다. 그러나 나사로의 입장에서 생각해보자. 그렇게 좋지만은 않았을 것이다. 그는 가난한 집의 장남이었다. 본문에 그의 부모가 등장하지 않는 것으로 봐서는 아마도 고아로 자랐을 것이다. 집안의 가장으로 자신이 책임지고 먹여 살려야 할 동생이 두 명이나 있었다. 여자들이 경제활동을 하기 어려운 시대였다. 여동생 둘 중 누구도 스스로를 책임지지 못했다. 가장이자 오빠인 나사로가 혼자 짊어져야 할 짐이 막중했다.

살아난 나사로 앞에 놓인 것은 여전히 집의 가난한 사정이었고 돌보아야 할 두 명의 여동생이었다. 살아난 그의 앞에 고통스럽고 어려운 현실의 짐이 주어졌다. 살아난 기쁨도 잠시 삶의 힘겨운 짐을 다시 져야 하는 비참한 현실에 맞닥뜨리게 되었다.

두 여동생은 서로를 의지해야 했지만 둘 사이가 좋은 것도 아니었다. 언니 마르다는 대접하기를 좋아해서 가뜩이나 가난한 살림을 거덜 내곤 했다. 막내 마리아는 언니를 도울 생각이 없었다. 오빠로부터 받은 용돈을 모아 자기 결혼을 위해 향유 옥합을 마련할 정도로 꼼꼼한 성격이었지만 언니를 도와 부엌에 들어갈 생각이 없었다. 어리고 철없는 동생이었다. 살아난 나사로는 사이가 안 좋은 동생들을 화해시키며 가정을 건사해야 할 의무가 있었다. 그가 살아나면서 부담스럽고 힘든 인생의 짐도 그의 앞에 다시 살아났다.

그렇다면 다시 살아나서 안 좋았을까? 그렇지 않다. 병으로 시름시름 앓던 그는 황망하게 죽었다. 고생만 하다가 어느 날 병들었고 철없는 여동생 둘만 남기고 세상을 떠나야했다. 친구들과 제대로 된 인사도 못하고 떠난 슬픈 죽음이었다. 그러나 다시 살아났기에 동생들의 아픈 마음을 위로할 수 있고 친구들과도 다시 한번 인사와 우정을 나눌 수 있게 되었다.

죽은 사람은 눈이 감겨 있다. 만약 눈을 뜨고 죽으면 반드시 감겨 주어야 한다. 관에 누운 사자(死者)는 늘 눈이 감겨 있다. 죽은 사람과는 눈을 마주 볼 수가 없는 것 그것이 죽음이다. 단 하루, 단 한 시간도 눈을 마주보거나 웃고 이야기할 수 없는 게 죽음인 것이다. 그러나 나사로는 살아났기에 가족과 이웃의 눈을 마주 볼 수 있게 되었다. 그것만으로도 살아난 혜택을 누리게 되었다.

나사로에게 부담스럽고 힘든 인생이 주어졌고, 그것은 어느 누구도 대신할 수 없는 일이었다. 나사로의 인생은 나사로만의 몫이었다. 그가 살아났기 때문에 이제 그는 자신의 인생으로 돌아가게 되었다. 못다 했던 인생의 과업을 다시 이룰 수 있게 되었다. 힘든 과업을 다 못하면 어떻게 될까? 일을 하다가 최악의 경우라 해봐야 죽는 것밖에 없다. 한 번 죽어봤으니 두려울 것도 없다. 나사로는 못다 했던 일을 다시 시작할 수 있었다. 이 또한 그에게만 주어진 혜택이었다.

아무리 크고 부담스러운 짐이라고 해도 자신을 믿고 의지하는 사람이 있다면 각오와 힘이 생긴다. 두 여동생은 다시 살아난 나사로에게 예전과 달리 큰 힘을 주었을 것이다. 이제는 오빠를 생각해서라도 둘은 사이좋게 지냈을 것이다. 그리고 나사로에게는 물리적인 힘도 생겨났다. 나사로는 숨만 붙어 있는 모습으로 살아난 것이 아니었다. 나사로는 건강한 몸으로 부활했다. 예수님이 살려주신 기적이기 때문이다.

예수님은 병자를 고치실 때마다 단지 병만 사라지게 하지 않고 반드시 회복도 주셨다. 힘도 다시 생기고 자신감도 얻었다. 그들은 자신의 일과 가족, 공동체로 힘차게 돌아갈 수 있었다. 어떤 중병에 걸렸든 예수님의 치유를 받은 자들은 건강과 힘을 되찾았다. 그들에게는 힘과 의욕이 충만했다. 가정과 일터, 사회와 조직 속에서 무엇이든지 감당할 수 있는 모습이 되었다. 나사로도 마찬가지였다. 그는 다시 힘을 얻어서 가족에게로 돌아갔다. 아무리 부담스럽고 어려운 환경이라고 해도 그는 얼마든지 감당해 낼 수 있었다.

다시 살아난 나사로는 시간이 흘러 다시 죽음을 맞이했다. 언제 죽었는지는 알 수 없지만 그에게도 죽음은 피할 수 없는 일이었다. 만약 그가 죽지 않았다면 지금까지도 어느 곳엔가 살아 있어야 하는데 그렇지 않다. 나사로는 맡겨진 일을 훌륭히 마친 뒤에, 어쩌면 여동생들을 다 시집보내고 자신도 결혼해서 자녀들을 낳고, 그 자녀들이 또 자녀를 낳아 손자 손녀를 품에 안아본 뒤에 죽었을 수도 있다. 더 이상 어떤 미련도 없이 그의 인생은 마감되었다.

인간이라면 누구나 죽기 마련이지만 죽었다가 다시 살아난 경우는 거의 찾아볼 수 없다. 언젠가 부활의 때에 성도들과 만나면 나사로는 무엇을 하고 있을까? 자신이 살아났던 경험을 이야기하고 있지 않을까? 마치 군대를 먼저 갔다 온 사람이 아직 군대에 가지 않은 후배들에게 군생활 경험을 떠벌리는 것처럼 천국에서 기쁘게 자신의 부활을 이야기하고 있지 않을까? 누구도 경험해 보지 못한 죽음과 부활의 생생한 경험을 나누고 있지 않을까? 나사로는 다시 살아나서 좋았을까? 그보다 더 좋을 수 없을 것이다.

유두고

설교시간에 졸면 어떻게 될까

바울은 드로아에서 일주일 동안 머물렀고 그것이 마지막임을 알았다. 벌써 세 차례에 걸친 선교여행이 끝나가고 있었다. 그동안에 받은 은혜, 경험, 이야기가 쏟아져 나왔다. 앞으로 그가 가게 될 로마에 대한 기대감도 컸다. 드로아교회 성도들과 함께 이야기를 나누다 보니 일주일이 훌쩍 지나갔다. 이제 주일이 되었고, 오늘이 지나면 이들과도 마지막이었다.

바울은 성도들과 함께 예배를 드리고 말씀을 나누었다. 얼마나 할 얘기가 많았던지 설교는 밤이 깊도록 계속되었다. 그런데 그만 사고가 나고 말았다. 유두고라는 청년이 3층 창에 앉아 꾸벅꾸벅 졸다가 그만 바닥에 떨어져 즉사하고 말았다. 〈사도행전〉은 의사인 누가가 썼기 때문에 마치 진단을 내리듯이 이렇게 적었다. "일으켜보니 죽었는지라"(행 20:9). 비극이었다.

교회에서, 그것도 설교시간에 젊은이가 난간에서 떨어져 죽었다고 가정해보자. 이제 이 교회에 엄청난 시험이 닥치는 것은 시간문제다. 문제를 서로에게 전가하고, 책임자에 대해서 추궁하며, 부주의한 청년에 대해 원망하고, 서로의 잘못을 탓할 터였다. 그런데 놀랍게도 유두고가 살아났다. 그것도 아주 멀쩡한 모습으로. 모든 교인은 위로를 받았다. 도대체 무슨 일이 벌어진 것일까?

죽은 청년의 이름은 '유두고'인데 헬라어로 '유튀코스'(Eutuch-os)라고 하며 이것은 당시 노예들에게 붙여준 흔한 이름이었다. 드로아교회에는 다양한 층위의 사람이 모였다. 로마 시민권자도 있었고, 중간 계층의 사람도 있었으며, 노예라든가 하층민도 끼어 있었다. '유두고'는 노예이거나 적어도 노동자 계급의 청년이었다. 유두고는 일주일 내내 열심히 일해야 했다. 지금처럼 주말이나 주 5일 근무제라는 개념이 없을 때였다. 유두고는 월요일부터 토요일까지 쉬지 않고 일해야 했으며, 일요일에는 교회에서 봉사도 해야 했다. 유두고는 편안한 자리인 1층과 2층을 다른 사람에게 양보하고 불편하고 높은 곳인 3층으로 올라갔다.

이 당시를 생각해보자. 모태신앙이 드물던 때였다. 아니, 거의 없다고 봐도 무방하다. 어렸을 때부터 부모의 사랑과 보호 속에서 기독교 신앙을 받아들이고 신앙을 지키는 어린 세대는 거의 없었다. 교회가 막 생긴 때였다. 성도들 가운데 유두고는 어린 축에 속했다. 그를 보호하고 두둔할 부모나 선배가 없었다. 교회의 구성원 모두가 신앙의 1세대였다.

게다가 이들이 모인 교회는 제법 큰 규모의 건물이었다. 등불을 많이 켜야 할 정도로 다락은 넓고 깊었고, 3층으로 이루어졌기에 높이도 제법 되었다. 교회가 특정한 건물인지 누군가의 집인지는 알 수 없으나 교회를 관리하고 챙겨야 할 사람이 필요할 정도로 컸다. 그 담당자 중의 하나가 유두고였다. 유두고는 층마다 돌아다니면서 건물을 점검했다.

초대교회는 예배 때마다 성찬식과 식사를 겸했다. 유두고는 빵을 가지고 온 사람들이 함께 나눌 수 있도록 주변을 청소했다. 2층과 3층의 다락으로 올라가 곳곳에 등불을 달았고, 구석구석을 살폈다. 낮에는 일하고 밤에는 쉬어야 했는데 그날은 밤늦은 시간까지 강론이 계속되었다. 바울의 설교가 길어지자 유두고는 그만 졸고 말았다. 일주일 내내 노동에 시달렸고 온종일 교회를 위해 일했으니 피곤할 만했다. 유두고가 떨어진다는 게 하필이면 창문 턱 밖이었다. 3층에서 떨어진 유두고는 즉사했다. 여러 사람이 확인한 바였다. 바울이 내려가서 죽은 청년을 끌어안았다. 사람들이 웅성거렸다. 바울은 그들에게 말했다.

"떠들지 말라. 생명이 그에게 있다"(행 20:10).

이 본문을 가지고 설교시간에 졸면 떨어져 죽는다는 식으로 오도해서는 안 된다. 유두고는 불편한 3층까지 올라가서라도 말씀을 들으려 했던 사람이었다. 예배시간에 졸아서는 안 되지만 그렇다고 유두고 이야기를 졸음 예방을 위한 용도로 사용하는 것은 바람직하지 않다. 설교를 길게 한 바울에게 원인을 돌리는 것도 온당한 처사가 아니다. 바울은 마지막 날이기 때문에 조금이라도 더 말씀을 나누고 싶어 했다. 바울의 강론은 매우 흥미진진했다. 그 많은 사람 중에서 졸았던 사람은 유두고가 유일했다. 그렇다면 우리는 유두고가 졸 수밖에 없는 상황에 초점을 맞춰야 한다.

유두고는 피곤했다. 극심한 과로에 시달렸음에도 좋은 자리를 계속 양보하다가 3층까지 밀려났다. 남을 위해 봉사하고 섬기다가 피로에 못 이겨 졸았고 3층에서 떨어져 죽고 말았다. 거대하고 웅장한 교회 건물에 비해서 노동에 시달린 어린 청년 유두고는 얼마나 초라한가? 한창 힘 있을 청년이 즉사할 수밖에 없을 정도로 그는 허약했다. 유약한 몸으로 고생과 수고가 몸에 밴 청년의 입장을 이해할 수 있겠는가?

땅바닥에 떨어져 숨이 끊어진 청년에게 바울이 내려와서 엎드렸다. 바울은 죽은 그의 몸을 끌어안았다. 웅성거리는 사람들에게 바울이 말했다. "떠들지 말라. 생명이 그에게 있다." 바울이 오기 전에 여러 사람이 벌써 확인한 바였다. 유두고는 죽었다. 꽃잎이 떨어지듯 유두고는 떨어져 죽었다. 그러나 바울은 죽지 않았다고 말하며 한동안 유두고를 끌어안았다.

바울은 성도들을 이끌고 3층으로 올라갔다. 유두고가 걸터앉아 졸다가 죽은 그 자리였다. 그곳에서 그들은 떡을 떼어 먹었다. 교회를 위해 고생했던 유두고였다. 성도들은 떡을 떼었고 밤을 새워 이야기했다. 소외당한 청년이 떨어진 그 장소에서 성찬이 이루어졌다. 주님의 살이 그들 속에 들어왔다. 사람이 죽었고 슬픈 마음을 감출 수가 없었다. 그런데 어느 순간 눈을 떠보니 죽었던 청년 유두고가 그 자리에 함께 앉아 있었다. 바울의 말 그대로였다. 유두고가 살아났다. 건강한 모습으로 옆에 와서 앉아 있었다.

사람들은 살아난 청년을 데리고 갔다. 그리고 위로를 받았다. 그것도 많은 위로를 받았다(행 20:12). 오늘 우리가 이 이야기를 통해 위로를 받으려면 어떻게 해야 할까? 유두고와 같은 청년이 다시는 피곤에 절어 쓰러지지 않도록 하는 것, 살아난 유두고를 다시 죽음으로 몰아넣지 않는 것이 아닐까? 유두고와 비슷한 처지에 있는 청년의 슬픈 현실에 눈뜨는 것, 바울이 죽은 유두고의 몸을 끌어안듯이 불우한 청년을 안아주고, 그들의 미래를 위해 함께 짐을 지는 것이 아닐까? 설교시간에 졸면 유두고처럼 죽을 수 있다고 겁박하는 것이 아니라 졸 수밖에 없는 피곤한 현실에 처한 사람들에게 어깨를 빌려주는 것, 그것이 교회가 해야 할 일이 아닐까?

삼갈

혼자서 600명을 이길 수 있을까

〈사사기〉에는 여러 사사가 등장하고 다양한 내용을 싣고 있지만 삼
갈에게는 딱 한 줄의 설명만 주어졌다. "에훗 후에는 아낫의 아들 삼
갈이 있어 소 모는 막대기로 블레셋 사람 육백 명을 죽였고 그도 이
스라엘을 구원하였더라"(삿 3:31). 이 짧은 구절에서 우리는 세 가지
를 주목해 볼 수 있다. 아낫의 아들 삼갈, 소 모는 막대기, 블레셋 사
람 600명을 죽였다는 점이다.

'아낫'은 누구일까? 삼갈이 어떤 인물인지, 무엇을 했는지, 어느 지
파 사람인지 우리는 알 수가 없다. 그러나 삼갈의 아버지 '아낫'에 주
목할 필요가 있다. 그 이름은 시대와 문화를 반영하고 있다. '아낫'은

아나트(anatu)라고 하며 바알 신의 여동생 혹은 아내를 뜻했다. 그러니까 '아낫의 아들 삼갈'이란 말은 아버지(또는 어머니)가 아낫이란 뜻이 아니라 '아나트 여신의 아들'이란 뜻이다. '단군의 자손' '태양의 후예' '별의 아이'처럼 '아낫의 아들'이라는 말은 삼갈이 '여신의 아들'이라는 별명을 갖고 있다는 뜻이다. 바알 신앙에 타협했던 삼갈의 부모가 아들에게 별명을 붙여준 것이 '아낫의 아들'이었다.

'소 모는 막대기'로 무엇을 알 수 있을까? 그의 직업을 알 수 있다. 삼갈은 소를 몰면서 밭을 갈고 농사하는 사람이었다. 그는 소를 몰기에 적합하도록 막대기를 개량해서 쓰고 있었다. 이것으로 소도 몰고, 땅도 파고, 사자도 때려잡았다는 뜻이 아니라 오직 소를 몰기 위해서만 막대기를 개발했다는 의미였다. 이것으로는 칼과 창을 가지고 덤비는 적들을 이길 수가 없었다. 그럼에도 원래의 용도와 달리 이 막대기를 전쟁에서 사용했다는 것은 삼갈의 시대가 비상시기라는 것을 뜻했다. 막대기를 무기로 전용(轉用)해서 사용할 정도로 위급한 시기였다.

'블레셋 600명'은 어떤 의미일까? 블레셋은 〈창세기〉에도 등장했다(창 21:32, 26:8). 그러나 아브라함이나 이삭의 경우 블레셋 왕과 우호적인 관계를 유지하는 것으로 봐서 이스라엘과 블레셋 사이에 큰 갈등은 없었던 것 같다. 〈사사기〉에 와서야 비로소 블레셋과의 충돌이 일어났고 전쟁에 준하는 큰 전투가 있었다.

600명이란 인원은 성경에서 여러 번 등장한다. 사울이 전투를 벌일 때 600명을 데리고 갔으며(삼상 13:15), 다윗 주변에 모여든 사람이 600명이었고(삼상 23:13, 27:2), 라이스 땅을 차지하기 위해 출동한 단 자손의 군인도 600명이었으며(삿 18:16), 이스라엘에 내전이 생겨서 베냐민 지파가 거의 전멸되었을 때 살아남은 왼손잡이도 600명이었고(삿 20:47), 다윗이 압살롬 때문에 쫓겨날 때 끝까지 남았던 블레셋 가드 사람도 600명이었다(삼하 15:18).

성경에서 600명은 나라를 일으킨 최소의 단위이기도 했다. 어떤 세력이 600명 단위로 모여 있으면 그것으로 새로운 역사를 시작할 수 있었다. 다윗 주변에 모였던 원통하고 억울했던 600명은 다윗 정권의 시작이 되었고, 단 지파 600명은 이주지를 차지해서 새롭게 단 지파를 재건했고, 레위인 첩 살인 사건으로 베냐민 지파의 씨가 마를 위기에서 살아남은 베냐민 사람 600명은 길르앗 야베스 처녀 400명, 실로에 춤추러 나온 200명의 처녀를 통해 지파의 재탄생을 가능하게 했다. 그렇게 시작한 베냐민 지파의 후손에서 사울 왕이 탄생하게 된 것은 우연이 아니었다.

이처럼 600명이라는 인원은 결코 간과할 숫자가 아니다. 삼갈이 처단했던 블레셋의 600명은 대대로 가나안 땅을 누비면서 그 땅을 장악하기에 충분한 숫자였다. 그런데 삼갈은 혈혈단신으로, 그것도 소 모는 막대기 하나로 그들을 격퇴함으로써 그 거대한 씨앗을 처음부터 차단하고야 말았다.

삼갈의 조건을 생각해보자. 삼손처럼 믿음의 가문이라거나 옷니엘처럼 신앙 집안의 출신이 아니었다. 그의 별명으로 보건대 부모가 비신앙인이었을 가능성이 높다. 이스라엘의 명문 집안이거나 교육을 잘 받은 집안이라면 아들의 별명으로 우상을 넣어주지는 않기 때문이다. 그의 부모는 시대에 타협하며 살아가라고 적당한 이름을 붙여주었다.

태어나면서부터 특별한 능력을 부여받았다는 어떤 암시도 없었다. 가지고 있는 무기라고 해봐야 소 모는 막대기가 전부였다. 막대기로 사람을 죽이는 것은 쉽지 않은 일이다. 블레셋은 신흥 강국이었고 600명은 나라에서 뽑은 정예요원이었다. 막대기로는 한 사람을 죽이는 것도 쉬운 일이 아닐 터인데 혼자 600명을 상대했다.

소 모는 막대기는 농사를 위한 도구에 불과했으나 삼갈은 그 무기로 한 시대를 버텨냈다. 하나님은 작고 초라한 것으로도 얼마든지 새로운 역사를 여실 수 있는 분이다. 모세의 지팡이나 다윗의 물맷돌처럼 삼갈의 소 모는 막대기는 그 자체에 능력이 있는 것이 아니라 하나님의 능력을 보여준다. 하나님 외에 무엇으로 삼갈의 승리를 설명할 수 있겠는가? 〈사사기〉에서 고작 한 절밖에 언급되지 않지만 당당하게 한 시대를 감당한 삼갈, 위대한 사사들과 어깨를 나란히 할 수 있는 것은 하나님의 은혜밖에는 설명되지 않는다.

딱 한 줄 인생이어도 괜찮다. 하나님은 막대기 같은 자도, 뿌리나 배경이 대단하지 않은 자도 사용하신다. 볼품없는 인생에 깃든 하나님의 은혜, 이것이 곧 삼갈이었다.

빌립보의 간수

왜 자살하려고 했을까

바울과 실라가 빌립보라는 도시에 갔을 때 귀신 들려 점치는 여종이 바울 일행을 쫓아다녔다. 소리를 지르며 귀찮게 한 게 하루 이틀이 아니었다. 바울은 여인에게 붙어 있는 귀신을 쫓아냈다. 이제 좀 조용히 다닐 수 있을 것 같았다. 그런데 바울과 실라는 그 일 때문에 감옥에 갇혔다. 옷은 찢어 벗겨졌고 매도 실컷 맞은 뒤였다. 바울과 실라에게는 차꼬가 채워졌으며 무서운 간수들이 감옥 바깥에서 그들을 지켜보았다. 귀신을 쫓아낸 것이 이리도 큰 죄였을까?

로마시대는 어느 지역이나 로마의 통치하에 있다는 공통점이 있었으나 지역마다 특색이 있었다. '빌립보'라는 도시는 바울이 처음으로 방문한 유럽의 첫 관문이었다. 다른 지역에 비해 유대인이 적게 살았고, 언어나 문화도 확연히 달랐다. 바울과 실라를 고발한 당사자는 귀신 들렸던 여인을 종으로 둔 주인들이었다. 여인은 귀신을 통해 점을 치면서 돈을 벌었지만 수익은 고스란히 주인들의 몫이었다. 그들이 바울과 실라를 고발한 내용은 표면적으로는 로마 시민이 받아들일 수 없는 이상한 풍속을 전한다는 것(20-21절)이었지만 실제로는 경제적인 타격에 대한 보복이었다.

주인들은 빌립보 시민을 부추겨서 지역 책임자에게 압력을 행사했다. 이 주인들은 어떤 사람이었는가? 귀신 들린 여자를 돈벌이용 노예로 부리는 사람이었고, 지역의 책임자를 좌지우지할 수 있는 사람들이었다. 지역 책임자는 관리들을 불러 문책했고, 관리들은 부하들에게 바울과 실라의 옷을 벗기고 매로 치게 했다. 부하들은 바울 일행을 때린 뒤에 감옥에 가두고 간수들에게 바울을 지키라고 지시했다. 그동안 바울과 실라에 대한 어떤 재판도 열리지 않았다. 바울과 실라는 속수무책으로 당할 수밖에 없었다.

빌립보의 권력구조를 보면 여종의 주인들이 피라미드의 가장 꼭대기에 있었다. 그들은 지역 책임자를 움직일 힘이 있었고, 지역 책임자는 관리들을 부렸고, 관리들은 부하를 시켰으며, 부하들은 간수들에게 지시했고, 간수들은 감옥을 지켰다. 이 구조에서 가장 아래에는 이방인인 바울과 실라가 있었다. 마케도니아 지방의 첫 도시이자 로마의 식민지인 '빌립보'의 서열이었다.

바울은 원래 비두니아로 가려고 했으나 마케도니아 사람의 환상 때문에 유럽으로 건너갔다. 바울은 전처럼 회당을 중심으로 복음을 전하며 도시로 전진하려고 했지만 유대인의 회당을 찾기가 어려웠다. 바울과 실라가 회당을 대신해서 자색 옷감 장수인 루디아와 그 가족에게 복음을 전한 뒤 그녀의 집이 기도처가 되었고 복음의 전초기지가 되었다. 빌립보 사역은 그렇게 잘되는 것 같았다. 그러다가 귀신 들려서 점을 치는 여종을 고쳐준 이후에 바울은 위기를 겪어야 했다.

바울은 여인의 소리를 왜 참지 못했을까? 그냥 못 들은 척 무시해 버렸다면 이 사달은 나지 않았을 것이다. 그런데 여인의 말을 들어보자. 여인은 큰소리로 "이 사람들은 지극히 높으신 하나님의 종들인데 여러분에게 구원의 길을 전하고 있다"라고 외쳤다. 바울이 하고 싶었던 말 아니었던가? 그런데 왜 바울은 여인을 고쳐주었을까? 그 말속에는 구원의 길이 자신에게도 열리기를 바라는 여인의 절규가 묻어 있었기 때문이다.

여러 날이 지나는 동안 바울은 충분히 참았다. 그러나 바울은 이 여인 스스로가 귀신의 속박에서 벗어날 수가 없다는 것을 알았다. 단지 귀찮아서 귀신을 쫓아낸 것이 아니라 예수 그리스도의 이름으로 여인에게 자유를 준 것이었다. 귀신이 사라지자 생긴 변화는 여인이 악한 영에서부터 풀려나 더 이상 점을 치지 못하게 된 것인데, 그동안 거두어들인 수익이 모두 주인에게 갔으니 귀신이 나갔다고 여인이 손해 볼 것은 없었다. 강도 높은 노동에 시달리면서 겨우 밥이나 먹을 정도였던 여인은 자신을 얽어매던 것으로부터 해방되었다. 여인에게는 더없이 잘된 일이었다.

그러나 여인의 주인들은 그렇지 않았다. 성경에는 여자의 주인은 한 명이 아닌 '다수'라고 지적하고 있다. 주인들은 카르텔을 형성해서 빌립보 도시 먹이사슬의 가장 꼭대기에 앉아 있었다. 그들은 바울과 실라를 광장으로 잡아 갈 수 있는 힘과 권력이 있는 사람들이었다. 지역의 책임자를 움직였고, 전체 구조를 주도할 수 있었으며, 시민들을 격동시켜 관리자들을 일사불란하게 조작할 수 있는 사람들이었다. 그래서 바울과 실라는 아무 변론도 못하고 감옥에 갇힌 것이었다.

매 맞고 구속된 바울과 실라는 감옥에서 무엇을 했을까? 밤이 되자 그들은 찬송과 기도를 했다. 사람들을 원망하고 하나님께 불평할 만한데 오히려 하나님께 찬양을 올렸다. 그러자 놀라운 일이 벌어졌다. 지진이 일어났고 감옥 문이 열렸으며 수감자들의 차꼬가 다 풀렸다. 밖에서 졸던 간수가 놀라 잠에서 깼을 때는 아수라장이 된 후였다. 그는 죄수들이 달아난 줄로 알고 칼을 빼서 자살하려고 했다. 그때 감옥 깊은 곳에서 소리가 들렸다. 자유의 몸이 된 바울과 실라가 어둠에서 나왔다.

"우리가 여기에 다 있소. 자신을 해치지 마시오!"

옥문이 열리고 죄수들이 도망간다고 해도 그것은 간수의 책임이 아니었다. 자연재해일 뿐이었다. 그런데 왜 간수는 왜 자살하려고 했을까? 간수는 서열의 가장 밑바닥에 속한 사람이었다. 사고가 나면 계급이 낮을수록 치욕을 겪어야 했다. 높은 직위라면 가볍게 넘어가지만 천한 사람은 작은 실수에도 치명적인 상처를 입어야 했다. 간수라는 직책이 있지만 그의 위로는 상관들, 관리들, 지역 책임자가 줄줄이 있었고 주인들과 같은 기득권 세력이 있었다. 바울과 실라를 놓친 간수에게 모든 손해를 전가할 가능성이 높았다. 수모와 책임을 지느니 차라리 죽음을 선택하는 편이 나았다.

그러나 바울은 도망가지 않았다. 자신을 대신해 고초를 겪어야 할 그의 형편을 알았던 것일까? 간수 역시 바닥에 속한 사람이란 것을 헤아렸던 것일까? 죽으려던 간수는 바울이 기회를 틈타 도망가지 않고 자기를 걱정해주는 것을 보면서 충격을 받았다. 간수는 그때 뜻밖의 질문을 던졌다.

"어떻게 하면 구원을 얻을 수 있을까요?"

금방 죽으려던 사람이었다. 그런데 이제는 더 큰 가치가 있다는 것을 알았다. 살아도 사는 것이 아닌 인생이 죽어도 죽는 것이 아닌 구원을 얻는 길을 물었다. 자신보다 더 밑바닥에 있는 줄 알았던 바울과 실라가 관리자나 책임자는 물론이고 주인들보다 더 고귀한 위치의 사람인 것을 깨달았다. 간수에게 길이 제시되었다. 낮은 곳에 있어도 높은 곳을 보며, 비천한 삶을 살아도 존귀하게 살 방법이 바울을 통해 이렇게 드러났다.

"주 예수를 믿으라. 그리하면 너와 네 집이 구원을 얻으리라."

멜기세덱
아브라함은 그를 어떻게 알아봤나

제사장은 말 그대로 제사 지내는 사람을 말한다. 한국의 제사는 주로 가계의 장손이 주관한다. 그러나 우리는 장손이나 제사 지내는 사람을 제사장이라고 하지 않고 제주(祭主)라고 부른다. '제사장'은 여호와 하나님께 제사를 지내는 사람을 말하며 레위 지파에서만 제사장이 나올 수 있었다. 최초의 제사장은 아론이었고, 당연히 그는 레위 지파 출신이었다. 모세가 십계명을 받으러 갔을 때 산 아래에서는 금송아지 우상 숭배가 한창이었다. 이때 레위 지파가 나서서 우상 숭배했던 백성들을 처단했다. 그것이 시초가 되어 레위 지파가 제사장 지파로 임명되었다.

제사장은 하나님과 백성을 이어주는 매우 중요한 의식을 치르는 사람이었기에 군대도 면제받았다. 땅을 분배받지 못하는 대신에 48개의 성읍을 받았으며, 모든 지파에 두루 흩어져 살면서 제사를 지내야 했다. 제사장은 독보적인 역할을 감당했다. 제사장 중에서도 대제사장은 성막(성전) 제사의 가장 중요한 일을 맡았다. 대제사장은 아론의 아들들로 이어지면서 대물림되었다.

하나님과 이스라엘 백성을 이어주는 것은 제사장의 역할이었다. 이방인이 하나님께 나아갈 수 있을까? 길이 있다. 예수님이었다. 그는 대제사장 중에 대제사장이었다. 제사장이면서 동시에 제물이 되었고 영원한 대제사장으로 하나님과 인간 사이의 중보자가 되었다. 그런데 문제가 하나 있다. 예수님은 유다 지파이므로 제사장 지파와는 거리가 있었다. 예수님이 대제사장이 될 수 있는 근거가 있을까?

이때 등장하는 것이 멜기세덱이다. 그는 살렘이라는 나라의 왕이면서 동시에 제사장이었다. 그는 아브라함 시대의 사람이었다. 가만 있자. 아브라함은 어느 지파던가? 아브라함은 어떤 지파에도 속하지 않는다. 지파는 아브라함의 손자인 야곱의 열두 아들에서 시작되었으니 아브라함은 지파에 해당할 수 없다. 제사장 멜기세덱은 아브라함 때의 사람이기에 레위 지파와 전혀 상관없이 제사장이 되었다. 유다 지파인 예수님이 대제사장이 될 수 있는 것이 바로 이 멜기세덱의 전통을 계승하였기 때문이었다. 이 신비로운 사람 멜기세덱을 가까이에서 살펴보자.

아브라함이 아직 아브람이라는 이름이었을 때에 소돔과 고모라에 살던 그의 조카 롯에게 곤란한 사건이 벌어졌다. 지역에 전쟁이 일어났고 롯은 그 소용돌이에 휩싸이고 말았다. 12년 동안 그돌라오멜 왕을 섬기던 다섯 나라의 왕들이 반란을 일으켰다. 다섯 나라 중에는 소돔과 고모라도 포함되어 있었다. 그돌라오멜도 가만히 있지 않았다. 네 나라 왕들이 연합군을 형성해서 다섯 나라와 싸웠다. 그돌라오멜이 너무나 강해서 다섯 나라의 왕들은 퇴각하기 시작했다.

싯딤 벌판은 '소금 바다'라는 별명에 걸맞게 펄로 이루어진 곳이었다. 역청으로 가득한 그곳을 지나던 반란군은 허우적댔다. 소돔 왕과 고모라의 왕은 수렁에 빠진 군인들을 버려두고 도망갔다. 그돌라오멜과 연합군은 소돔과 고모라 땅에 들어가서 사람과 재산을 약탈해 갔다. 이때 롯과 그의 가족도 사로잡혔고 재산도 빼앗기고 말았다.

마므레 상수리나무 사이에 살던 아브람에게 조카 롯이 전쟁 포로로 끌려갔다는 비보가 들려왔다. 아브라함은 집에서 훈련한 개인 사병들을 모았다. 318명. 그는 사병들을 데리고 기습공격을 감행했다. 전광석화였다. 아브라함은 포로로 끌려간 사람들을 고스란히 고향으로 데려왔다. 그들의 손에는 빼앗겼던 재산도 들려 있었다. 당시 최강이었던 그돌라오멜과 연합군이 아브라함에게 완전히 당하고 만 것이었다.

말하자면 소돔과 고모라의 다섯 나라 연합군보다 센 것은 그돌라오멜 왕이었고, 그돌라오멜과 네 나라의 연합군보다 더 센 것은 아브라함이었다. 아브라함은 최강 중에 최강이었다. 승전의 기쁜 소식을 안고 돌아오던 아브라함을 맞이하는 사람들이 있었다. 소돔 왕이 슬그머니 다가와 아브라함을 맞이했다. 그는 큰 배려라도 하듯이 "사람들은 돌려주고 물건은 가지라"고 말했다.

전쟁에서 승리한 것은 아브라함이었다. 소돔 왕은 아브라함을 고용한 적이 없었고 아브라함에게 어떤 요청도 한 적이 없었다. 아브라함은 그저 조카를 데리고 올 요량이었다. 그가 사람들을 돌려주고 물건을 가지라는 얘기는 주제넘은 짓이었다. 모든 승리의 과실은 아브라함의 몫이었다. 그러나 아브라함은 실 한 오라기, 끈 한 가닥도 치부하지 않겠다고 선포하며 모든 것을 그들에게 돌려주었다. 참으로 지혜로운 일이었다.

이때 아브라함을 맞이한 사람이 또 있었다. 바로 멜기세덱이었다. 빵과 포도주를 가지고 아브라함을 맞이한 살렘 왕 멜기세덱은 왕이면서 제사장이었다. 살렘이라는 나라는 그돌라오멜 편도 소돔과 고모라 편도 아니었다. 그는 아브라함에게 복을 빌어주었고, 아브라함은 가지고 있는 것에서 십분의 일을 그에게 주었다. 아브라함이 십분의 일을 멜기세덱에게 준 것은 단지 복을 빌어주니 복채를 주는 차원이 아니었다.

십분의 일이란 십일조를 의미했고, 그것은 십분의 일만 아니라 전부를 하나님께 드린다는 의미였다. 아브라함은 멜기세덱에게 십일조를 주었지만 이것은 하나님께 드렸다는 의미가 되고, 멜기세덱은 하나님과 밀접한 관계의 인물임을 알 수 있다. 아무도 몰라보았던 멜기세덱이었지만 아브라함은 그를 알아보았고 십일조를 드렸다. 그리고 멜기세덱은 성경에서 퇴장했다.

그러다가 시편에서 잠시 언급된 뒤(시 110:4)에 히브리서 기자에 의해서 다시 조명받은 멜기세덱은 그제야 그 정체를 알게 되었다. 히브리서 기자는 예수님이 유다 지파임에도 불구하고 어떤 계보를 통해서 하나님과 인간 사이를 중보하는 대제사장이 될 수 있는지 그 비밀을 멜기세덱을 통해 드러냈다. 하나님과 인간 사이의 중보 역할은 혈통에 의한 것이 아니라 생명의 능력에 따른 것이었다(히 7:16).

아브라함은 구약의 인물 중 어느 누구도 몰라보았던 멜기세덱을 어떻게 알아보았을까? 놀랍게도 예수님의 입을 통해서 우리는 실마리를 얻을 수 있었다. "너희 조상 아브라함은 나의 때 볼 것을 즐거워하다가 보고 기뻐하였느니라"(요 8:56). 아브라함은 멜기세덱을 통해 예수님의 그림자를 보았던 것이었다. 그래서 그는 가진 모든 것의 십일조를 드릴 수밖에 없었다. 그가 전쟁에서 승리한 모든 공은 예수님께 있었고, 예수님만이 유일한 하나님과 인간 사이의 참된 대제사장임을 알았다. 그렇게 비밀의 인물 멜기세덱은 예수님을 비추었고 아브라함은 멜기세덱을 정확히 알아본 것이었다.

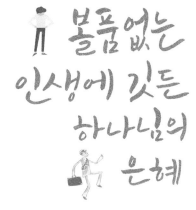

볼품없는
인생에 깃든
하나님의
은혜

.... Section 3

1% 부족한
아쉬운 실패자들

나아만

어느 정도의 믿음이면 나병을 고칠 수 있을까

모든 것을 다 갖춘 사람은 없다. 아람이라는 강대국의 군대장관 나아만은 많은 사람의 부러움을 받았다. 아람을 위기에서 여러 번 건져낸 전쟁 영웅이었고, 존경과 찬사를 한몸에 받는 인물이었다. 그러나 그에게는 치명적인 나병이 있었는데, 이로 인해 현역에서 은퇴해야 하고 그 후에는 고통스럽게 죽어갈 운명만이 남아 있었다.

나아만의 집에는 이스라엘에서 아람으로 잡혀 온 여종이 있었는데 주인의 병에 대해서 알고 있었다. 소녀는 나아만의 아내에게 "사마리아에 계신 선지자가 장군님의 나병쯤은 거뜬히 고치실 수 있을 텐데요"라고 말했다. 여주인은 남편에게 그 소식을 전했고 나아만은 즉시 이스라엘에 방문하도록 왕에게 허락을 구했다. 아람 왕은 이스라엘 왕에게 전령을 보내서 선지자로 하여금 나아만의 병을 고쳐달라고 명령했다.

이스라엘과 아람 사이에는 살얼음판처럼 평화가 유지되고 있었다. 이스라엘 왕은 아람이 나아만의 나병을 구실로 전쟁을 걸어온 거로 생각했다. 그는 옷을 찢으며 분노했다. 살얼음판은 깨지고 이스라엘에는 전쟁의 피바람이 불 것이다. 도대체 나병을 어떻게 고치겠는가! 왕의 고민을 알게 된 엘리사는 자신이 나아만을 상대하겠다고 왕에게 알렸다. 나아만은 말과 병거를 거느리고 이스라엘로 찾아왔다. 엘리사의 집으로 안내받은 나아만은 자신을 맞이해서 환부에 안수하는 등 거창하게 병을 고쳐줄 거라 기대했다. 그러나 대면은커녕 선지자는 코빼기도 보이지 않고, 문은 굳게 잠겨 있으며, 요단강에서 일곱 번 목욕하라는 처방을 전할 뿐이었다.

나아만은 부들부들 떨었다. 이스라엘이 위기를 모면하려고 술수를 쓰는 거라 여겼다. 작고 초라한 요단강에서 목욕이라니! 모욕을 당한 나아만은 당장이라도 군대를 보내 이스라엘을 싹 쓸어버리고 싶었다. 그때 나아만의 종 가운데 하나가 주인을 말렸다. "해보지도 않고 화부터 내십니까? 병이 나을 수 있다면 더한 일도 할 수 있지 않겠습니까?"

일리가 있었다. 나아만은 내키지 않지만 요단강으로 내려갔다. 이때 신기한 일이 벌어졌다. 일곱 번째 몸을 담그자 나병은 씻은 듯이 사라졌고 피부는 아기처럼 깨끗해졌다. 나아만은 호위병들을 이끌고 엘리사 선지자를 찾아가서 사의(謝意)를 표했다. 가지고 온 금은은 물론이고 원하면 더 많은 것도 줄 기세였다. 엘리사는 단호히 거절했다.

> "이르되 내가 섬기는 여호와께서 살아 계심을 두고 맹세하노니 내가 그 앞에서 받지 아니하리라 하였더라. 나아만이 받으라고 강권하되 그가 거절하니라"(왕하 5:16).

엘리사가 나아만의 병을 고쳐준 것은 돈을 벌기 위함이 아니었다. 그의 사정이 딱했고 이스라엘을 위기에서 건지기 위함이었다. 더욱이 엘리사가 한 것이라곤 아무것도 없었다. 요단강에서 씻으라고 했을 뿐이고 모든 치료는 하나님께서 하신 일이었다. 그렇기에 엘리사는 어떤 대가도 받지 않겠다고 했다.

나아만은 역시 실력 있는 사람이었다. 엘리사의 거절에 어떤 뜻이 있을 거라고 여겼고 그것은 엘리사가 섬기는 하나님에 대한 존중과 믿음임을 알았다. 그것이 바로 선지자가 가장 원했던 것이었다. 나아만은 아람으로 돌아가면 보좌관으로서 왕의 옆에서 림몬 신에게 절을 해야 하는데, 그것에 대해 양해를 구했다. 그는 절대로 여호와 신앙을 배신하지 않겠다고 말했다. 아람에 돌아가서도 하나님께 예배할 수 있게 노새 두 마리에 이스라엘의 흙을 실어달라고 요청했다. 엘리사는 그의 대답이 몹시 마음에 들었다.

그 후 나아만이 어떻게 되었는지 우리는 알 수가 없다. 죽을 때까지 나병이 재발되지 않고 건강하게 살았는지, 가져간 흙 위에서 열심히 번제를 드렸는지, 아람의 왕이 나아만의 이중적인 태도에 대해서 어떻게 반응했는지 그 뒷얘기에 대해서 성경이 침묵하고 있기 때문이다. 그러다가 세월이 흘러 예수님께서 나사렛 회당에 앉아 고향 사람들에게 말씀을 전하실 때 사렙다(사르밧) 과부와 나아만의 이야기가 한 번 더 등장한 것이 전부였다(눅 4:27).

나아만이 속한 아람은 셈의 후예들로 도시 연맹 체제를 구축해온 나라였다. 엘리사 당시에는 꽤 세력이 커져서 이방 강대국 중의 하나가 되었다. 당시 왕은 하사엘과 벤하닷 2세로 이어지는 전성기인데 이들은 이스라엘을 포함한 약소국들을 점령하는 데 성공했다. 엘리사를 통해 불 말과 불 병거로 물리치거나(왕하 6:17), 군대 소리에 겁을 집어먹고 철수하게 하는 등(왕하 7:7)의 일들이 있었으나 아람은 이스라엘에 위협적인 강대국이었다.

그런 아람이었으니 그 나라 사람들이 이스라엘의 신을 얕잡아보는 것은 당연했다. 그들의 신인 림몬은 송아지 형상으로 폭풍과 전쟁을 주관하는 신이었다. 전쟁의 영웅인 나아만은 림몬 신에 대한 열렬한 추종자였고, 그가 전쟁에서 이길 수 있었던 것은 림몬의 은덕이라고 생각했다. 그러나 나병은 무서웠다. 나아만의 강인한 몸에 파고든 병은 육체를 끔찍한 고통에 빠지게 했고 마음도 위축시켰다. 곧 비참하게 죽을 것이라 여겼던 그가 요단강에서 씻은 후 완치되는 기적을 보았을 때 나아만의 인생은 바뀌고 말았다. 나아만은 엘리사에게 "내가 이제 이스라엘 외에는 온 천하에 신이 없는 줄을 아나이다"(왕하 5:15)라고 말했다. 참된 신은 림몬이 아니라 이스라엘이 섬기는 여호와 하나님이다! 나아만을 강력하게 사로잡은 진리였다.

그러나 나아만이 림몬 신을 숭배하는 일을 끊어버리거나 이스라엘에 망명해서 여호와를 섬기는 일에 투신하는 일은 없었다. 그가 엘리사에게 림몬 신당에서 벌어질 일에 대해 양해를 구한 것은 우상 숭배에 대한 합리화와 타협에 불과해보였다. 우상 숭배를 거절하고 하나님만을 섬겼던 다니엘 같은 신앙을 기대하는 것은 어려운 일이었다. 이스라엘에서 가져간 흙 위에서 드리는 제사가 얼마나 유효한지는 모르겠으나 그 정도가 나아만에게 기대할 수 있는 전부였다.

예수님께서 나아만의 이야기를 하신 이유는 무엇이었을까? 엘리사 선지자 당시에 수많은 나병 환자가 있었지만 병을 고친 사람은 이방인 나아만이 유일하다는 말을 통해 이스라엘에 나아만 정도의 믿음을 가진 사람조차 없었음을 강조하는 말씀이셨다. 하나님께서 주신 은혜를 태어날 때부터 누리며 살면서도 수도 없이 믿음을 버리는 세대를 향한 예수님의 날카로운 지적이셨다. 나아만 이야기를 통해 자신을 돌아볼 줄 모른다면 우리는 분노에 가득하여 예수님을 낭떠러지로 밀어뜨리려고 했던 유대인들과 다를 바가 없다는 사실을 직시해야 한다.

아담
후회하지 않고 살 방법은 없을까

제일 처음이라는 것은 어떤 느낌일까? 우리가 무엇인가를 명령받을 때 할 수 있는 것은 두 가지이다. 하나는 자기 소신껏 하는 것이고, 또 하나는 따라 하는 것이다. 최초로 이유식을 먹는 아기가 있다고 해보자. 그 아기는 "자, 이유식을 먹으렴"이라는 명령을 받았다. 아기가 할 수 있는 것은 둘 중에 하나이다. 그냥 먹거나, 누군가 먹는 것을 따라 하는 것이다. 아기는 이것이 어떤 맛이며, 그것을 먹으면 자신에게 좋은 것인지 나쁜 것인지 분간할 수가 없다. 생전 처음 경험하는 일이다. 그럴 때 엄마는 숟가락을 자기 입으로 가져가서 먹는 시늉을 한다. 먹는 것을 따라 하도록 유도하는 것이다. 아기는 평생 신뢰했던 엄마가 하는 대로 흉내 내며 입을 벌린다. 최초의 이유식이 입에 들어가는 순간이다.

무엇인가를 따라 하는 것은 행동을 이끌어내기에 좋은 방법이다. 훈련병은 조교의 시범에 따라 동작을 연습한다. 신입 사원은 상관의 하는 것을 지켜보며 그대로 따라서 업무를 한다. 결혼생활을 시작하는 신혼부부는 숱한 선배들의 이야기를 귀담아듣고는 그중에서 모범이 되는 삶을 따라 한다. 누군가 먼저 간 길을 따라 걸을 수 있다는 것은 행운이 아닐 수 없다.

안타깝게도 인류 최초의 사람인 아담은 따라 할 모범이 없었다. 모방하고 흉내 낼 사람도 없고 시범을 보여줄 선배도 없었다. 먼저 살았던 사람이 없으니 당연한 일이었다. 아담을 창조한 하나님께서는 오직 그에게 명령과 지시만 내렸다. "선악을 알게 하는 나무의 열매는 먹지 말라"는 명령이 대표적이었다. 이제 아담은 어떻게 해야 할까? 단순하게 생각하면 명령에 따라 선악과를 안 먹으면 그만이었다. 수많은 과일이 지천으로 널려 있으니 아쉬울 것도 없었다. 하나님의 명령에 따라 선악과를 외면하고 그저 영원히 행복하게 살면 되었다. 쉽고 평안한 삶이 아담에게 남은 셈이었다. 그러나 불행히도 아담은 오래지 않아 하나님의 명령을 어기고 말았다.

만약 누군가 모범을 보여주었다면 어땠을까? 누군가 먼저 선악과를 먹고 에덴동산에서 쫓겨났고, 선악과를 먹는 바람에 벌거벗은 몸을 보고 부끄러워하고, 명령을 어긴 것 때문에 괴로워하며 자괴감에 빠지고 아파하는 모습을 보았다면 아담은 어떻게 반응했을까? 아마도 선악과 근처에는 얼씬거리지도 않았을 것이고, 하와가 선악과를 가져왔을 때 놀라서 그것을 제자리에 갖다 놓았을 것이다. 누군가의 시연을 보았다면 아담은 주의하고 또 주의했을 것이다. 그러나 안타깝게도 아무 모범이 없던 아담은 아내의 권유에 쉽게 선악과를 먹고야 말았다. 그리고 그는 에덴동산에서 쫓겨났다. 그는 930세에 죽었다. 아담은 그 긴 세월 동안 선악과를 먹는 장면을 복기하고 또 복기하면서 후회하고 또 후회했다.

우리 앞에는 역사라는 교훈이 놓여 있다. 우리가 태어나기 전에 세상에 먼저 살았던 사람들이 있고, 그들이 살아온 삶의 방식이 역사의 이야기로 우리에게 남겨져 있다. 모범을 보인 선배들은 지천에 널려 있으니 성공과 실패로 점철된 그들 삶의 이야기를 마음에 새기고 우리는 그 모범에 따라서 우리의 길을 가면 된다. 우리는 그들 덕분에 바닷물을 굳이 맛보지 않아도 짜다는 사실을 알 수 있고, 권력의 맛에 취해 정의를 거스르면 끝은 파멸이라는 뼈아픈 교훈도 알 수 있으며, 올바른 삶을 위해 인내하며 버티면 언젠가는 좋은 일이 돌아온다는 것을 알고 있고, 게으르고 방만하게 살다가 인생의 끝에 후회하게 된다는 것도 알고 있다. 동서양을 막론하고 선배들의 모범 사례는 역사의 이야기로 널리 퍼져 있다. 그렇다면 이제 우리는 아담처럼 후회하지 않으면서 살 수 있을까?

인간이란 그게 안 되는 동물인가 보다. 역사라는 교훈이 거울처럼 우리 앞에 있지만 굳이 바닷물을 찍어 입에 넣어보는 수고를 한다. 바닷물처럼 누구에게도 피해가 안가는 일이라면 다행이다. 역사를 통해 반복되고 또 반복되었던 실수를 자신의 손으로 직접 해보이며 자신도 파멸하고, 남도 파괴하는 일이 이전에도 있었고, 지금도 누군가 하고 있고, 앞으로도 계속될 것이다. 930년을 살았던 아담처럼 우리는 긴 인생을 살지는 않지만 우리의 짧은 인생들이 모이고 쌓이며 후회를 넘겨주고, 후회는 재생산되어 영속적으로 흐른다. 겨우 930년간 후회한 아담과 달리 우리는 어쩌면 영원한 후회의 소용돌이 속에 살고 있지 않을까?

"여호와 하나님이 아담을 부르시며 그에게 이르시되 네가 어디 있느냐"(창 3:9). 이 질문에 우리는 답해야 한다. 여전히 후회하는 자리에 있을 것인가? 아니면 믿음의 선배들이 몸소 보여준 하나님께서 원하는 자리를 잘 지키고 있을 것인가? 당신은 어디에 있는가?

입다

딸을 살릴 수는 없었을까

입다는 사사 중에 가장 비극적인 사람이었다. 불행하고 어두운 사사 시대를 반영하는 인물이었다. 그는 시작부터가 암담했다. 서자(庶子) 출신이라 낯선 땅으로 쫓겨나서 잡다한 무리와 어울려 살아야 했다. 입다는 그곳에서 입지를 다져 부락을 형성했다. 길르앗에 비하면 돕 땅은 동쪽의 하찮은 곳이었지만 세력을 모아 도시를 형성했다. 기반도 없었던 입다는 출세의 반열에 올랐다. 그는 출신이 비천했을 뿐 힘으로나 용맹으로 따지면 어느 이스라엘 군인에게도 지지 않았다.

어느 날, 고향 길르앗의 장로들이 돕 땅으로 찾아왔다. 당시 암몬이라는 나라는 이스라엘에 위협이 되었는데 장로들이 입다에게 도움을 요청했다. 길르앗의 군사들이 밀려났기 때문이었다. 전쟁을 지휘할 군인이 없던 그들에게 입다 같은 용맹한 리더가 필요했다. 장로들은 입다를 용병으로 고용해서 위기를 타계하려고 했다. 전쟁에서 이길 경우 자신들의 리더로 인정하겠다는 약속을 받은 입다는 고향으로 향했다.

이제 암몬과의 전쟁은 피할 수 없게 되었다. 입다는 암몬 왕에게 전령을 보내서 이스라엘에 싸움을 걸어온 이유를 물었다. 암몬의 논리는 의외로 간단했다. 원래 그곳은 암몬의 땅이며 이스라엘이 애굽에서 올라올 때 점령한 것이니 자신들의 땅을 순순히 내놓으라는 말이었다. 쉽게 물러설 입다가 아니었다. 그가 암몬 왕에게 보낸 편지는 무려 13절에 이를 정도의 긴 내용이었다. 입다는 이스라엘이 그 땅의 주인이 된 내력을 조리 있게 풀어놓았다. 그의 주장에는 논리적 근거로 가득했다. 입다의 말을 들을 생각이 없는 암몬은 전쟁에 나섰으나 완벽하게 패배하고 말았다. 입다는 말만 잘하는 사람이 아니라 전투에도 실력 있는 사람이었다.

그런데 비극은 승리 후에 일어났다. 전쟁하기 전 입다에게 하나님의 영이 임했는데, 하나님께서 함께 싸우시기에 전쟁에서 질 수가 없었다. 그러나 입다가 갑자기 서원을 드렸다. 이런 내용이었다. "암몬과 싸워 이기고 돌아오면 내 집 문에서 나와서 처음 나를 영접하는 자를 하나님께 번제물로 드리겠습니다." 전쟁은 예상대로 완벽한 승리였고 입다는 의기양양하게 집으로 돌아왔다.

입다를 가장 먼저 맞이한 것은 그의 딸이었다. 그것도 무남독녀 외동딸. 입다는 가장 기쁜 순간에 가장 슬픈 상황을 맞게 되었다. 옷을 찢으며 부르짖었다. "어찌할꼬. 내 딸이여 너는 나를 참담하게 하는 자요 너는 나를 괴롭게 하는 자 중의 하나로다. 내가 여호와를 향하여 입을 열었으니 능히 돌이키지 못하리로다"(삿 11:35).

입다의 딸은 아버지가 하나님께 약속을 지킬 수 있도록 순종했다. 두 달간 친구들과 슬퍼할 기간을 달라고 요청한 뒤에 비참한 생을 마감했다. 승리의 기쁨으로 환호가 울려야 할 길르앗 지방은 초상집이 되어버렸고 비통함으로 가득하게 되었다.

입다는 왜 그런 서원을 드렸을까? 이 서원의 배경에는 전쟁에 대한 지나친 부담감이 있었다. 만약 전쟁에서 지면 서자라고 쫓겨날 때보다 더 큰 비웃음을 받을 수 있었다. 리더의 자리에서 내려와야 할 뿐만 아니라 추종자로부터도 비난받을 처지였다. 그동안 구축한 모든 공이 무너질 수 있었다. 그는 어떤 대가라도 지불할 용의가 있었다. 그리고 그것은 인신제사로 이어졌다. 여호와 신앙이 없던 것은 아니지만 당시 가나안 지역에 팽배한 우상 숭배 유행에 그는 오염되어 있었다. 인신제사는 하나님께서 가장 싫어하는 것이었다.

아브라함에게 이삭을 바치라는 시험 이후 하나님은 모세에게 준 율법을 통해 사람을 제물로 바치는 것에 대해 엄격히 금지하셨다(레 18:21, 20:2-5). 우상 숭배에 대한 다양한 형태를 금기했으며, 이방 우상의 요소를 다 없앨 것을 명령하셨다. 사사시대쯤 되면 모세의 율법이 내면화될 만큼 시간이 흐른 뒤였다. 그러나 입다는 율법과 말씀에 대한 체계를 잡기가 어려웠던 것 같다.

상식적으로도 그의 서원은 문제가 있었다. 누구든지 제일 처음 영접하는 '사람'을 죽이려는 서원이었다. 거기에는 양이나 소 같은 짐승을 염두에 둔 것이 아니었고 분명히 사람을 겨냥한 말이었다. 그의 딸을 바치게 되어서 아무도 숙고하지 않았지만, 만약 다른 사람이 뛰어나와 영접했다고 해도 그 역시 누군가의 귀한 집 딸이고 아들이었을 것이다. 입다는 남을 배려하지 않고 전쟁의 승리에만 골몰한 나머지 타인의 생명에 대해서 대수롭지 않게 여겼고, 그것은 결국 부메랑처럼 자신에게 돌아왔다.

그러면 서원한 이후라도 딸을 살릴 방법은 없었을까? 있다. 민수기 30장에 서원에 대한 규정이 나와 있다. 하나님께 서원하였으면 파기하지 말고 다 행해야 할 것을 이야기하면서도 여자인 경우 아버지나 남편이 허락하지 않는다면 무효화할 수 있다고 명기하고 있다. 단, 당일에 무효를 선언해야 하기는 했다. 그러면 시간이 지나면 방법이 없을까? 방법이 있다. 남자(남편이든 아버지든)가 여자를 대신해서 그 서원을 떠맡으면 된다.

"그러나 그의 남편이 들은 지 얼마 후에 그것을 무효하게 하면 그가 아내의 죄를 담당할 것이니라. 이는 여호와께서 모세에게 명령하신 규례니 남편이 아내에게, 아버지가 자기 집에 있는 어린 딸에 대한 것이니라"(민 30:15-16).

가령 입다의 딸이 서원한 것이 있다고 해보자. 딸의 서원을 들은 그날에 아버지가 그것에 대해 무효를 선언할 수 있다. 날짜가 지난 후라면? 시간이 지났어도 늦지 않았다. 입다 자신이 대신 그 서원을 떠맡고 자기가 대신 죽으면 되었다. 아직 딸이 시집을 가지 않았으니 아버지가 모든 책임을 질 수 있었다. 딸 본인의 서원도 그 정도인데, 경솔했던 입다의 서원이야 두말할 필요도 없는 것 아닌가!

도대체 입다는 왜 말도 안 되는 서원을 그대로 행했던 것일까? 그것은 안타깝게도 무지의 소치였다. 율법에 대해 제대로 익혔거나 하나님 말씀의 본래 의도만 상기했어도 그와 같은 비극은 피할 수 있었을 것이었다. 사사시대가 암흑기로 불리는 이유는 말씀이 살아 있지 못하기 때문이었다. 입다는 하나님과의 약속을 지켜야 한다는 투철한 사명감 때문에 서원을 지킨 것이 아니었다. 알량한 그의 자존심 때문이었다. 한번 놀린 입을 바꾸어 가벼운 사람으로 보여지기 보다는 차라리 딸의 죽음을 선택했던 것이다. 하나님과의 다른 약속은 쉽게 어기면서 자기 자존심이 걸린 문제에 대해서는 그렇게 어리석은 것이 인간의 모습이다.

이제 우리는 하나님께서 입다를 말리지 않고 침묵하신 이유를 알 수 있다. 사사시대는 각기 자기 소견에 옳은 대로 행하는 시대였다. 자기 소견에 옳다는 것은 자신이 하나님이 되는 것을 의미했다. 원칙도 없고 말씀도 없었다. 자신의 자존심을 위해 사람도 쉽게 죽일 수 있는 시대, 자기가 책임을 지고 딸을 대신해서 죽을 수 있는 용기가 없어서 무남독녀를 죽여야만 하는 이 무지한 시대에 하나님은 침묵으로 그들을 고발하고 계셨다.

롯

믿음의 조상이 되지 못한 이유는

롯은 아담의 21대손이며 노아의 12대손이다. 그의 할아버지는 데라이
며 아버지는 하란이고 삼촌이 아브라함이다. 데라는 유브라테스강 건
너편 갈대아 우르에 살던 아주 유명한 조각가로 우상을 숭배하는 사
람이었다(수 24:2). 그가 새긴 우상은 꽤나 잘 팔렸고 재산도 불어났
다. 그러던 어느 날, 세 아들 중 막내인 하란이 죽었다. 하란에게는 1
남 2녀인 롯, 밀가, 이스가가 남아 있었다. 아들을 먼저 보낸 데라는
나홀을 고향에 남기고 아브라함 부부와 손자 롯을 데리고 유브라데강
북서쪽 하란으로 갔다.

원래 데라가 가려던 곳은 가나안이었다. 그런데 죽은 막내와 이름이

똑같은 하란 땅에 주저앉았다가 죽고 말았다(행 7:4). 아브라함, 사라, 롯은 고향으로 돌아가지 않고 하란에 남아 살았다. 아브라함 역시 우상을 깎아 팔면서 재산도 제법 늘려나갔다. 바로 그때 하나님께서 아브라함에게 나타나서 지시할 땅으로 떠나라고 하셨다(창 12:1-2).

아브라함은 말씀대로 아내와 조카 롯을 데리고 가나안으로 갔다. 그때 롯은 왜 아브라함을 따라갔을까? 처음부터 고향에 있을 수 있었고, 할아버지가 죽은 후 하란에 남아도 될 텐데, 왜 아브라함을 따라서 고생길을 자초했을까? 소명을 받은 것은 아브라함이지 롯은 아니지 않는가?

롯은 아버지 하란이 죽은 뒤 할아버지의 양육을 받았다. 할아버지를 따라 고향을 떠나서 하란까지 왔는데 할아버지는 더 이상 움직이지 않았다. 반면에 삼촌 아브라함은 하나님의 지시를 받았다며 가나안을 향했다. 하란에 남을 것인가? 가나안으로 갈 것인가? 롯은 삼촌 아브라함을 아버지처럼 여겼다. 아브라함은 자식이 없었기에 롯을 아들처럼 여겼다. 그렇게 그들은 가나안을 향해 갔다.

소돔과 고모라가 싯딤 골짜기에서 그돌라오멜과의 전쟁을 펼쳤을 때 아브라함이 목숨을 걸고 조카 롯을 데리고 온 것도 아들처럼 여겼기 때문이었다. 롯은 아브라함을 아버지처럼 잘 따랐다.

아브라함은 소명을 받고 사라와 롯을 데리고 가나안에 도착한 후에 여러 어려움을 겪었다. 남쪽 네게브로 갔다가 기근으로 애굽으로 피신해서는 아내를 누이라고 거짓말했다가 곤혹을 치렀다. 갈팡질팡하는 삼촌을 지켜본 롯은 하란 땅에 남지 않은 것을 후회했을지도 모른다.

그럼에도 아브라함은 고생 끝에 재산을 크게 불려 나갔다. 가축도 많아졌고 금과 은도 넘쳐났다. 이리저리 떠돌다가 벧엘 근처에 왔을 때는 재산이 포화 상태에 이르렀다. 조카 롯 역시 소와 양의 수를 셀 수가 없을 정도였다. 벧엘과 아이 근처에는 가나안 사람과 브리스 사람도 더불어 살고 있었다.

공급이 적고 수요가 많으면 분쟁이 나는 법, 아브라함과 롯의 일꾼들 사이에 목초지로 인해 갈등이 벌어졌다. 싸우는 걸 보다 못해 아브라함이 나섰다. "조카야, 안 되겠다. 네가 먼저 좋은 땅을 선택해라. 그러면 내가 그 반대쪽으로 가겠다." 그러자 롯은 고개를 들어 어느 땅이 좋을지 살펴보았다.

"이에 롯이 눈을 들어 요단 지역을 바라본즉 소알까지 온 땅에 물이 넉넉하니 여호와께서 소돔과 고모라를 멸하시기 전이었으므로 여호와의 동산 같고 애굽 땅과 같았더라"(창 13:10).

요단 온 들판, 소알을 포함한 소돔과 고모라 땅까지 물과 풀이 많고 땅도 넓어서 가축을 먹이기에는 그만이었다. 기근으로 애굽 땅에 갔을 때 보았던 풍요로움과 화려함에 비견할 만했다. 롯은 그곳이 여호와의 동산 같다고 생각했다. 롯의 눈에 좋아 보이니 소돔과 고모라가 에덴동산이 되고 파라다이스가 되었다.

롯은 신나게 짐을 꾸리고 길을 나섰다. 어떻게 그리도 쉽게 떠날 수 있었을까? 롯의 주인은 할아버지에서 삼촌으로, 다시 소돔과 고모라로 바뀌어 갔기 때문이었다. 롯은 눈에 보이는 것을 믿는 사람이었다. 그는 아브라함을 믿어 가나안으로 따라갔고, 아브라함에게 실망하자 화려하고 멋진 모습만을 믿고 인생을 송두리째 소돔과 고모라에 걸어버렸다.

아브라함이 소돔의 전쟁에 끼어들어 잡혀갔던 롯을 구해왔을 때 그때라도 롯은 아브라함과 합쳐야 했다. 그러나 한번 떠난 마음은 돌이킬 줄 모르는 법이다. 롯은 재산과 가족을 돌려받고 소돔과 고모라로 돌아갔다.

결국 소돔과 고모라는 불과 유황으로 망하고 말았다. 의인 열 명이 없어 사라진 곳이었다. 천사들이 롯의 집에 찾아왔을 때 소돔과 고모라의 멸망에 대한 예언을 들으면서도 롯은 꾸물거렸고(창 19:16), 천사들은 억지로 그들 가족을 이끌어 성 밖으로 나왔다. 도대체 왜 롯은 거기에 연연했던 것일까? 게다가 롯의 아내는 멸망하는 소돔과 고모라를 돌아보다가 그만 소금 기둥이 되고 말았다. 롯은 돌아보지 않았지만 그 역시 돌아보고 싶었다. 마음속으로는 백 번도 더 돌아보았다. 여전히 소돔과 고모라에 마음이 뺏겼기 때문이었다. 롯의 꾸물거림을 통해 그의 마음이 거기에 있음을 알 수 있다. 아브라함이 보이지 않는 하나님을 따라간 것과 대조되는 모습이었다.

살아남은 롯은 딸들과의 근친관계로 아들들을 낳았고, 그 자손은 출애굽 이후 내내 이스라엘을 괴롭혔던 모압과 암몬 족속이 되었다. 좋은 조상을 두고 있었던 롯, 자신을 책임져주는 좋은 삼촌이 있었고, 수완도 있었으며, 결단력도 있는 사람이었다. 그럼에도 결론은 실패로 끝났고, 그가 죽은 후에도 그의 후손을 통해 악역이 계속 이어졌다. 자신이 보기에 좋은 것으로 끊임없이 주인을 바꾸었던 그는 결국 그 좋은 배경 속에서도 훌륭한 믿음의 조상은커녕 악한 민족의 조상이 되어 버리고 말았다.

아가보

예언을 어떻게 받아들여야 할까

가장 큰 공포는 앞으로 다가올 일이다. 우리는 본능적으로 미래에 대한 공포가 있다. 아직 모르기 때문에, 어떤 일이 벌어질지 알지 못하기 때문에 두려움과 불안을 계속 쌓게 된다. 미래에 대한 무지를 줄이기 위해 예측을 하고, 통계를 내고, 확률을 계산하면서 위험을 줄이려고 하지만 한 치 앞도 모르는 것이 인생이다. 그런 면에서 미래를 아는 예언자는 마냥 부러운 존재이다.

〈사도행전〉에 한 예언자가 등장했다. '아가보'라는 예언자는 당대 최고의 예언자로서 전 세계에 닥칠 기근을 예언했다(행 11:28). 비가 오지 않는다든가, 전염병이 돈다든가, 해충이 날뛰어서 먹을 것이 부족해지고, 그 피해가 많은 사람에게 갈 것을 아는 것은 쉽지 않은 일이다. 아가보는 기근을 예언했고, 로마 황제 글라우디오 때에 3년 동안 지중해 세계에 어려움이 닥치리라는 것도 적중했다.

예언이 있으면 미래를 대비할 수 있지 않을까? 요셉은 7년의 흉년을 예언했고 애굽의 총리가 되어 기근에 완벽하게 대비하였다. 아쉽게도 글라우디오 황제는 바로 왕이 아니었고 아가보는 요셉이 아니었다. 아가보의 예언이 있었지만 아무도 그것에 대비할 수 없었고, 로마를 비롯한 지중해 세계는 기근에 휩싸였으며 교회도 굶주림에 처했다. 이미 터진 기근에 대해 할 수 있는 일은 많지 않았다. 교인들이 헌금을 모아 어려운 교회에 전달해주는 것이 전부였다.

바울과 바나바는 헌금을 전달하는 자가 되어 어려워진 교회를 방문했다. 바울은 기근의 현장에서 어떤 생각을 했을까? 성경을 잘 알았던 바울은 요셉의 이야기를 떠올리며 아가보의 예언을 관리들이 잘 받아들이고 대비했었다면 굶어 죽는 사람들을 막았을 거란 생각으로 안타까워하진 않았을까? 예언을 무시하면 어떤 결말이 다가오는지 몸으로 체득하지 않았을까?

아가보는 그 후에 한 번 더 등장했다. 전도여행을 마친 바울이 로마에 가기로 마음을 굳힌 후였다. 예루살렘에 가기 위해 가이사랴에 도착한 바울 일행은 일곱 집사 중 하나인 빌립의 집으로 갔다. 그 집에 아가보가 유대에서 내려와서 바울의 허리띠를 가져와 자신의 손과 발을 묶었다. 그의 예언이 시작되었다.

"우리에게 와서 바울의 띠를 가져다가 자기 수족을 잡아매고 말하기를 성령이 말씀하시되 예루살렘에서 유대인들이 이같이 이 띠 임자를 결박하여 이방인의 손에 넘겨주리라 하거늘" (행 21:11).

유대인이 바울을 결박해서 이방인에게 넘겨줄 것이란 예언이었다. 아가보 개인의 의견이 아니라 성령이 주신 말씀이었다. 바울을 아꼈던 동료와 후배들이 바울의 로마 행을 말린 것은 당연한 일이었다. 안 그래도 불안하던 차였다. 바울의 앞길을 막고 싶지는 않았지만 아가보의 예언이 성령의 역사 속에서 주어졌다. 미래가 빤히 보이기에 동료들은 바울을 붙잡았다.

예언을 누구보다 존중했던 바울, 기근의 현장에서 아가보의 예언의 말씀을 따르지 않아 비극을 맞이한 사람들을 안타깝게 보았던 바울이었다. 그는 어떻게 예언에 반응했을까? 바울은 말했다.

"왜 저를 말리십니까? 저는 예루살렘에서 결박당할 뿐 아니라 죽을 각오까지 되어 있습니다."

바울의 의지는 결연했고 실천하고자 하는 바는 어느 때보다 분명했다. 바울은 동료와 후배들의 만류에도 예루살렘과 로마를 향한 길을 떠났다. 바울은 왜 예언을 무시했을까?

바울에게도 유혹이 있었다. 예언을 핑계로 가이사랴에 그냥 머물고 싶은 마음도 있었다. 성령께서 예언의 말씀을 주신 것은 위험에서 건지려는 뜻이라 여길 수도 있었다. 친절한 사람들 틈에서 안착하고

자 하는 마음, 편안한 사람들 사이에서 목회하면서 위험과는 상관없이 살아도 뭐라고 할 사람은 없었다. 예언의 말씀이 자신을 지켜준데 감사하며 살면 그만이었다. 그럼에도 바울은 예언과는 반대의 길을 갔다. 다른 사람의 안전과 생명에 대해서라면 예언을 따랐을지 모른다. 그러나 자신을 위한 편안함보다는 사명을 따르기로 작정했다.

예언이 있을 때 우리는 두 가지 방식을 접할 수 있다. 하나는 요셉의 방식이고, 또 하나는 아가보의 방식이다. 요셉은 기근으로부터 가족을 구해냈고, 애굽을 부강하게 만들었다. 요셉의 예언 덕분에 많은 사람이 혜택을 입었다. 예언의 좋은 역할이다. 반면에 아가보의 예언으로 이익을 얻은 사람은 없었다. 예언은 있었으나 관리들은 그것을 알지도 못했고, 예언의 결과를 직면할 수밖에 없었다. 그러나 그 후 교회들은 구제 헌금으로 도움을 흘려보냈다. 아가보의 예언이 운명을 막지는 못했지만 교회와 바울, 바나바 같은 사람들은 피해 입은 사람들을 위해 자신의 역할을 감당했다.

이 시대는 요셉의 방식보다 예언을 알면서도 어쩔 줄 모르는 아가보의 방식이 더 적용하기 쉬울 것이다. 아무리 미래를 준비한다고 해도 앉아서 불행한 사건을 당할 수밖에 없게 되었다. 우리는 정책을 바꿀 힘이 없다. 그럴 때 조금 더 여유 있는 사람이 없는 사람을 도와주고, 사명을 가진 사람이 어려운 사람을 돕는다면 세상은 더 나아질 수 있을 것이다.

오늘 우리는 확률과 계산의 세계에 살고 있다. 어떻게 하든지 부담은 줄이고 어려움은 피하려고 한다. 그러나 미래는 우리가 아는 한

도를 뛰어넘고 끊임없이 어려운 숙명을 맞게 된다. 그렇다. 미래는 주님의 것일 수밖에 없다. 아무리 대단한 예언이 우리를 장밋빛으로 유혹해도 결코 사명보다 앞서지 않는다. 바울은 예언의 운명을 받아들이기로 하고 발걸음을 움직였다. 그리고 그로 인해 미래는 다시 새롭게 쓰이기 시작했다.

탕자

미래를 바꿀 수 있을까

어느 날, 한 청년을 만나서 이야기를 나눌 기회가 있었다. 그는 관계를 통한 아픔, 감정의 찌꺼기를 호소했다. 그의 괴로움은 익숙한 것이었다. 시간이 지나면 흔적조차 없이 사라질 성질의 것이지만 당사자는 괴로울 수밖에 없는 그런 것. 나는 그의 눈을 들여다보면서 말했다. 그는 고개를 숙인 채 간간이 고개를 끄덕였다.

"과거는 바꿀 수 없어. 이미 지나간 일이야. 그러나 미래는 바꿀 수 있어. 아직."

미래는 아직 바꿀 수 있다. 어떤 미래가 올지 모르지만 분명히 바꿀 수 있다. 지금 나의 태도와 선택으로 인해 얼마든지 미래를 바꿀 수 있다. 진심을 다해 그에게 말했다.

"너도 미래를 바꿀 수 있어. 네가 지금 있는 그 자리에서 한 걸음을 어떻게 걷느냐에 따라서 얼마든지 바꿀 수 있어."

그가 눈을 들 때 잠깐 반짝이는 눈망울을 볼 수 있었다.

예수님은 세리와 죄인들과 함께 식사한 뒤에 말씀을 나누셨다. 바리새인과 서기관은 못마땅해 했다. 예수님이 죄인을 영접하고 그들과 어울려 같이 식사하다니! 그렇게 위태로운 분위기 속에서 예수님은 세 가지 비유를 말씀하셨다. 잃어버린 것에 대한 이야기였다. 잃어버린 동전, 잃어버린 양, 잃어버린 아들…. 잃어버린 것을 되찾은 사람들은 모두 기쁨으로 그것을 영접하고 즐겼다. 예수님에게 잃어버렸던 자들은 바로 세리와 죄인들이었다.

예수님의 이야기는 흥미를 끄는 요소도 많고 이야기의 밀도에도 놀라게 된다. 세 번째 이야기에 등장하는 잃어버린 아들은 즉흥적으로 꾸며내기에는 디테일이 살아 있다. 어쩌면 죄인 중에 비슷한 상황을 겪은 사람이 섞여 있을지도 모를 일이었다. 예수님이 얘기해주신 잃어버린 아들에 대한 이야기는 이런 것이었다.

어느 부잣집에 아들이 둘 있는데 막내가 아버지에게 자기 몫의 유산을 요구했다. 아버지가 죽은 후에 자연적으로 받을 수 있지만 아버지가 버젓이 살아 있는데 그것을 달라고 했다. 그는 나름대로 계획이 있었다. 아버지에게 읍소했거나 비전을 밝혔을 것이다. 모욕감을 느꼈을 법한 아버지는 아들의 요구를 아무 말 없이 들어주었다. 그 재산이 정확히 어느 정도인지는 모르겠으나 상당한 금액이었음은 분명했다.

호기롭게 돈을 들고 먼 지방으로 간 아들은 방탕하게 재산을 축내기 시작했다. 사업은 쉽지 않았고 자본은 쉽게 사라졌다. 자신을 도와줄 것 같던 사람들도 돈이 점점 떨어지자 외면하기 시작했고, 엎친 데 덮친 격으로 그 지방에 흉년까지 겹쳤다. 부자로 시작했던 그의 화려했던 독립생활은 얼마 지나지 않아 거지에 가깝게 되었다.

먹고살기 위해 지방 주민 중의 한 사람을 찾아갔는데 돼지를 치는 사람이었다. 작은아들은 들로 나가서 돼지를 치며 살았다. 하필이면 돼지라니. 유대인에게 가장 불결한 짐승 중의 하나가 돼지였다. 먹을 수 없는 가축이었고 돼지 치는 사람 역시 불결한 사람으로 취급했다. 아들은 너무 배가 고파서 돼지가 먹는 쥐엄 열매를 먹으려고 했다.

콩과에 속한 쥐엄나무의 열매는 끓여서 죽처럼 먹을 수 있었다. 하지만 흉년이라 그마저도 얻기가 어려웠다. 유대인 부잣집의 막내아들로 율법을 지키며 품위 있게 살았던 그가 거지보다 더 불쌍해지고 말았다. 아무리 후회해도 바꿀 수 없는 과거, 이것이 그의 모습이었다. 이제 어떻게 해야 할까?

과거는 바꿀 수 없는 일이었다. 작은아들이 다 써버린 그 재산은 절대로 돌아오지 않는다. 그의 빛나는 젊음도, 환상적인 그의 계획들도 다시는 돌아올 수 없었다. 과거는 과거일 뿐이었다. 그런데 그 아들은 과거에 집착하지 않았다. 미래를 향해 그의 발을 내디뎠다. 어디로 갈 수 있을까? 그는 용기를 내 아버지한테로 돌아갔다. 그가 할 수 있는 일은 아버지에게로 가는 길뿐이었다. 고개를 들 수 없을 정도로 큰 잘못을 저질렀지만 과거에 얽매여서 그 속에서 돼지처럼 살다가 죽느니 미래를 바꾸기로 했다.

만약 그가 쥐엄 열매를 많이 구해서 죽을 잘 쑤어서 먹고, 돼지를 열심히 쳐서 보수를 잘 받으면서 어떻게든 살아간다 해도 여전히 초라하게 죽어갈 것이었다. 당당한 한 인격체가 아니라 과거의 실패자로 살다 죽을 운명이었다. 그랬던 그가 아버지께로 다시 돌아갔다. 자신의 운명을 아버지의 손에 맡겼다.

그의 운명은 어떻게 될까? 다시 거지처럼 될까? 그의 말대로 종들 중의 하나가 되었을까? 당연히 그렇지 않았다. 그가 찾아간 대상은 아버지이기 때문이었다.

아버지는 단지 선의만 베푸는 분이 아니었다. 아버지는 돼지보다는 낫게, 그러나 종의 수준으로 살게 두는 분이 아니었다. 아버지에게로 가면 미래가 바뀐다. 아버지에게로 가면 아버지를 통해 아들의 비전과 포부가 다시 새롭게 된다. 과거가 어떻든 상관없이 아버지는 과거의 흙탕물에 빠져있던 아들을 안아주고, 미래의 수건으로 닦아줄 것이다. 그래서 아버지인 것이다.

아버지에게로 간다고 해서 모든 것이 쉽게, 한꺼번에 해결된다고는 말할 수 없을 것이다. 내내 아버지 곁에 있었던 큰아들을 보라. 그의 어려움과 고민은 하나도 해결되지 않았다. 경제적, 관계적, 사회적, 문화적인 모든 어려움이 하나님 아버지 곁으로 간다고 해서 즉각

적으로 해결되지는 않을 것이다. 그러나 아버지께로 가면 미래를 위해 현재를 다시 시작할 수 있다. 돼지나 치던 더러운 모습에서 다시 한번 자신을 회복할 수 있게 만들어준다. 내가 본래 어떤 존재였는지를 깨닫게 해준다. 거기에서부터 다시 시작하면 되는 것이다. 아버지에게로 가는 것, 그것이 미래를 바꾸는 첫걸음이다.

가말리엘
그는 훌륭한 사람일까

예수님으로부터 비판을 많이 받았던 바리새파 사람들은 어떤 사람들일까? 성경은 바리새인들을 극복해야 할 대상으로 여기는데, 말이나 신념과는 달리 의롭거나 올바르지 못한 모순된 모습이 있었으며, 하나님의 나라와 상관없는 길을 가고 있었기 때문이었다. 그러나 어떤 부류든 의도가 나쁜 경우는 드물다고 봐야 한다. 뜻을 같이한 사람들이 많다면 그 처음 의도는 좋았을 것이다. 바리새인 역시 마찬가지다. 바리새인은 그리스, 로마 문화가 온 세상을 덮을 때 유대인의 고유한 문화를 지키고 신앙을 빼앗기지 않기 위한 운동에서 시작되었다. 율법을 철저히 지켰고, 모세오경 등을 비롯한 구약성경을 귀중히 여겼다. 말씀을 위해서라면 목숨까지도 내놓을 수 있는 사람들이었다. 그런데 그들이 변질되고 말았다.

성경에서 바리새인 중에 가장 존경받는 대표적인 인물을 뽑는다면 '가말리엘'을 들 수 있겠다. 좋은 가문의 수재들은 가말리엘의 문하생이 되었고, 그중에 훌륭한 제자가 많이 배출되었다. 정계 및 재계에 진출해서 유대교 사회를 주름잡았다. 자기주장과 고집으로 점철된 사람도 가말리엘 밑에 있으면 저절로 겸손해질 정도였으며, 조언이 필요한 사람은 가말리엘 앞에서 그의 말에 경청했다. 장래가 촉망되던 바울 역시 가말리엘 밑에서 수학했다.

많은 사람이 그를 따른 이유는 가말리엘에게 논리와 설득력뿐 아니라 지혜도 있었기 때문이었다. 그는 많은 사람의 지지를 받았다. 정치적 입장이 다르더라도 가말리엘은 존중받았고 파벌을 뛰어넘는 지지를 얻었다. 예수님의 제자들은 바리새파 사람들의 입장에서는 골칫거리였다. 그래서 바리새파는 군중들을 선동해서 예수님을 십자가에 못 박아 죽이는 데 성공했다. 그들에게 눈엣가시가 되는 사람들은 얼마든지 제거할 힘이 있었다. 그런데 예수님이 살아났다는 소문이 나기 시작했고, 제자들은 예수님의 이름으로 기적을 일으켰으며, 감옥에 가두면 어느새 밖을 나와 자유롭게 나돌아 다녔고, 추종자들은 점점 더 늘어났다.

어떻게 해야 할까? 바리새인들은 제자들을 죽이고, 교회 문을 닫게 만들며, 예수를 따르는 사람이라면 핍박해야 한다는 데 의견을 같이했다. 제자들을 감옥에 가두고 경비를 강화해서 탈옥을 막고, 제자들과 교인들 사이를 갈라놓아 기독교의 확산을 막자는 주장이 이어졌다. 반발력이 생겨날 수 있으니 기독교인을 잘 구슬려 보자는 신중론도 더러 있었다. 교회는 계속 부흥하고 있었고 여론은 제자들에게 호의적이 되고 있는데 섣불리 억압했다가는 반작용이 생긴다고 주장했다. 지금 그들은 감옥에서 나온 제자들을 다시 잡아들여 공의회에 대기시켜놓은 상태에서 갑론을박하고 있다.

가말리엘이 그들의 논란에 종지부를 찍었다. 가말리엘은 '드다'와 '갈릴리 유다'의 이야기를 풀었다. 400명이나 되는 사람이 따랐던 드다는 그가 죽자 다 사라졌고, 한때 반란을 꾀했던 갈릴리 유다도 처형당하자 좇던 사람들이 흩어지고 말았다. 그들의 공통점은 아무리 많은 사람이 따르더라도 우두머리가 죽으면 추종자는 자연스럽게 사라진다는 것. 따라서 예수도 죽었으니 따르는 자가 많은 것 같으나 그들이 사라지는 것도 시간문제라고 논파했다. 만약 이것이 하나님께로부터 왔으면 인위적으로 막아봐야 소용이 없다는 말도 덧붙였다.

"이제 내가 너희에게 말하노니 이 사람들을 상관하지 말고 버려두라. 이 사상과 이 소행이 사람으로부터 났으면 무너질 것이요 만일 하나님께로부터 났으면 너희가 그들을 무너뜨릴 수 없겠고 도리어 하나님을 대적하는 자가 될까 하노라 하니"(행 5:38-39).

가말리엘의 설득으로 바리새인들은 제자들을 풀어주는 데 합의했다. 가말리엘이 예로 들었던 드다나 유다처럼 예수님이 죽었다고 제자들이 사라지게 될까? 그의 예측과 달리 교회는 없어지지 않았다. 가말리엘은 죽었고 바리새인도 모두 사라졌지만 교회는 지금까지도 건재하다. 가말리엘이 놓친 것이 무엇이었을까? 나쁘면 사라지고 좋으면 존속될 것이라는 생각, 그러니까 자연적으로 선택되고 도태될 수 있다는 그의 주장은 반드시 옳다고 볼 수 없다. 나쁘지 않은데 사라지고 좋지 않은데 융성한 경우도 역사 속에서 얼마든지 있다.

가말리엘이 바리새파 사람 중에 가장 존경을 받는 대표주자 격이지만 그의 주장 때문에 바리새인들의 한계가 거기까지임을 알게 된다. 숱한 박해에도 사라지지 않고 교회가 지금까지 존속되는 것을 그가 지켜보았다면 교회가 하나님으로부터 온 것이라는 것을 시인하게 될까?

가말리엘은 "교회가 하나님으로부터 왔으니 막는다고 될 일이 아니다"는 주장을 펼친 것이 아니었다. 오히려 그는 "괜히 힘쓸 것 없이 도태되도록 놔두자"는 의미가 강했다. 바리새파 사람 중에 가장 존경받고 바리새인을 대표한다는 최고의 지도자 가말리엘의 한계였다. 그는 세상에 드러나는 어떤 현상이나 운동이 하나님으로부터 왔는지 인간적인 부산물인지 전혀 분별해내지 못했다. 그러면서도 그는 유대교의 스승으로 자처하고 있었다. 그가 인류의 스승이 되지 못한 이유가 바로 여기에 있다.

포용적이고 이해가 넓은 사람처럼 보이는 가말리엘은 높은 지식

수준에도 불구하고 진리에 대한 감각이 없는 사람이었다. 많은 학문과 지식이 있다고 반드시 하나님의 뜻을 분별해 낼 수 없음을 그의 말과 행동을 통해서 알 수 있다. 가말리엘이 드디와 유다를 예로 든 것처럼 아무리 존경과 지지를 받아도 하나님의 지혜가 없는 사람의 예를 '가말리엘'로 들 수 있을 것이다. 그는 훌륭한 스승이 아니라 평범한 바리새인에 불과했다.

말고

많은 사람 중에 왜 하필 말고의 귀가 잘렸을까

예수님이 잡히시던 그 밤의 일이었다. 예수님은 제자들과 함께 기드
론 골짜기 건너편에서 모이곤 했는데, 제자 중의 하나였던 가룟 유다
도 그곳을 알고 있었다. 그는 은 삼십에 예수님을 판 뒤에 무장한 군
인들을 데리고 그곳으로 왔다. 유다의 뒤에는 로마 군대의 병정들과
성전 경비병들이 달라붙었다. 군인들의 손에는 등불과 칼, 몽둥이가
들려 있었다(마 26:47).

예수님의 성전에서 사역할 때는 잡지도 못했던 그들이었다. 한밤중
에 등불과 무기를 들고 왔다는 것은 예수님을 강도 취급했다는 것을
뜻했다. 무력을 갖춘 그들 중에 '말고'가 있었다. 말고는 대제사장의

종이었다. 성전에서 경비를 서는 무장한 사병으로 대제사장의 직속 하인이었다. 대제사장의 성전 제사 임무를 위해서라면 레위인이면 충분했다. 그러나 권력의 중심이 된 대제사장은 무장한 사병을 종으로 두었다.

예수님을 잡기 위해 가장 적극적으로 나선 이들이 대제사장과 장로들이었다. 그들은 종들을 시켜서 예수님을 체포해 오게 했다. 로마 군인들을 동원했고, 그것도 모자라 성전의 경비병들까지 차출했다. 예수님을 따르는 무리가 많았고, 12명의 젊은 제자가 핵심 추종자로 예수님 옆에 있기 때문에 무력 충돌에 대비해야 했다. 예수님의 제자 중의 하나인 유다의 밀고로 이제 예수를 잡는 것은 시간문제가 되었다.

말고가 그 밤에 칼과 몽둥이를 들고서 기드론 골짜기로 의기양양하게 갈 수 있었던 것은 그의 배후에 대제사장이라는 권력자가 있었기 때문이었다. 양손에 들고 있는 무기는 누구든 위협이 된다면 강하게 휘두를 생각이었다. 권력이 있었고 힘도 충분했다. 나사렛 예수라는 이단자를 처단하기 위해 보무도 당당하게 유다의 뒤를 따랐다. 그렇게 당당하게 나섰던 말고는 졸지에 베드로의 칼에 귀가 잘렸다.

예수님을 잡으러 간 사람은 말고 뿐만이 아니었다. 전쟁에서 항상 이겼던 로마의 엘리트 군인들이 있었고, 검과 몽둥이로 무장한 사병은 더 있었다. 그쪽 지리를 잘 아는 밀고자인 유다가 동선을 확보해주었고, 예수님의 제자들이 반항한다 해도 군인 쪽이 훨씬 인원수도 많고 힘도 강했다. 한 명을 체포해 오는 것은 그리 어려운 일이 아니었다.

　예수님과 제자들이 모여 있는 곳에 그들이 도착했을 때는 어두운 밤이었다. 횃불을 들고 있었지만 사람이 정확하게 분간되지 않았다. 그들의 표적은 예수님이었는데 예수님이 그들 앞에 나서서 누구를 찾는지 물었다. 앞서 있던 군인 중의 하나가 "나사렛 예수를 찾는다"고 했다. 예수님은 자신을 밝혔다. "내가 나사렛 예수이다." 그 말을 시작으로 작전이 시행되었다. 가룟 유다가 입맞춤으로 인사를 건넸고 군인들은 그를 체포했다. 예수님의 손에 포승줄이 묶였고 '예수 체포 작전'은 싱겁게 끝나는 것 같았다.

　그렇게 돌아서던 말고의 오른쪽 귀는 물러섰던 베드로의 날카로운 칼에 의해서 잘려나가고 말았다. 귀가 잘린 이의 이름이 '말고'라는 사실은 〈요한복음〉에만 등장했다. 사람들은 베드로의 칼에 귀가 잘려서 고통스럽게 주저앉아 있는 자가 누구인지 확인했고, 아마도 요한 역시 그의 얼굴을 보았을 것이다. 요한은 그가 대제사장의 종 말고라는 것을 알았다.

　예수님은 베드로를 말렸다. 떨어진 귀를 주워서 말고의 귀에 대고 낫게 해주셨다. 그렇게 많은 사람 중에 왜 하필이면 말고의 귀가 잘렸을까? 예수님은 "이것까지 참으라. 칼을 가지는 자는 다 칼로 망하느니라. 내가 열두 군단 더 되는 천사를 보내시게 할 수 있으나 이런 일이 있으리라는 성경의 말씀이 이루어지기 위해, 그리고 선지자들의 글을 이루기 위해 이와 같은 일이 일어났느니라"(마 26:52-56 참조)라고 하셨다. 이 말씀을 하시자 무슨 신호처럼 베드로를 비롯한 모든 제자가 예수님을 버리고 도망갔다.

예수님께서 하신 "칼을 쓰는 사람은 칼로 망한다"는 말씀은 물론 칼을 사용한 베드로에게 한 말씀이지만 말고도 이에 해당되었다. 그는 칼 하나를 믿고 성전 경비대에 들어갔으며, 대제사장의 종이 되면서 충직하게 권력을 위해서 칼을 휘둘렀다. 그가 칼을 가지고 다니는 이상 지금은 귀가 잘렸지만 다음에는 목이 잘릴 수도 있는 일이었다.

부상당한 말고는 군인들과 사병들 뒤에 멀찍이 따라갔다. 제자들은 모두 예수님을 떠났고, 예수님은 대제사장의 법정에서 온갖 고문과 고역을 겪게 될 것이었다. 대제사장의 정적으로 찍힌 사람들은 언제나 그 말로가 비참했다. 귀를 감싸 안은 말고는 어느덧 자신의 귀가 멀쩡해졌다는 사실을 알았다. 그의 가슴에 예수님의 말씀이 새겨졌다. 칼을 쓰는 사람은 칼로 망한다.

이제 말고에게 선택이 남아 있었다. 앞으로도 권력에 기대어서 칼을 휘두르며 살 것인지, 아니면 칼로 망하기 전에 칼을 버리고 진짜 자신의 모습을 찾을 것인지. 말고는 그 이후로 성경에 등장하지 않는다. 예수님을 취조하고 고문하는 일에 가담했는지, 아니면 사병의 일을 그만두고 집으로 돌아갔는지 알 수는 없다. 아마도 칼을 버리기는 쉽지 않았을 것이다. 자신에게 직업이 있어야 하고 가족도 먹여 살려야 할 것이기 때문이다. 말고는 오늘 우리에게 묻는다. 당신은 돈에, 명예에, 인기에… 칼처럼 그것을 쓰기 좋아하다가 그것 때문에 망할 사람이 될 것인지, 아니면 칼을 버리고 진짜 자신의 모습을 찾을 것인지? 이제 당신이 대답할 차례다.

게하시
돈을 좀 받으면 안 되나

구약에서 기적을 가장 많이 일으킨 선지자로는 엘리사가 있다. 그를 따르는 사람도 많았고 수련생도 있었지만 흥미롭게도 그의 시종 게하시가 어떤 제자보다 더 많은 역할을 수행했다. 그러나 게하시는 좀 비극적인 구석이 있는 인물이었다.

엘리사가 자신을 돌봐준 수넴 여인에게 무엇인가 보답을 하고 싶었는데 마땅히 해줄 수 있는 게 없었다. 그때 게하시가 그녀에게 아들이 없다고 귀띔해주었다. 엘리사는 수넴 여인에게 "내년 이맘때 아들이 있을 것"이라고 예언했다. 예언대로 아들이 태어났고 아이는 집안의 기쁨이 되었다. 그런데 어느 날, 이 아들이 머리가 아프다고 하다가 그만 죽어버렸고 여인은 엘리사를 찾아와 원망했다. 원하지도 않던 아들을 주어서 자식이 먼저 죽는 고통을 보게 했다며 말이다.

엘리사는 게하시를 시켜 자신의 지팡이를 죽은 아이의 얼굴 위에 둘 것을 지시했다. 안타깝게도 그것으로 아이가 다시 살아나지는 않았다. 엘리사는 여인과 함께 집으로 들어가 보았다. 아이는 이미 죽어 있었다. 엘리사가 죽은 아이의 몸 위에 엎드렸더니 몸이 따뜻해지기 시작했고, 아이가 일곱 번 재채기하더니 살아났다. 기적이 일어났다.

기적은 더 있었다. 아람의 군대장관 나아만이 나병으로 죽게 되었을 때 엘리사가 그를 고쳐주었다. 엘리사는 아람에서 이스라엘까지 찾아온 나아만을 내다보지도 않고 게하시를 시켜서 요단강에서 일곱 번 몸을 씻게 했다. 나아만의 병은 깨끗이 나았고 엘리사는 어떤 답례도 받지 않았다. 이렇듯 엘리사의 중요한 기적에는 게하시의 역할이 컸다. 그가 기적을 일으키는 데 공을 세웠다고는 할 수 없지만 필요할 때에 중요한 역할은 해준 종인 것은 분명했다. 그러던 중에 게하시가 큰 실수를 하게 되었다.

돌아가던 나아만에게 게하시가 급하게 쫓아왔다. 게하시는 거짓말을 했다. 나아만이 엘리사에게 금과 은, 옷 등을 병을 고쳐준 답례로 주었는데 거절한 참이었다. 게하시는 엘리사가 은 한 달란트와 옷 두 벌을 요청했다고 전했다. 나아만은 은인인 엘리사가 달라는데 아낄 이유가 없었다. 어쩌면 나아만은 게하시의 거짓말을 알아챘을 것이다. 엘리사가 그토록 받지 않겠다고 얘기했는데 뒤늦게야 요청할리가 없었을 테니. 그럼에도 나아만은 은 두 달란트와 옷 두 벌을 게

하시에게 주고 고향으로 돌아갔다.

　게하시는 능력의 선지자 밑에 있던 사람이었다. 엘리사가 가진 기적과 힘 덕분에 자신이 누리는 혜택도 컸다. 그는 엘리사가 일확천금을 얻을 수 있었는데 그것을 포기하는 것을 보고 어리석다고 여겼을 것이다. 자기도 선지자만큼 지혜롭다고 여겼을지도 몰랐다. 그러나 그는 어리석었다. 물론 게하시에게도 빛나는 것이 있었다. 상황을 판단할 줄 알았고 선지자의 명령에 순종할 줄 아는 충성된 사람이었다. 그러나 게하시에게 엘리사가 없다면 그는 아무것도 아니었다. 게하시가 없는 엘리사는 가능하지만 엘리사 없는 게하시는 불가능하기 때문이었다.

　게하시는 심부름꾼으로 주인을 빛나게 해주면 그만이었다. 시간이 지나면 선지자는 게하시의 진가를 알아줄 수도 있고, 후대에 그의 이름이 기억될 위대한 인물이 될 수도 있었을 것이다. 그러나 그의 이름은 어리석음으로 남게 되었다. 엘리사를 이어서 게하시가 리더가 될 수 있었을까? 그 정도로 탁월하지는 않았다. 오히려 잔머리를 굴리는 바람에 결국 몰락하고 말았다. 차라리 조용히 주인을 도와주는 사람으로 남는 편이 더 나았을 것이다.

　게하시는 나아만으로부터 은과 옷을 받아 집에 숨겨 두었다. 엘리사를 만나고서는 아무 일도 없던 것처럼 행동했다. 나아만을 속일 수 있었는지는 모르지만 엘리사는 어림도 없었다. 평소 그의 모습과 동선을 다 꿰뚫고 있던 엘리사는 금방 그의 거짓말을 알아챘다.

"엘리사가 이르되 한 사람이 수레에서 내려 너를 맞이할 때에 내 마음이 함께 가지 아니하였느냐. 지금이 어찌 은을 받으며 옷을 받으며 감람원이나 포도원이나 양이나 소나 남종이나 여종을 받을 때이냐"(왕하 5:26).

엘리사는 게하시의 언행을 꿰뚫고 있었다. 은과 옷을 받은 것도 다 알고 있었다. 게하시는 감람원이나 포도원, 양이나 소, 남종이나 여종은 욕심내지 않았다. 당장 필요한 은과 옷을 조금 지원받았을 뿐이었다. 그 정도면 그동안 해왔던 수고에 비해 합리적인 것 아닐까? 그 정도의 돈은 좀 받으면 안 되는 것일까?

엘리사는 지금은 은과 옷을 받았지만 조금 있으면 감람원도 받을 것이고, 포도원도 받고, 양, 소도 받게 되고 점점 커지면서 결국은 남녀 종까지 거느리게 되리라는 것을 알았다. 그것도 게하시의 실력이 아닌 엘리사 선지자의 이름을 빌린 거짓으로 쌓은 업적에 불과한 것이었다. 욕심이 잉태한즉 죄를 낳고, 죄가 장성한즉, 사망을 낳을 것이었다(약 1:15). 게하시에게 나아만의 나병이 옮아갔고, 그의 병은 자손들에게까지 영원토록 이르게 되는 벌을 받았다(왕하 5:27).

게하시는 어떻게 해야 했을까? 그가 엘리사의 영향력에서 벗어나 독립하고 싶다면 힘과 실력을 스스로 길렀어야 했다. 엘리사도 언젠가 사라질 때가 있고 그가 엘리야로부터 리더십을 이어받았듯이 누군가에게 물려주어야 할 때가 있을 것이다. 그때까지 내면의 힘과 실력을 길렀다면 게하시는 엘리사 이후 새로운 시대의 리더가 되었을 수도 있었다. 그렇지 않더라도 오랫동안 엘리사를 섬겼던 경험으로 나름대로의 영향력을 가질 수 있었을 것이었다.

그런데 그는 작은 이익을 위해서 거짓말을 택해서 기회를 영영 놓쳐버렸다. 주인보다 낫기 위해서는 더욱 도덕적이어야 했다. 그러나 게하시는 눈앞의 재물에 눈이 멀어 양심을 내버렸다. 게하시에게 반드시 기회가 올 것이었다. 그때까지 엘리사를 따르고 의지하며 역량을 길러야 했다. 엘리사만이 아니라 하나님도 그의 주인이었다. 자신이 하나님의 손에 들린 도구란 사실을 기억했다면 기회를 붙잡을 수 있었을 것이다.

기회는 자신의 일을 충실하게 해내는 준비된 사람에게 온다. 그러나 기회가 오지 않는다면? 그래도 그렇게 사는 게 낫다. 적어도 주인과 비슷하거나 더 나은 사람이 됨으로써 출세가 목표가 아닌 바른 삶을 목표로 살아가는 하나님의 사람이 될 수 있기 때문이다.

슬로밋의 아들
돌에 맞아 죽을 정도의 죄였을까

슬로밋이라는 여인에게 아들이 하나 있었다. 슬로밋의 남편은 애굽 사람이라 혼혈아였다. 그러나 슬로밋은 단 지파 디브리의 딸로서 이스라엘 민족과 가문의 명예를 지키며 살았다. 따라서 아들에게는 이스라엘의 정체성을 지키며 살도록 당부했다. 유대교는 모계 사회이기 때문에 어머니가 유대인이면 그 자녀는 유대인으로 인정되었다. 어머니의 교육이 그 정도로 중요했다.

그런데 어느 날, 슬로밋의 아들이 친구와 다투는 일이 있었다. 별것도 아닌 일에 젊은이들은 쉽게 싸우기도 하고 또 금방 화해하기도 한다. 어쩌면 친구가 슬로밋의 아들이 혼혈이란 사실을 놀렸는지도 모르겠다. 문제는 싸우던 그가 그만 하나님의 이름을 모독하고 저주하는 말을 했다는 데 있었다.

누구도 들어보지 못한 말이었다. 그의 소리치는 말을 들은 사람은 한둘이 아니었으며, 모독하고 저주하는 소리는 군중을 얼어붙게 만들었다. 사람들은 그를 끌어다가 모세 앞으로 데려갔다. 모세는 하나님께 어떻게 처리해야 할지를 물었다.

"그 저주한 사람을 진영 밖으로 끌어내어 그것을 들은 모든 사람이 그들의 손을 그의 머리에 얹게 하고 온 회중이 돌로 그를 칠지니라. 너는 이스라엘 자손에게 말하여 이르라. 누구든지 그의 하나님을 저주하면 죄를 담당할 것이요 여호와의 이름을 모독하면 그를 반드시 죽일지니 온 회중이 돌로 그를 칠 것이니라. 거류민이든지 본토인이든지 여호와의 이름을 모독하면 그를 죽일지니라"(레 24:14-16).

하나님이 모세에게 명령한 것은 그 아들을 진영 밖으로 끌어내고, 저주의 말을 들은 사람들이 그 아들의 머리에 손을 얹고, 모든 백성은 돌로 치라는 것이었다. 슬로밋의 아들은 이제 돌에 맞아 죽게 되었다. 그가 한 잘못이 그렇게 큰 것이었을까? 사람들의 돌에 맞아 죽을 정도의 죄였을까? 하나님은 왜 그렇게 끔찍한 사형을 명령했던 것일까?

그의 죄는 십계명을 범한 것이었고, 정확히 세 번째 계명인 "네 하나님 여호와의 이름을 망령되게 부르지 말라. 여호와는 그의 이름을 망령되게 부르는 자를 죄 없다 하지 아니하리라"(출 20:7)에 해당되었다. 십계명이 재정된 후에 제일 처음 세 번째 계명을 어긴 사람이 바로 슬로밋의 아들이었다. 계명이 선포된 지 얼마 되지 않았고, 이스라엘 백성은 계명대로 살기 시작한 지 겨우 몇 년 지났을 뿐이었다.

'처음'이란 것이 이렇게 무서웠다. 레위기에는 제사, 예식, 제사장 규례, 각종 절기 등 딱딱하고 정형화된 율법과 계명이 주된 내용으로 나온다. 그러나 레위기에도 두 이야기가 나오는데 누군가 죽는 이야기였다. 하나는 슬로밋의 아들이 돌에 맞아 죽는 이야기이고 또 다른 하나는 아론의 장남과 차남인 나답과 아비후가 금지된 불을 사용하다가 타 죽는 이야기이다. 제사가 제정되고 대제사장인 아론이 첫 번째 제사를 지낸 후 나답과 아비후가 처음으로 드리는 제사에서 일어난 일이었다. 아론의 두 아들이 죽은 것은 '처음'으로 제사의 규례를 어겼기 때문이었다.

슬로밋의 아들은 이름도 없었다. 성경은 그저 '슬로밋의 아들'이라고 명하고 있다. 이름도 없는 그 청년은 왜 여호와의 이름을 모독하고 저주했을까? 그의 무의식 속에, 그의 마음 깊은 곳에서 하나님에 대한 의심과 반항, 하나님에 대한 미움이 있었다. 그렇게 쌓여 있던 하나님에 대한 왜곡된 감정이 어느 날, 누군가 그의 신경을 딱 건드렸을 때 무의식적으로 튀어나왔다.

하나님에 대해서 의심할 수 있다. 자신이 직접 만난 것이 아니라 모세를 통해 전달되었기 때문에 하나님에 대해 의문점도 있고, 하나님에 대한 안 좋은 인식도 있을 수 있다. 더욱이 슬로밋의 아들은 아버지가 애굽 사람이라 이스라엘의 애굽에 대한 적개심에 대해 반감을 가질 수도 있었다. 그러나 잘못은 갑작스러운 순간 하나님을 모독하는 소리가 외부로 튀어나올 정도로, 그의 마음에 의심과 미움이 커가도록 그냥 내버려둔 데 있다.

아무리 화가 나더라도 할 수 있는 말이 있고 하지 말아야 할 말이 있다. 아무리 분노가 일더라도 지켜야 할 선이 있다. 화가 나는 상황 자체를 만들지 말아야 하고, 화가 나더라도 분노가 쌓이지 않도록 해야 한다. 분노를 다스리지 못한 나머지 최초의 살인을 저지른 가인처럼 죄를 짓고 영원히 후회하는 인생이 되지 말아야 한다.

최초로 세 번째 계명을 어긴 슬로밋의 아들을 하나님께서 사형으로 다스리지 않고, 뭐 그럴 수 있지, 라고 그냥 내버려두었다면 어땠을까? 하나님에 대한 모독과 저주가 온 이스라엘에 누룩처럼 퍼져나갔을 것이었다. 슬로밋의 아들이 하나님에 대한 저주의 마음을 방치했다가 순간적으로 모독의 말이 터져나온 것처럼 이스라엘 백성들이 계명에 대해 대수롭지 않게 여기다가 결국 아무도 계명을 지키지 않게 될 것이었다. 그러면 더 이상 이스라엘은 하나님의 백성이 아니게 될 터였다. 하나님은 어떤 제도든지 처음 시작할 때에는 굉장히 엄중하게 다스리셨다. 그 엄격함 때문에 제도가 오래 보존될 수 있었다.

슬로밋의 아들이 돌에 맞아 죽은 것이 우리에게 어떤 교훈이 될까? 그는 우리에게 반면교사가 되었다. 우리 마음과 생각에 하나님에 대해 쉽게 생각하거나 모독하는 마음이 있다면 아직 피 터지게 돌을 맞지 않았다는 사실, 하나님은 아직 우리를 참고 계신다는 사실을 기억해야 한다. 그래야 슬로밋 아들의 죽음에 의미가 있게 된다.

어쩌면 우리는 슬로밋의 아들보다 더 음흉한 생각과 하나님에 대한 더 큰 의심과 저주가 있을지도 모른다. 하나님은 분명히 마음의 소리도 다 들으실 텐데 우리에 대해서 참으시고, 또 참아주셨다. 슬로밋 아들의 모독과 저주의 소리를 들은 사람들은 그의 머리에 안수했다. 살아 있는 젊은이의 머리에 손을 얹고 그에게 돌을 던져서 그가 죽는 것을 본다는 것은 절대로 쉬운 일이 아니었다. 그러나 하나님은 그렇게 함으로써 그 자리에 있던 모든 이스라엘 백성이 죄가 얼마나 무서운지를 배우게 하셨다. 우리는 슬로밋 아들의 머리에 손을 얹지 않았다. 그러나 마음에 삐뚤어진 생각으로 차오른다면 머리에 손을 얹으라. 경솔한 말이 튀어나올 것 같으면 손으로 입을 막으라. 그리하여 돌에 맞아 죽은 슬로밋의 아들처럼 되지 말고, 분노와 화를 다스리며, 죄를 다스리라. 이것이 우리가 마땅히 가져야 할 자세이다.

볼품없는
인생에 깃든
하나님의
은혜

Section 4

함께 또는 따로
라이벌과 친구들

유오디아와 순두게

왜 한마음이 되지 못했을까

기쁨의 서신인 〈빌립보서〉는 격려와 힘이 넘치는 성경이다. 초대교회 중에서 가장 긍정적인 교회가 빌립보교회일 것이다. 빌립보교회의 성도들은 〈빌립보서〉를 통해서 많은 위로와 사랑을 받고 감사를 느끼게 되었다. 그러나 빌립보교회 역시 완벽한 교회가 아닌 이상 부정적인 면도 지니고 있었다. 〈빌립보서〉의 맨 마지막 장에 가면 사도 바울이 두 여인의 이름을 부르는 내용이 나오는데 바로 유오디아와 순두게이다.

"내가 유오디아를 권하고 순두게를 권하노니 주 안에서 같은 마음을 품으라"(빌 4:2).

이 말씀을 다르게 해석하면 "유오디아와 순두게 두 여인이여, 왜 두 사람은 자꾸 마음이 나눕니까? 내가 간곡하게 권면하는데 두 사람은 같은 마음을 품으십시오"라고 할 수 있다. 바울은 두 여인을 동시에 질타했다. 빌립보교회의 지도자인 유오디아와 순두게 사이에 무언가 갈등이 있었고, 바울은 그들을 강하게 권면했다. 도대체 그들 사이에 무슨 일이 있었던 것일까?

유오디아라는 이름은 '창성한 여행'이라는 뜻이다. 이름만 놓고 보면 유오디아는 화통한 성격에 이런저런 사람들과 같이 어울리는 외향적인 사람일 것으로 생각된다. 순두게라는 이름은 '행복한 기회'라는 뜻으로 기회가 오면 자신의 행복을 지키기 위해 뚝심을 가지고 추구하는 여인으로 보인다. 그들은 자신의 성격에 맞게 빌립보교회를 섬기고 있을 터였다.

바울이 빌립보 지역에 도착해서 복음을 전할 때 적당히 머물 곳이 없었다. 유대인의 회당을 찾기 어려운 바울 일행은 자주 장사 루디아라는 여인의 집을 본거지로 사역을 시작했다. 그곳은 유럽의 첫 교회가 되었다. 당시 소아시아나 유럽 지역의 교회에서는 여인들의 발언권이 셌다. 그래서 바울은 이렇게 말하기도 했다.

"여자는 교회에서 잠잠하라. 그들에게는 말하는 것을 허락함이
없나니 율법에 이른 것같이 오직 복종할 것이요"(고전 14:34).

여자는 교회에서 아무 말도 하지 말아야 하는 것처럼 보이지만 맥락상 교회의 질서와 법도를 지킬 것을 요구하는 구절이라고 볼 수 있다. 역설적이게도 이 구절은 당시 교회에서 여자들이 먼저 다양한 요구와 의견을 말할 수 있었다는 것을 드러낸다. 바울은 예의와 균형을 갖추도록 권면했다.

빌립보교회는 여인의 집에서 시작되었고, 창립 멤버로 루디아 외에 여러 여인이 참여했다. 현재 유오디아와 순두게라는 두 여인이 교회의 리더로 섬기고 있었다. 그런데 왜 이 두 사람은 한마음이 되지 못했을까? 처음부터 이 두 사람은 다른 마음이었을까? 바로 다음 구절로 가보자.

"그렇습니다. 나의 진정한 동지여, 그대에게도 부탁합니다. 이 여인들을 도와주십시오. 이 여인들은 글레멘드와 그 밖의 나의 동역자들과 더불어, 복음을 전하는 일에 나와 함께 애쓴 사람들입니다. 그들의 이름은 생명책에 기록되어 있습니다"(빌 4:3, 새번역).

유오디아와 순두게, 이 두 여인들은 글레멘드라든지 그 밖의 여러 동역자와 더불어서 복음을 전하는 일에 애를 썼다. 바울을 도와 성심껏, 열심히, 최선을 다해 수고했다. 이것은 그들의 마음이 하나였다는 것을 의미했고, 복음을 위해 함께 애를 썼다는 뜻이었다. 더욱이 그들의 이름이 생명책에 기록되어 있지 않은가! 이 여인들은 한 마음으로 열심히 교회를 섬겼던 것이다. 그런데 왜 바울은 같은 마음을 품으라고 했을까? 이렇게 생각해 볼 수 있다. 초창기에 한마음으로 수고했던 이 두 여인이 어느 순간 마음이 갈라졌다. 그들의 성격상 열심을 냈지만 그들의 마음이 갈라진 이상 열정을 가질수록 둘 사이는 점점 더 멀어졌고, 교회는 더 어지러워졌다.

성경에 나오는 다양한 인물들은 때로는 싸우고 더러는 갈등관계에 놓여 있다. 아무리 훌륭한 리더라도 싸울 때가 있다. 가인과 아벨은 한 형제임에도 갈등이 깊어 가인이 아벨을 죽일 정도였다. 에서와 야곱은 쌍둥이였는데도 배 속에서부터 티격태격이었다. 아브라함과 롯은 삼촌과 조카 사이였으나 종들이 싸워서 둘은 헤어졌고, 여호수아와 갈렙도(싸우지는 않았으나) 갈등의 요소가 내재되어 있었다. 다윗과 사울은 사위와 장인 사이지만 목숨을 건 갈등이 있었고, 아히도벨과 후새는 자신의 술책이 채택되느냐에 따른 자존심 싸움이 있었고, 모르드개와 하만은 권력 앞에서의 반목이 얼마나 큰 비극으로 번질 수 있는지를 보여주었다.

신약에도 갈등을 빚는 사람들이 있었다. 마리아와 마르다는 섬김이라는 좋은 내용을 가지고서도 신경전을 펼쳤고, 바나바와 바울은 마가 때문에 크게 다투었다. 생명책에 이름이 기록된 유오디아와 순두게도 한마음이 되지 못하고 대립했다.

유오디아와 순두게는 무엇 때문에 싸웠을까? 빌립보서 1장 17절에는 "시기하고 다투면서 하는 사람들은 경쟁심으로 곧 불순한 동기에서 그리스도를 전합니다"(새번역)라고 되어 있다. 시기하고 다투는 자들 중에 빌립보교회의 리더인 유오디아와 순두게가 포함될 수도 있다. 바울은 거짓된 마음으로 하든지 참된 마음으로 하든지 결국 그리스도가 전해지는 것으로 기뻐한다고 말했지만, 이 두 사람의 싸움으로 인해 교회가 상처 나고 괴로웠음이 분명했다.

성경의 인물들도 싸운다는 것은 한편으로 우리에게는 위로가 될 수 있다. 성경 안에서도 완벽한 사람은 없으며 사람이 사는 곳이라면 어디라도 갈등은 존재한다. 그러나 성경 인물들의 싸움이 우리의 갈등을 정당화시킬 수 없다. 우리는 여전히 교회 안에서도 싸우며 갈등을 일으키고 서로 충돌하며 살고 있다. 왜 그럴까? 인간이라는 부족한 존재의 한계이다. 아무리 대단한 사람이라고 해도 우리는 자신을 믿어서는 안 된다. 특히 공동체 안에서는 아무리 내가 특별해도 나의 마음과 생각을 내려놓아야 한다. 그때에 하나님의 평강이 우리를 선한 길로 인도하시기 때문이다(빌 4:7). 만일 당신이 유오디아나 순두게라면 먼저 상대방을 향해 평화의 손을 내미는 것은 어떨까?

야이로의 딸과 혈루증 여인

12년 동안 있었던 일은

야이로의 딸과 혈루증 걸렸다가 나은 여인은 마태복음 9장, 마가복음 5장, 누가복음 8장에 나온다. 이 두 여인의 공통점은 같은 장에 나오는 것만이 아니다. 그들에게는 '12년'이란 공통점이 있었다. 여인은 12년 동안 혈루증으로 고통을 받았고, 야이로의 딸은 죽었다가 살아났는데 그 나이가 12세였다. 그 12년 동안에 무슨 일이 있었던 것일까? 12년 전으로 거슬러 가보자.

회당장 야이로의 집에 경사가 났다. 야이로에게 기다리던 딸이 태어났는데 무남독녀 외동딸이었고 그 집에는 웃음꽃이 끊이지 않았다. 아기는 자라면서 온 집안의 귀여움을 독차지했다. 한편, 혈루증 여인은 몸에 뭔가 이상한 느낌이 나는 것을 느꼈다. 하혈이 시작됐는데 평소보다 많은 양이었다. 처음에는 대수롭지 않게 생각했지만 며칠이 지나도 계속해서 피가 비치기 시작했다.

뼈대 있는 집안의 아이답게 야이로의 딸은 사랑과 관심을 받으며 총명하게 자라났다. 동네에서 똑똑하다고 소문이 났고 아이들 사이에서 리더십이 있는 아이로 자라났다. 모든 사람이 야이로의 딸을 좋아했다. 반면 여인은 용한 의사라는 의사는 다 찾아다녔고 갖은 애를 썼다. 좋다는 약, 좋다는 방법을 다 동원했고 각종 민간요법도 사용해 보았으나 소용없는 일이었다.

아버지 야이로는 딸에 대한 자부심과 기대가 가득했다. 비록 여자아이지만 앞으로 자라나서 크게 될 거라고 기대했다. 총명하고 건강하며 예쁘게 자라났다. 혈루증 여인은 가진 돈을 거의 다 써버리고 말았다. 병은 나아질 기미가 보이지 않았고 가세는 점점 기울어지기 시작했다. 여인의 병이 유명하다 보니 각처에서 찾아온 사람들이 있었다. 여인은 그나마 있는 돈마저 사기를 당하고 말았다.

야이로의 딸은 어느새 청소년으로 자라났다. 조금만 더 있으면 시집보내도 될 정도였다. 그런데 어느 날, 소녀가 시름시름 앓기 시작했다. 야이로는 각종 약을 사용하고 유명한 의원을 만나보는 등 애를 써보았지만 소녀는 더 야위여만 갔다. 아이를 살릴 길이 없었다. 혈루증 여인은 더 이상 가진 것도 없고 몸의 고통은 점점 더 심해져서 이대로 살기가 어려웠다. 그냥 죽어 버릴까 하는 극단적인 생각까지도 했다. 여인은 지쳐가고 있었다.

많은 사람이 예수님을 만나 고침을 받았다는 소식이 야이로의 귀에 들렸다. 당장이라도 예수님을 찾아가고 싶었지만 회당장이란 신분 때문에 섣불리 나설 수도 없었다. 많은 사람이 예수님을 만나 고침을 받았다는 소문을 여인도 들었다. 당장이라도 예수님을 찾아가고 싶었지만 수년 동안 사람들의 시선에 시달렸기에 예수님을 향해 발걸음을 떼기란 쉽지 않았다.

야이로는 더 이상 시간을 지체할 수 없었다. 딸을 위해 살려달라고 부탁하기로 결심했다. 야이로는 예수님을 찾아 뛰기 시작했다. 더 늦어서는 안 될 일이었다. 혈루증 여인도 더 이상 머뭇거릴 수가 없었다. 사기라고 해도, 사람들이 수군거려도 놓쳐서는 안 되겠다고 결심했다. 자신이 부정한 여자이기 때문에 사람들 사이에 들어갈 수 없어 계속 망설였지만 더 늦기 전에 예수님을 만나야겠다고 용기를 냈다.

야이로는 사람들을 헤집고 예수님 앞으로 다가갔다. 야이로는 예수님의 발 앞에 엎드렸다. 고개를 숙인 채 자기 딸을 살려달라고 호소했다. 여인은 사람들 사이에 숨어 들어갔다. 저 앞에 회당장이 예수님 앞에 다가가 엎드리는 모습이 보였다.

예수님은 야이로의 간곡함을 보고 그에게 앞장서라고 말했다. 예수님이 발걸음을 떼기 시작하자 군중들도 덩달아서 움직였다. 거대한 인파가 예수님을 중심으로 앞으로 나아갔다. 예수님과 야이로는 사람들 사이에 숨어 있던 혈루증 여인이 있는 곳으로 점점 다가오기 시작했다.

예수님은 야이로와 함께 군중 틈을 비집고 지나갔다. 사람이 너무 많아서 쉽게 이동하기가 어려웠다. 그때 누군가 예수님의 옷자락을 잡으려고 뒤에서부터 손을 뻗었다. 여인은 예수님이 자신을 지나쳐 가는 것을 보았다. 여기까지 왔지만 차마 예수님을 붙잡아 세울 수는 없었다. 그러나 이것이 마지막 기회라 여긴 여인은 뒤로 돌아가 예수님의 옷자락을 만졌다.

예수님은 자신의 능력이 나간 것을 알았다. 예수님이 멈춰 서자 인파도 동시에 멈추었다. 예수님이 말씀하셨다. 주위가 조용해졌다.

"누가 내 옷에 손을 대었느냐?"

사람들이 예수님 주위에서 한걸음 물러서자 한 여인이 바닥에 엎드려 있는 것이 보였다. 여인은 두려웠다. 이가 덜덜 떨리는 소리가 들렸다. 고개를 숙인 여인은 자기가 옷자락을 만졌다고 실토했다. 주변이 조용해졌다. 여인은 고개를 들었고, 지금껏 받아보지 못했던 예수님의 따뜻한 눈빛을 보았다.

"예수께서 이르시되 딸아 네 믿음이 너를 구원하였으니 평안히 가라. 네 병에서 놓여 건강할지어다"(막 5:34).

여인은 그 순간 자신의 몸이 달라진 것을 감지할 수 있었다. 병이 나았다. 12년간 누구도 고치지 못했던 병이 예수님에 의해 고쳐졌다.

한편 회당장의 집에서 급하게 종들이 뛰어와서 방금 회당장의 딸이 죽었다는 소식을 전했다. 여인의 병이 나은 것과 소녀가 죽은 것이 동시에 일어난 일이었다. 회당장은 극심한 충격으로 바닥에 쓰러졌다. 예수님은 회당장에게 말했다.

"두려워하지 말고 믿기만 하라!"

예수님이 야이로의 집에 도착했을 때 집안 분위기는 어둡고 무거웠다. 통곡과 눈물이 침울하게 집안에 고여 있었다. 예수님은 구경꾼과 집안사람들을 다 내보내게 하시고 소녀가 누워 있는 방으로 들어가셨다. 예수님은 망설이거나 염려하는 기색이 없었다. 죽은 소녀의 손을 잡고 이렇게 말씀하셨다.

"달리다굼(소녀야, 일어나라)!"

단호하지만 무섭지 않았고, 분명하지만 부드러운 음성이었다. 소녀는 마치 낮잠을 자다 일어난 것처럼 눈을 떴다. 죽었다는 것이 거짓말 같았다. 어리둥절한 눈으로 부모를 바라보는 소녀에게 예수님은 먹을 것을 주라고 말씀하셨다. 예수님은 야이로의 집을 나섰다. 미처 야이로가 고마움을 표시할 새도 없었다.

야이로의 집을 떠나는 길에 혈루증을 고친 여인이 골목 어귀에서 예수님을 바라보았다. 여인 역시 어떻게 감사를 표해야 할지 몰라 그저 예수님의 뒷모습을, 자신이 붙잡았던 예수님의 옷자락을 바라볼 뿐이었다. 예수님은 그렇게 군중 사이로 사라졌고, 여인과 야이로의 딸에게 공통점이었던 12년이라는 시간은 그렇게 사라져 갔다.

나답과 아비후

왜 금지된 불을 사용했을까

레위기 9장에는 아론의 첫 번째 제사가 나온다. 성막도 완성이 되었
고, 제사장 의복과 규례에 대해서도 하나님의 명령대로 잘 따랐다.
그리고 제사장 위임식이 성대하게 거행되었다. 위임식 기간에 번제
물의 피가 제단 사방에 뿌려졌고, 관유와 제단의 피를 아론과 그의
아들들의 옷에 뿌려서 거룩하게 했다.

제사장 위임식은 칠 일 동안 계속되었다. 그들의 죄를 다 속하기 위
해 그 정도의 기간이 필요했다. 그리고 첫 번째 제사가 시작되었다.
제사를 주관한 사람은 아론이었다. 이 역사적인 현장을 확인하기 위
해 백성들이 회막 가까이 모여들었다. 속죄제물용 송아지, 번제물용

숫양, 화목제물용 수소와 숫양, 곡식제물용 반죽 등 준비가 끝이 났다. 모세는 대제사장 아론에게 제단 가까이 가게 했다. 아론과 백성의 죄를 속하기 위해서 속죄제물과 번제물이 바쳐졌다.

아론은 송아지를 잡았다. 방금까지도 살아 있던 송아지였다. 실하고 튼튼하며 흠 하나 없는 최상급의 송아지가 그 자리에 쓰러졌다. 아론의 아들들은 옆에서 죽어가는 송아지의 피를 그릇에 받았다. 아론은 그 피를 찍어서 제단 뿔에 바르고 나머지는 제단 바닥에 쏟았다. 비릿한 냄새가 주위에 가득했다. 붉은색 선혈이 곳곳에 튀어 있었다. 제사드리는 광경을 보는 어느 누구도 말이 없었다. 엄중한 속죄 의식이었다.

이제 두 번째로 번제물의 차례였다. 숫양을 죽인 뒤에 아론의 아들들은 그릇에 피를 받아 아론에게 넘겨주었다. 아론은 그 피를 제단 둘레에 뿌렸다. 속죄제물의 기름, 콩팥, 간 껍질 등은 제단 위에서 불태워졌는데 살코기와 가죽은 진 바깥에서 태워야 했다. 그러나 번제물인 경우는 내장과 다리를 씻은 후에 제단 위에서 불살랐다.

세 번째로 백성을 위한 희생제물을 바쳤고, 네 번째로 곡식 제물(소제)을 드릴 때 아론은 곡식을 한 줌 가득 집어서 번제물과 함께 제단 위에서 불살랐다. 이렇게 네 번의 제사를 드렸으나 이것이 끝이 아니었다. 아론은 백성을 위한 화목 제사로 수소와 숫양을 동시에 잡았다. 아론의 아들들이 옆에서 피를 받았고, 아론은 그 피를 제단 둘레에 뿌렸다.

어느덧 제사는 마무리 단계에 이르렀다. 아론은 백성을 향해 양

팔을 들어 복을 빌어주었다. 속죄제, 번제, 화목제가 끝났고 아론은 단에서 내려왔다. 그때였다. 여호와의 영광이 모든 백성 앞에 나타났다. 여호와의 영광은 때로는 구름으로, 때로는 연기로, 혹은 빛으로 나타났는데 이번에는 불이었다. 쉐키나 영광, 소멸하는 불이었다.

제단의 번제물과 기름이 불에 맹렬하게 타올랐다. 모든 백성이 소리 지르면서 땅에 엎드렸다. 경외와 감탄의 큰소리였다.

"아, 진짜구나. 여호와 하나님은 진짜 살아계시는구나!"

압도적인 불 앞에서 모든 백성은 엎드리지 않을 수 없었다. 문제는 그다음에 일어났다. 레위기 10장으로 가면 아론의 네 아들 중에서 장남과 차남이 각각 향로를 가져다가 불을 담고 향을 피워서 하나님께 가져가는 장면을 볼 수 있다. 그런데 향로를 든 채로 서 있는 나답과 아비후에게 불이 맹수처럼 달려들었다. 그들은 화염에 싸여 그 자리에서 즉사했다.

그들이 죽은 이유는 "여호와께서 명령하시지 아니하신 다른 불"을 사용했기 때문이었다. 다른 불이란 어떤 불을 말하는 것일까? 검은 연기를 피우는 더러운 불이었을까? 씻지 않은 손으로 가져온 불결한 불이었을까? 그렇지 않았다. 나답과 아비후는 나름대로 정성을 다해서 아주 멋진 불을 금향로에 담아다가 가져왔을 것이다. 그러나 아무리 대단해 보여도 금지된 불이었다. 그들은 왜 금지된 불을 사용했을까? 그들은 왜 죽어야 했을까?

잘못은 그들의 의도에 있었다. 그들이 각기 향로를 가지고 있었던 것에서 문제가 시작되었다. '향로'는 번제단의 불을 성소의 금 향단에 옮기기 위한 도구였다. 대제사장인 아론이 할 일이었다. 방금 아버지 아론의 제사가 끝났는데, 두 아들은 마치 자신들도 대제사장이 된 것처럼 경쟁적으로 향로에 불을 담아 성소로 들어갔다. 여호와의 영광이 자신의 것인 양 엎드린 백성 앞에서 자신의 불을 뽐내고 싶었다. 모세는 말했다.

"이는 여호와의 말씀이라. 이르시기를 나는 나를 가까이하는 자 중에서 내 거룩함을 나타내겠고 온 백성 앞에서 내 영광을 나타내리라 하셨느니라"(레 10:3).

나답과 아비후가 죽자마자 아론에게 전해준 하나님의 말씀이었다. 아론은 잠잠할 수밖에 없었다. 백성 앞에서 하나님의 영광만 드러나야 했는데, 두 아들은 엉뚱한 불을 사용하여 하나님의 영광을 가로채려고 했고 하나님의 거룩함을 가리고 말았다.

아론의 사촌 동생인 미사엘과 엘사반이 죽은 이들의 옷을 잡아끌어 진 밖으로 내보낸 뒤에 하나님은 아론에게 회막에 들어갈 때 포도주나 독주를 마시지 말고 죽음을 면하라고 당부하셨다(레 10:9). 어쩌면 나답과 아비후가 술에 취해 있었을지도 모르겠다. 그래서 황홀한 여호와의 영광의 불을 보면서 자신의 것인 양 객기를 부렸을지도 모르겠다.

아론은 속죄제물인 숫염소의 남은 고기를 싹 다 태워버렸다. 모세가 그것을 먹어야 했는데 왜 태웠느냐고 책망하자, 죽은 아들들을 위한 속죄제물을 무슨 면목으로 먹을 수 있겠느냐고 말했다. 아론 나름대로 애도의 표시였다. 나답과 아비후의 죄는 머리를 풀거나 옷을 찢으면서 애도해서는 안 될 중대한 범죄였다. 아론을 그저 고기를 태우며 슬픔을 달랠 뿐이었다.

하나님은 언제나 처음 시작에는 엄격하시다. 십계명을 제정한 뒤에 처음으로 여호와의 이름을 망령되이 불렀던 슬로밋의 아들은 돌에 맞아 죽었다. 교회가 시작되고 얼마 뒤에 헌금을 빼돌렸던 아나니아와 삽비라는 세 시간의 간격을 두고 한 날에 즉사했다. 나답과 아비후는 첫 번째 제사에서 잘못을 저질렀다. 그들이 아무리 대제사장의 아들이라고 해도 경솔한 행동이 정당화될 수 없었다.

나답과 아비후는 송아지와 숫양의 피를 그릇에 받을 때 그들 자신도 교만하여 죄를 짓는다면 언제든지 소와 양처럼 죽을 수 있다는 사실을 뼛속 깊이 새겼어야 했다. 여호와의 영광의 불이 제단 위에서 맹렬히 불타오를 때 그 영광을 자신의 것처럼 여겨 뽐내보려는 유혹을 참았어야 했다. 자신의 인생이 한낱 재에 지나지 않는 존재라는 사실을 겸허하게 받아들여야 했다. 그랬더라면 즉사하는 비극도, 슬픈 장례식도 막을 수 있었을 것이다.

레아와 라헬
누가 남편의 사랑을 받았을까

야곱은 형 에서인 것처럼 속이고 아버지 이삭의 축복을 가로챘다. 뒤늦게 축복을 뺏긴 것을 안 에서는 야곱을 죽이려고 했다. 부모인 이삭과 리브가는 야곱을 피신시켰다. 증오심에 가득한 에서를 피해 라반의 집이 있는 밧단아람으로 갔다. 라반은 리브가의 오라버니, 즉 야곱의 외삼촌이었다. 야곱이 밧단아람으로 간 이유는 대피를 위해서만은 아니었다. 이삭과 리브가는 야곱이 라반의 딸 중 하나와 결혼하기를 바랐다. 야곱은 피난 간 곳에서 결혼하게 될 예정이었다.

결혼이란 정착을 뜻했다. 야곱은 부모를 떠나 독립적으로 가정을 이루고 가장으로 책임감을 갖게 될 터였다. 야곱은 형 에서의 위협으로부터 안전해진 뒤에는 아내감을 고르는 일에 더 관심이 갔다. 천신만고 끝에 밧단아람에 도착한 야곱은 우물가에서 만난 사람들에게 라반에 대해서 물었다. 그들은 라반의 딸 라헬이 양을 몰고 오고 있다고 말했다.

라헬은 양 떼를 끌고 다니는 명랑하고 당당한 소녀였다. 아름다운 라헬에게 첫눈에 반한 야곱은 삼촌 라반에게 라헬을 위해서 7년을 일하겠다고 호기롭게 말했다. 라반에게는 장녀 레아가 있었는데, 라헬과는 달리 활발하지 못했고 시력이 나빠서 양을 치러 나갈 수가 없어 늘 집에 머물렀다. 야곱에게 레아는 안중에도 없었다. 7년 동안 고생한 뒤에 첫날밤을 치르고 일어나 보니 옆에 레아가 있었다. 라반의 술책이었다. 야곱은 라헬을 얻기 위해 다시 7년을 일해야 했다.

레아는 야곱과 결혼했지만 남편의 사랑을 받지 못했다. 레아는 수치스럽고 외로웠다. 아버지 라반은 야곱의 노동력을 착취하는 데 자신을 이용했고 남편 야곱의 마음은 동생을 향하고 있었다. 그러나 레아는 야곱과의 사이에서 여종 실바를 통해 낳은 두 아들까지 총 여덟 아들을 낳았다. 아들들의 이름은 레아가 직접 지었다. 르우벤(보라, 아들이라), 시므온(하나님이 들으셨다), 레위(연합), 유다(찬송), 잇사갈(값), 스불론(후한 선물), 갓(복되다), 아셀(행복하다). 이 모두가 레아가 지은 이름이었다.

레아의 작명은 모두 남편과의 관계를 의미했다. 레아는 아들의 이름을 통해 남편의 사랑을 갈구했다. 반면, 라헬은 여종 빌하를 두어 아들을 낳게 하고는 이름을 지었는데, 단(억울함을 풀다), 납달리

(언니와 겨루어 이겼다)라고 붙였다. 라헬의 욕망이 투영된 이름이었다. 라헬은 천신만고 끝에 아들을 낳았고, 그 이름을 요셉이라고 지었다. '더 주세요'라는 뜻이었다. 하나로는 모자라니 더 달라는 의미였다. 라헬이 지은 아들의 이름을 통해 경쟁과 욕심, 질투를 읽을 수 있다. 언니 레아의 관심은 오직 남편의 사랑이었던 반면에 라헬의 관심사는 오직 자기 자신이었다.

드라빔 사건에서도 라헬의 이기심을 엿볼 수 있다. 야곱이 20년의 고된 노동을 마치고 야반도주했으나 라반에게 붙잡히고 말았다. 라반은 야곱과 딸들과 재산은 모두 보내주었지만 집안 수호신인 드라빔은 꼭 돌려달라고 했다. 아무리 뒤져봐도 야곱에게서 드라빔은 발견되지 않았고 라반은 그냥 돌아갈 수밖에 없었다. 만약 드라빔이 발견됐다면 야곱의 목숨이 위태로울 수 있었다. 드라빔은 어디에 있었을까? 범인은 라헬이었다. 라헬은 수호신인 드라빔을 훔쳐서 그것으로 자신의 안전을 지키려고 했다. 그것 때문에 남편이 죽을 수도 있다는 사실은 안중에도 없었다. 라헬은 그 정도로 자기중심적이었다.

그런데도 야곱은 여전히 라헬만을 사랑하고 아꼈다. 얍복 나루를 건너기 전에 행군의 순서를 보면 첫 번째 행렬로 두 여종과 아들들, 두 번째 행렬로는 레아와 아들들, 마지막으로는 라헬과 요셉의 순서로 배치한 것을 보면 야곱이 라헬을 가장 아끼는지 확인할 수 있다. 야곱이 요셉을 편애한 것도 라헬의 아들이란 이유였다.

라헬은 요셉에 이어 두 번째 아들을 낳았는데 난산이었다. 둘째를 낳으면서 라헬은 그만 죽고 말았는데, 죽어가면서 이름을 '베노니'라고 지었다. '슬픔의 아들.' 그것이 둘째 아들의 이름이었다. 이름 때문에 평생 놀림을 당할 수 있었지만 라헬은 죽어가면서도 자신의 감정이 먼저였다. 라헬은 그런 사람이었다. 남편의 사랑을 독차지했고 많은 것을 누렸지만 여전히 질투와 미움, 증오와 이기심에 눈이 멀었으며, 자기 자신만을 생각했다. 라헬이 죽은 뒤 베들레헴 길가에 묻고 야곱은 '베노니'를 '베냐민'(오른손의 아들)이라고 고쳐 불렀다.

야곱이 라헬만 사랑한 것은 가정불화의 원인이 되었다. 요셉이 애굽으로 팔려간 것은 야곱이 요셉을 편애했기 때문이고, 그 편애는 라헬에 대한 사랑에 기인했다. 야곱은 일찍 죽은 라헬의 아들이란 이유로 요셉을 더 아꼈다. 요셉에게만 채색 옷을 입혔고 요셉의 말만 들었다. 요셉은 아버지를 믿고 형들의 잘못을 고자질하는 이기적인 동생이 되었다. 요셉에 대한 편애와 다른 아들에 대한 무관심, 얍복 나루를 건널 때 요셉을 아끼고 나머지 아들을 사지로 내몬 것은 평생 상처가 되어 아버지에 대한 불평으로 이어졌고 요셉을 공격하는 빌미가 되었다. 야곱은 아내에 대한 사랑에도 실패했고 자식 교육도 그르치고 말았다.

그렇다면 레아는 어땠을까? 라헬보다는 오래 살았지만 그녀 역시 야곱보다 일찍 죽었다. 요셉이 애굽의 총리가 되어 아버지 야곱을 다시 만났을 때 레아에 대한 이야기가 없는 것과 막벨라 굴에 매장된 것(창 49:29-31)으로 봐서 야곱이 애굽에 가기 전 이미 죽은 것으로 봐야 한다. 막벨라 굴은 가족 묘지로서 아브라함과 사라, 이삭과 리브가, 야곱과 레아까지 3대가 안장되었다.

남편의 사랑을 독차지했던 라헬과 평생 남편의 사랑을 갈구했던 레아, 둘 중에 누가 최종적으로 남편의 옆에 묻혔을까? 야곱이 라헬을 사랑했던 것은 분명했다. 그러나 그것이 끝까지 갔던 것은 아니었다. 고생만 한 야곱, 이기적인 라헬, 팔려 간 요셉, 인정받지 못한 아들…. 역기능적인 모습을 갖춘 야곱의 가정이었다. 그러나 남편의 사랑은 레아가 종착역이 되었고, 레아는 소원대로 영원히 남편의 옆에 나란히 눕게 되었다. 조상들과 함께 고향 땅 막벨라 굴에 남편과 함께 영원히 묻혀 있는 레아와 베들레헴 길가에 묻혀 어디인지조차 확인이 안 되는 라헬만 봐도 알 수 있지 않은가?

아히도벨과 후새

후새의 전략이 먹혔던 이유는

다윗의 참모였던 아히도벨은 권모술수에 능한 전략가였다. 그가 세운 계획은 마치 하나님께서 머릿속에 심어준 것처럼 보였다. 신비한 책사 아히도벨이 다윗의 편인 이상 어떤 전투도 두려울 것이 없었다. 어느 날, 아들 압살롬이 반역을 일으켰다. 예루살렘 성문 곁에서 4년 동안 소송을 봐주면서 백성들의 마음을 얻더니 헤브론에서 왕으로 취임해버렸다. 압살롬을 따르는 백성이 점점 많아졌고 기세는 하늘을 찌르는 듯했다. 압살롬의 군사들이 예루살렘을 쳐들어오는 것도 시간문제였다. 다윗은 궁을 버리고 피난을 가야 했다. 경황이 없어서 맨발로 나섰다. 도망하던 중 다윗의 가슴을 무너지게 한 것은 아히도벨이 압살롬 편에 붙었다는 소식이었다. 아히도벨이 적이 된 이상 다윗은 살아 돌아오기 어려웠다.

다윗의 친구인 후새가 피신하는 다윗에게로 찾아왔다. 다윗은 후새에게 아히도벨의 전략을 무력화해달라고 부탁했다. 후새의 실력으로 아히도벨을 막는 것은 역부족이었다. 젊고 기개 넘치는 아히도벨에 비해 나이 많은 후새는 총명함도 흐리고 근력도 떨어졌다. 그러나 방법이 없었다. 후새는 다윗의 요청에 서둘러 예루살렘 성으로 들어갔다.

"다윗의 친구 후새가 곧 성읍으로 들어가고 압살롬도 예루살렘으로 들어갔더라"(삼하 15:37).

아히도벨은 기가 막힌 전략가였다. 그가 압살롬에게 다윗의 후궁들과 동침하라고 한 것은 중요한 조언이었다. 그것은 부자간에 남아 있던 마지막 관계를 박살내는 한방이었다. 압살롬은 더 이상 살아서 아버지를 볼 수 없게 되었다. 그렇다면 다윗을 죽이는 일도 가능한 것 아닌가? 아히도벨의 작전은 강을 건너고 배를 불사르는 것 같은 돌이킬 수 없는 전략이었다.

효과는 금방 나타났다. 압살롬은 모든 것을 다 가진 것 같은 착각이 들었고, 다윗 진영에는 피도 눈물도 없는 처사에 진저리를 치게 만들었다. 아히도벨의 이 작전은 '다윗의 죄'를 떠올리게 해서 쉽사리 아들을 비난할 수도 없게 했으며, 백성들의 지탄은 다윗에게로 쏠리게 했다. 아히도벨은 무서운 사람이었다.

궁을 점령한 압살롬은 다윗과 아버지를 따르는 세력을 처단할 방법을 모색했다. 아히도벨은 발 빠른 12,000명의 군사만 준다면 그날 밤에 다윗 진영으로 쫓아가 지쳐 힘이 없는 다윗을 죽이고 전체 이스라엘을 압살롬의 손아귀에 넣게 하겠다는 의견을 냈다. 다윗 진영에게 가장 불리한 방식이었다. 압살롬이 그대로 했다면 이스라엘의 역사는 바뀌었을지도 모른다. 그러나 이때 압살롬은 또 다른 의견도 물었다.

후새가 조심스럽게 입을 열었다. "다윗과 그의 곁에 있는 신하들은 산전수전을 다 겪은 용사들이며, 궁을 뺏긴 분노로 가득하기 때문에 적은 인원으로는 턱도 없는 일입니다. 이스라엘은 이미 압살롬을 지지하고 있으니 전국에서 군인을 소집해서 다윗 진영을 공격한다면 적들은 완전히 섬멸되고 말 것입니다!"

누구의 책략이 더 나은가? 이제 막 왕이 된 압살롬이 전체 이스라엘을 이끌기에 역량이 부족한 것은 둘째치고, 전국에서 군인을 모으는 동안 다윗이 다른 나라로 망명할 수도 있는 일이었다. 조금만 생각해봐도 아히도벨의 작전이 더 낫다는 것은 누구나 알 수 있었다. 지체할 시간이 없었다. 후새의 작전은 자만심만 부추기는 것이었다. 그러나 이상하게도 압살롬은 아히도벨이 아니라 후새의 작전에 끌렸다. 압살롬은 이스라엘 전국에서 군인을 징집했다.

후새는 예루살렘 외곽에서 기다리고 있던 아히마아스와 요나단에게 자신의 작전이 채택되었다는 것을 알렸고, 그동안 피신하라는 내용을 전하게 했다. 이 두 젊은이는 목숨을 걸고 다윗에게 갔다. 압살롬의 부하들이 그들을 쫓아갔지만 그들은 바후림 마을에서 어느 집 우물에 숨었다가 무사히 다윗에게 갈 수 있게 되었다. 다윗은 그 시간 동안 군대를 점검해서 전면전에 대비했고, 압살롬은 뒤늦게 군사를 징집해서 참전했다. 그러나 그는 전쟁에서 전사하고 말았으니 왕의 꿈도 물거품이 되고 말았다.

압살롬이 아히도벨의 기막힌 작전은 무시하고 후새의 전략을 받아들인 이유는 무엇일까? 그것은 개입 때문이었다. 압살롬은 아히도벨의 계획대로 하려고 했다. 그러나 혹시 다른 작전이 없는지 후새에게 물어본 것이 패착이었다. 물어보았기에, 즉 자신이 개입했기 때문에 어떤 대답이든 경청해야 했다.

후새의 대답은 압살롬의 자존심을 올려주기에 충분했다. 아히도벨의 작전은 아히도벨이 주인공이었지만 후새의 작전은 압살롬이 주연이었다. 압살롬은 전 이스라엘에서 가장 잘생긴 인물이었고 긴 머리카락을 멋지게 휘날리던 사람이었다. 자존심이 높은 압살롬은 전체 이스라엘 군인을 이끌고 승리에 겨워 왕궁으로 돌아오는 멋진 그림을 그렸다. 생각만으로도 짜릿했다.

후새가 다윗의 친구로서 아버지를 누구보다 잘 알기에 내밀한 정보와 약점을 가르쳐 줄 것이란 기대도 있었다. 압살롬은 후새가 다윗의 첩자로 자신의 옆에 있다고는 꿈에도 생각지 못했다. 압살롬이 다윗 궁에 오기 전, 후새는 간발의 차이로 궁에 먼저 도착했다. 먼저 거기에 있었으니 그에게 정보를 묻는 것은 당연한 일이었다.

그러나 아히도벨은 후새보다 다윗에 대한 고급 정보를 더 많이 갖고 있었고, 훨씬 더 뛰어난 지략가였다. 압살롬은 최고급 정보원을 옆에 두고서도 후새에게 작전을 물었다. 이런 위치 선정과 타이밍은 압살롬의 눈과 귀를 가리기에 충분했다.

아히도벨은 자신의 의견이 반영되지 않자 고향으로 돌아가 자살했다. 그는 자존심이 강한 사람이었다. 물건을 정리한 뒤 죽은 것을 보면 한순간 욱하는 심정으로 자살한 것 같지 않다. 전략이 먹히지 않으면 어떻게 될지 뻔히 보였다. 다윗이 돌아오면 배신자로 비참하게 죽어갈 터였다. 의견이 거절될 뿐이었는데 인생이 통째로 부정된 것 같은 절망을 느꼈다.

호기롭게 전쟁에 나갔다가 긴 머리카락이 나무에 걸려 죽게 된 교만한 압살롬, 다윗의 오랜 친구인 후새에게 패배했다는 생각에 깊은 좌절에 빠져 자살한 아히도벨, 세상의 모든 것을 다 가진 줄 알았지만 그들은 스스로 교만의 함정에 빠져 비참한 최후를 맞이하고 말았다.

나발과 아비가일
코뿔소와 코끼리의 충돌을 막는 방법은

양털 깎는 날은 추수 때처럼 풍요로운 축제의 날이었다. 마온에 사는 나발은 갈멜 지역에 목장을 소유한 사람이었는데 양 떼가 삼천에 염소가 천 마리가 넘는 부자였다. 다윗은 나발에게 심부름꾼을 보내서 자기 부하들이 먹을 음식을 달라고 요청했다. 평소에 다윗은 나발의 목자들이 양과 염소를 칠 때 아무도 약탈하지 못하게 막아주었다. 양털 깎는 축제의 날이라면 모든 것이 넉넉한 때였다. 다윗의 요청 정도는 얼마든지 들어줄 수 있는 일이었다.

그러나 나발은 말했다. "다윗이라고? 어디에서 굴러먹던 녀석인지 모르겠지만 그들에게 나눠줄 것은 없어. 요새 주인을 떠나는 종이 많다던데, 기껏 잡은 고기를 누군지도 모르는 자에게 줄 수는 없지"라며 딱 잘라 거절했다(삼상 25:10 참조).

나발은 고집이 세고 성격이 포악했다. 그런 나발에게 종들이 붙어 있기는 쉽지 않았다. 나발은 종들의 복지에 신경 쓰고 주변 사람에게 관심을 가져야 했다. 그런데 자신을 도와준 사람조차 매몰차게 거절할 정도니 그의 옆에서 뭘 얻어먹기란 어려운 일이었다. 다윗은 부하 400명을 무장시켰다. 다윗은 분노했다. 나발뿐 아니라 나발 집안의 모든 남자를 죽여야 속이 시원할 것 같았다.

다윗의 흥분과 분노에는 이유가 있었다. 도와달라고 몰려오는 사람은 늘어났고, 사울 왕은 죽이려고 혈안이 되어 있었다. 쫓기는 와중에도 양치기를 돕고 유목민의 재산을 보호했던 다윗이었다. 나발로부터 거지 취급을 당하면서 거절당하자 자존심이 무너지고 말았다. 포악하고 거친 나발과 격노와 울분에 찬 다윗이 곧 충돌할 예정이었다. 마치 코뿔소와 코끼리가 서로 부딪치는 꼴이었다. 그들의 충돌을 막을 방법은 없었을까?

나발의 아내인 아비가일이 있었다. 그녀는 서둘러 빵 200덩이와 포도주 가죽 부대 2개, 양 다섯 마리, 곡식 5세아, 건포도 뭉치 100, 무화과 뭉치 200개를 준비했다. 나발에게는 알리지 않았다. 남편이 알면 격하게 반응했을 테고, 일을 그르칠 것이 뻔했기 때문이었다. 아비기일은 양식을 가져나가 다윗에게 바쳤다. 자신이 준비할 수 있는 최대한의 양이었다.

아비가일은 지혜로웠다. 다윗이 원하는 것은 먹을 것이었으니 부하들을 다 먹이고도 남을 정도였다. 아비가일은 다윗에게 다가가 절을 하며 애원했다. 아비가일은 용서를 빌었다. 다윗은 나발 집의 모든 사람에게 증오를 품었지만 아비가일을 통해 공격해야 할 대상은 어리석은 나발 한 명뿐이란 사실을 깨닫게 되었다. 아비가일은 이렇게 말했다.

"이제 곧 주님께서 장군께 약속하신 대로, 온갖 좋은 일을 모두 베푸셔서, 장군님을 이스라엘의 영도자로 세워주실 터인데, 지금 공연히 사람을 죽이신다든지, 몸소 원수를 갚으신다든지 하여, 왕이 되실 때에 후회하시거나 마음에 걸리는 일이 없도록 하시기 바랍니다. 주님께서 그처럼 좋은 일을 장군께 베풀어주시는 날, 이 종을 기억해주시기 바랍니다"(삼상 25:30-31, 새번역).

지나친 아부성 발언처럼 보이는 이 말은 단단히 잠겨 있던 다윗의 마음을 여는 효과가 있었다. 다윗이 나발 집안의 남자를 모조리 죽이려는 것은 일시적인 충동이 아니었다. 다윗은 하나님의 이름으로 맹세까지 했다. 그러나 아비가일의 말은 다윗이 한 맹세를 취소하게 만들었다. 차분히 생각해보니 아비가일의 말이 옳았다. 다윗은 장차 이스라엘의 왕이 될 사람인데 공연히 민간인을 죽였다가는 걸림돌이 될 수 있었다.

다윗이 맹세대로 했다면 어떻게 될까? 다윗은 지금 사울 왕으로부터 억울하게 도망가는 중이었다. 그런데 무장한 400명을 이끌고 나발 집안의 남자들을 죽인다면 선량한 목동과 한 집안을 때려 부순 살인자, 도적 떼라는 낙인이 찍힐 수밖에 없었다. 그렇게 되면 지금까지 쌓아놨던 정당성은 없어지고 이스라엘에서 사라져야 할 공공의 적으로 전락하게 될 것이었다. 게다가 사울은 살인자인 다윗을 죽여야 할 이유도 획득하게 된다. 다윗 진영 안에서도 끔찍한 살인을 명령한 다윗에게 실망해서 이탈하게 될 젊은이들이 속출할 터였다. 빵과 고기를 못 얻어먹었다고 민간인을 약탈한 자를 따를 이유는 없었다.

다윗은 아비가일이 고마웠다. 그녀가 아니었다면 그날 밤에 살육이 벌어질 것은 자명한 일이었다. 아비가일을 통해 비극이 멈춰졌다. 다윗은 아비가일을 축복해주었다. "슬기로운 그대여 복을 받으시오. 내가 진짜로 나발과 그 집 모든 남자들을 다 죽이려고 했소. 이제 당신의 말대로 할 터이니 걱정하지 마시오." 다윗은 아비가일이 준 음식을 받고는 안심시키며 보냈다. 아비가일의 지혜로운 말과 행동이 남편과 종들을 살렸고 다윗과 그의 부하들도 살린 셈이었다.

아비가일이 집에 돌아와 보니 나발은 흥건히 취해 있었다. 왕이나 먹을 정도의 엄청난 음식을 차리고 취해서 널브러져 있었다. 자신을 위해 낭비할 수는 있지만 도움을 준 다윗에게 보답하는 것은 아까워하는 사람이었다. 그가 어떻게 부자가 되었는지는 모르지만 부를 누릴 자격도 없는 사람이었다.

아비가일은 나발이 술에서 깨자 전말을 얘기해주었다. 이제 제발 베풀면서 살라고, 반성하고 새로운 삶을 살라고, 죽다가 살아났으니 달라지라는 의미였다. 나발이 후회의 마음으로 반성하며 변화했다면 얼마나 다행이었겠는가? 나발은 아내의 말에 심장마비를 일으켰고 일주일 만에 죽어버렸다. 그 정도 이야기에 몸이 굳어져 죽을 만큼 강단도 없는 사람이었다.

이 소식을 들은 다윗은 하나님이 친히 원수를 갚아주셨다고 생각했다. 다윗은 남편이 없는 아비가일을 자신의 아내로 거두었다. 아비가일은 겸손히 말했다. "당신을 섬기는 종의 종이 되겠습니다." 아비가일은 겸손히 자신을 낮추었다. 이런 현명한 아내를 옆에 두고서도 자신의 욕심과 화를 다스리지 못한 나발은 어리석게도 엄청난 재산만 남긴 채 눈을 감고 말았다.

브살렐과 오홀리압

규빗의 기준은

하나님께서 모세에게 십계명을 주셨다. 출애굽기 20장에 십계명의 내용이 나와 있고, 그 후에 수많은 법규가 이어진다. 민사법, 형사법, 배상법, 안식년법, 절기법 등이 그것이다. 그러나 한편 성막(聖幕) 또는 회막(會幕)이라고 하는 하나님과 백성들이 만나는 '장소'에 대한 세밀하고 다양한 내용도 이어진다.

머릿속에 어떤 건물을 지을지 구상하고 그 건물을 건축가에게 맡긴다고 해보자. 생각하는 것을 실제로 만들게 하려면 그것의 정확한 내용을 전해주어야 한다. 아무리 실력 있는 건축가라도 어떤 크기, 모양, 재질, 형태인지를 알아야 제대로 만들 수 있다. 도면처럼 그림으로 그려진다면 보다 쉽게 건축할 수 있지만, 말로 명령이 전해진다면 형태와 모양에 대한 개념도 있어야 하고 치수에 대한 의미도 정확해야 한다. 말로 설명을 들은 건축가는 들은 것을 실제로 만들어낼 수 있는 능력이 있어야 한다. 이해력, 상상력, 실행력, 기술 등 종합적인 능력이 있어야만 건물을 만들어 낼 수 있다.

하나님은 모세에게 성막에 대한 상세한 내용을 말씀하셨다. 그러나 그림이 아니라 말씀으로 전달된 것이었다. 그러므로 들은 대로 성막을 만드는 것은 쉬운 일이 아니었다. 햇빛을 가리고 바람과 먼지를 막는 수준의 개인 텐트가 아니라 하나님이 거하실 처소이기 때문에 말씀대로 정확히 지어야 했다. 만에 하나 잘못 만들면 십계명의 원칙을 위반할 수 있었다. 제2계명은 우상이나 어떤 형상도, 하늘과 땅, 물속의 어떤 것도 만들지 말라는 내용이다. 그런데 성막에는 은, 금, 보석을 깎고 나무를 새기면서 어떤 특정한 모양과 형상을 만들어야 하는데 여차하면 2계명을 어길 수도 있었다. 형상을 만들지 않으면서도 만들어야 하고, 하나님의 명령에 한 치의 어긋남도 없어야 했다.

이때 등장한 기술자가 브살렐과 오홀리압이었다. 이들을 평범한 목수나 조각가라고 생각하면 안 된다. 모세를 통해 들은 언어를 실제화시켜 만들어진 결과물이 조금도 어긋남이 없어야 했다. 제대로 못할 때에 목숨을 잃을 수도 있었다. 하나님이 이들에게만 특별히 주신 것이 있었다.

"하나님의 영을 그에게 충만하게 하여 지혜와 총명과 지식과 여러 가지 재주로"(출 31:3).

브살렐에게 하나님의 영이 충만히 내렸다. 하나님의 말씀이 브살렐에게 직접 전해지는 것이 아니라 모세를 통해 전달되기에 그 뜻이 정확히 무엇을 의미하는지 알아듣기 어려웠다. 이해가 안 된다고 질문을 할 수도 없었다. 모세로부터 전달받기 때문에 이 과정에서 오류가 발생할 수 있었다. 하나님의 명령을 실제로 만들기 위해서는 하나님의 마음을 정확히 읽고 해석하는 것이 필요했다. 그래서 하나님의 영이 충만해야만 했다. 하나님이 직접 가르쳐주시면 좋겠지만 항상 모세를 통해서 들려주시기 때문에 모세의 말만 듣고서도 하나님의 의도를 잘 파악하는 것, '하나님의 영'으로 충만하지 않으면 안 되는 것이었다.

그다음에 주신 것이 지혜와 총명과 지식과 여러 가지 재주였다. 지혜란 어떤 상황 등에 대해서 올바르게 깨닫고 대처하는 능력을 의미한다. 어떤 결정을 내릴 때 지혜롭지 않으면 엉뚱한 결론에 도달할 수 있었다. 총명이란 명령한 것을 정확히 이해하며 민첩하고 정확하게 판단해 내는 것이다. 성막을 하루 이틀에 만드는 게 아니기에 하나님의 명령을 기억하지 못하면 공사 완공은 어려울 것이었다. 지식은 물건이나 대상의 쓰임새를 정확히 알고 적재적소에 배치해서 훌륭한 결과물을 만들어 낼 힘을 뜻한다. 모세를 통해 주어진 내용을 정확히 해석해 낼 수 있는 지식이 있어야 함은 물론이었다. 그리고 제일 중요한 것은 '여러 가지 재주'였는데 일종의 기술과 같은 것이었다.

성경을 읽으려면 인문학적인 교양이 제일 필요한 것 같지만 하나님의 말씀을 실제로 구현해 내려면 기술력이 더 중요했다. 이들이 여러 가지 재주를 통해서 금, 은, 놋이라는 한정적인 재료를 낭비 없이 제대로 사용하고, 완성된 후에는 떨어지거나 고장이 나거나 이상이 생기지 않도록 정교하게 구현해 내야 했다. 하나님 말씀에 어긋나지 않게 하려면 정밀하고 공교한 기술이 필요했다.

이 모든 일을 브살렐 혼자서 다 할 수 없기에 함께 도와줄 사람이 필요했다. 하나님은 오홀리압을 보조자로 허락해주셨다. 오홀리압은 브살렐과 함께 있으면서 그를 보완해주었다. 같이 있는데 마음이 안 맞으면 이보다 괴로운 게 없고, 결과물 또한 좋지 않을 것이다. 따라서 브살렐과 오홀리압은 반드시 좋은 협력자가 되어야 했다. 하나님은 오홀리압에게도 똑같이 지혜로운 마음을 주셨다. 브살렐과 오홀리압 외에도 그들을 도와줄 사람들이 있었다. 몇 명이나 도왔는지는 알 수 없지만 두 사람으로는 이 성역(聖役)을 다할 수 없었을 것이다.

당시의 단위는 '규빗'이었다. 규빗은 성인 남자의 중지 손가락 끝에서 팔꿈치까지를 이르는데 골격이 큰 사람과 왜소한 사람 사이에 그 크기는 달랐다. 성막은 사각형으로 끝이 만나야 되어야 하는데 한쪽에서는 큰 사람의 규빗을 사용하고 반대쪽은 작은 사람의 규빗을 사용하면 끝부분이 어긋나게 될 것이었다. 따라서 기준을 통일할 필요가 있었다. 그렇다면 누구를 기준으로 규빗을 사용했을까?

모세나 아론은 아니었을 것이다. 고대 건축에서 치수는 왕의 손바닥, 걸음, 키 등을 기준으로 사용했다. 그러나 모세나 아론은 왕도 아니었을 뿐 아니라 무엇을 만들 때 모세나 아론이 일일이 와서 측정하고 크기를 주지는 않았다. 현장에 있는 사람이 중요했다. 누구였을까? 아마도 건축 책임을 맡은 브살렐이나 오홀리압 둘 중의 하나였을 것이다. 그중에서도 브살렐이었을 가능성이 높다. 출애굽기 37장과 38장의 주어인 '그'는 브살렐이기 때문이다. 오홀리압의 분야는 조각과 실을 정교하게 수놓는 것이었다.

이 두 사람을 주역으로 성막의 모든 공사가 끝난 뒤에 모세는 그들을 축복했다. 봉헌할 모든 물품에 물이나 관유를 발라 거룩하게 했다. 평범한 물건이 예식을 통해 거룩하게 되었다. 그것을 바치자 하나님의 영광이 충만해졌고 성막에는 구름이 덮이었다.

아무리 빨리 봉헌식을 하고 싶어도 브살렐과 오홀리압이 다 끝내지 않으면 할 수 없는 일이었다. 하나님께서는 성막을 지으라고 모세에게 명령만 하신 것이 아니었다. 성막을 지을 최고의 기술자인 브살렐과 오홀리압을 예비하셨다. 하나님의 성막은 정확한 기술과 섬세한 능력을 가진 자를 통해서 그렇게 지어졌다.

스바 여왕과 간다게 여왕

지혜를 얻은 사람은

솔로몬의 명성이 여러 나라에 퍼져 나갔다. 스바(스바는 나라 이름인데 이집트와 에티오피아라는 견해와 사우디아라비아 근처 사베아가 스바라고 보는 입장도 있다. 그러나 나는 에티오피아의 간다게 여왕과의 관계를 고려해서 스바를 에티오피아라고 상정했다) 나라의 여왕도 솔로몬에 대한 소문을 듣고 그를 만나려고 예루살렘에 왔다. 수많은 수행원을 거느린 그녀는 향료와 금, 보석 등을 낙타에 실었다. 여왕은 솔로몬의 궁전을 살피고, 궁정 요리라든가 신하들과 관리들의 제복과 술잔 및 성전의 번제물 등을 보고 넋을 잃었다. 솔로몬은 여왕의 온갖 어려운 물음에 막힘없이 대답했다. 솔로몬의 지혜에 감탄을 금할 수 없었다.

솔로몬은 어떻게 모든 질문에 지혜롭게 대답할 수 있었을까? 스바 여왕이 찾아오기 전에 솔로몬이 이미 경험한 일이 있었다. 유명한 솔로몬의 재판이 있었고, 솔로몬 정권의 관리들을 구성했으며, 그로 인해 다양한 영화를 누렸고, 3,000가지의 잠언과 1,005편의 노래도 지었으며, 7년간의 성전 건축과 13년간의 궁전 건축을 완성한 후에는 성전 봉헌기도와 연설이 이어졌고, 그 밖에도 솔로몬의 업적은 다 나열할 수 없을 정도였다. 이쯤이면 스바 여왕의 어떤 질문에도 적절하게 대답할 수 있게 준비된 상태라고 볼 수 있었다.

스바 여왕이 솔로몬을 시험하려던 어려운 질문은 무엇이었을까? 스바 여왕이 인생과 죽음에 대해서 질문했을까? 아니면 세계와 자아에 대한 깊은 의문을 가졌을까? 그렇지 않았을 것이다. 스바 나라의 여왕으로서 어떻게 나라를 잘 다스리고 부강하게 만들 것인지 가장 궁금했을 것이고, 그것은 솔로몬에게 가장 자신 있는 경험이었다. 스바 여왕의 관심사에 솔로몬의 대답은 매우 유용한 답이 되었다.

"스바의 여왕이 솔로몬의 모든 지혜와 그 건축한 왕궁과 그 상의 식물과 그의 신하들의 좌석과 그의 시종들이 시립한 것과 그들의 관복과 술 관원들과 여호와의 성전에 올라가는 층계를 보고 크게 감동되어 왕께 말하되 내가 내 나라에서 당신의 행위와 당신의 지혜에 대하여 들은 소문이 사실이로다"(왕상 10:4-6).

스바 여왕은 왕궁과 왕의 식탁, 신하들의 좌석, 시종의 모습, 관복, 층계 등등 눈에 보이는 것에 관심이 많았다. 그러니까 여왕이 솔로몬을 통해 들은 지혜는 형이상학적이고 초월적인 내용이 아니라 솔로몬에게 있는 물질적인 것이었다. 스바 여왕은 솔로몬에게 120달란트의 금과 각종 보석을 주었고, 솔로몬 역시 스바 여왕이 원하는 대로 숱한 귀중품을 답례로 베풀었다. 여왕과 왕은 모두 만족했다. 그러나 겉모습과 물질, 신하들의 외형과 규모는 배워갔지만 눈에 보이지 않는 영원한 지혜는 과연 얻어갔을까 싶다. 그 후 수백 년의 세월이 흘렀다.

여전히 에티오피아에는 여왕이 있었고 그 여왕은 해마다 관리들을 예루살렘으로 파견했다. 여왕은 여전히 지혜를 구하고 있었다. 예루살렘에서 솔로몬의 영화와 업적, 영광과 성과를 그렇게 보고 누리고서 세월이 오래 지났지만 여전히 목마름이 있었다. 변한 것이 있다면 여왕 본인이 가지 않고 신하들만 보냈다는 것. 사절단을 보내서 예루살렘에 남아 있는 지혜의 부스러기라도 얻어 보려고 했고, 그것은 그들의 관행이 되어 버렸다.

에티오피아의 간다게 여왕은 고관인 내시를 예루살렘으로 보냈다. 내시는 예루살렘에서 예배를 드리고 돌아가던 길이었다. 이번에도 어떤 지혜를 얻지도 못하고 빈손이었다. 유대교 관습에 따라서 예루살렘 성전만 순례하고 갈 뿐이었다. 그의 손에는 어디서 구했는지 두루마리 성경이 들려 있을 뿐 여느 해와 마찬가지로 어떤 의미도 없는 예루살렘 방문이었다. 그런데 반전이 일어났다.

광야 길을 통해 고향으로 가던 중이었는데 누군가 마차로 가까이 다가오고 있었다. 마차와 비슷한 속도에 맞춰 뛰던 그는 내시에게 물었다.

"지금 읽고 계시는 것을 이해하십니까?"

내시의 손에 들려진 두루마리 성경을 보고 하는 말이었다. 히브리어를 겨우 읽을 수 있을 뿐 내용이 무엇인지 도통 알 수가 없었다. 내시는 그를 마차에 타도록 청했다. 마차에 탄 사람은 일곱 집사 중의 하나인 빌립이었다. 빌립은 내시가 읽고 있는 두루마리를 살펴보았다. 이사야서 53장 7~8절의 말씀이었다. 이사야가 그토록 바랐고 외친 메시아에 대한 이야기였다. 구약의 율법과 예언서에서 선포했던 바로 그 메시아, 예수님에 대한 말씀이었다.

내시의 입장에서는 도살장으로 끌려가는 것과 같은 사람, 굴욕을 당하면서도 잠잠했던 이 사람이 누구인지 알 턱이 없었다. 빌립은 그가 바로 예수님이라고 설명했다. 이사야의 배경과 그가 예언했던 말씀, 그리고 예수님의 태어나심과 그분의 사역, 십자가와 부활에 이르기까지 조목조목 얘기해주었다. 간다게 여왕보다 수백 년 전 윗세대인 스바 여왕이 직접 예루살렘에 가놓고서도 알지 못했던 바로 그 진리를 깨닫는 순간이었다.

스바 여왕은 솔로몬을 만나서 온갖 부귀와 각종 진귀한 일을 보고 배웠는지는 모르지만 영원한 진리에 대해서는 결코 알 수 없었다. 스바 여왕은 솔로몬으로부터 배운 물질에 대한 방법론과 부귀영화를 얻는 다양한 절차를 백성들에게 명령했고, 그 덕분에 자신과 후손들이 재산상의 이득을 얻었지만 영원에 대한 목마름, 진리에 대한 갈망을 해소할 수는 없었다.

스바 여왕의 후손인 간다게 여왕은 성경에 등장하지 않는다. 그러나 빌립을 통해 진리를 알게 된 내시가 간다게에게 진리를 전달할 것이며, 간다게 여왕은 예수 그리스도에 대해서 알게 되었을 것이다. 간다게 여왕은 영화롭게 빛나는 스바 여왕 시대보다 더 가난하고 어려운 시대를 살았다. 그러나 간다게 여왕은 스바 여왕보다 훨씬 더 복된 사람이었다. 그에게 예수 그리스도라는 진리가 전해졌기 때문이었다.

빌립을 통해 복음을 들은 내시는 가던 길을 멈추었다. 그곳에 마침 강이 흐르고 있어서 그 즉시 내시는 세례를 받았다. 기쁨에 차서 고국으로 돌아간 내시가 제일 처음 한 일은 무엇이었을까? 복음의 기쁜 소식을 간다게 여왕에게 전해주지 않았을까? 진리를 구하고자 매해 예루살렘에 사신을 파견했던 그 열정에 드디어 예수 그리스도 복음의 진리가 닿은 순간이었다.

사르밧 과부와 수넴 여인

아들이 살아난 이유는

시돈이란 나라 사르밧 지역에 한 과부가 살고 있었다. 그 지역에는 극심한 가뭄이 시작되었고 회복될 기미가 보이지 않았다. 이 시기를 더 이상 견디지 못한 과부는 땔감을 주워와 마지막 남은 밀가루 한 줌과 병에 남은 기름으로 빵을 만들어서 아들과 함께 먹은 뒤에 죽을 예정이었다. 그러나 엘리야 선지자는 마지막 빵을 자기에게 주면 비가 오기 전까지 밀가루 통의 밀가루가 떨어지지 않고 기름병의 기름이 닳지 않을 거라고 말했다. 여인은 마지막 빵을 구워서 엘리야에게 주었고, 약속대로 밀가루와 기름이 없어지지 않아 가뭄을 버틸 수 있었다.

그렇다고 여인의 비극이 끝난 것이 아니어서 하나밖에 없는 아들이 그만 병들어 죽고 말았다. 여인은 엘리야를 원망했다. 차라리 가뭄 때 함께 죽었다면 아들이 먼저 죽는 것을 보지 않아도 될 것이었다. 엘리야는 죽은 아이를 안고 다락으로 올라갔다. 자신이 눕던 침대에 아이를 눕히고 아이의 몸 위에 그대로 포개어 엎드렸다. 이것을 반복하며 기도했다. 그랬더니 놀랍게도 아이가 살아났다.

길보아산 북쪽에 수넴이란 지역이 있었는데 이곳에 부유한 부부가 살고 있었다. 부자의 아내는 엘리사가 지날 때마다 음식을 대접하고 남편과 의논해서 다락도 만들어 제공했다. 엘리사는 시종 게하시를 통해서 여인이 필요한 것을 알아보았는데 남편과의 사이에 아들이 없다는 것을 알았다. 엘리사는 아들이 생길 것을 예언해주었고, 곧 예언대로 그 집에 아들이 생겼다. 기쁨도 잠시, 잘 자라던 아이는 어느 날 머리가 아프다고 하더니 어머니의 무릎에서 죽고 말았다. 여인은 엘리사의 다락 침대에 아이를 눕히고 나서 엘리사를 찾아갔다.

여인은 엘리사의 발을 안고 통곡했다. 차라리 아들을 주지 않았다면 자식이 죽는 것을 보는 고통을 겪지 않아도 되었을 것을. 엘리사는 게하시에게 지팡이를 가져가 아이의 얼굴에 대라고 지시했지만 조금도 움직이지 않으려는 여인 때문에 여인의 집으로 함께 갔다. 다락에 올라가 보니 죽은 아이가 누워 있었다. 엘리사는 하나님께 기도하고 아이의 몸 위에 그대로 포개어 엎드렸다. 엘리사의 입이 아이의 입에, 눈이 아이의 눈에, 손이 아이의 손을 댔다. 죽은 아이의 몸이 조금씩 온기가 돌기 시작했다. 엘리사는 다시 한번 반복했다. 아이가 일곱 번 재채기하더니 눈을 떴다. 아이가 살아났다. 여인은 엘리사에게 절하고 아들을 안고 나갔다.

사르밧 과부와 수넴 여인에게는 몇 가지 대비되는 점이 있었다. 엘리야와 엘리사라는 선지자의 차이, 과부와 부부의 차이, 가난한 자와 부자의 차이, 이미 아들이 있던 것과 나중에 아들이 생겼다는 등이 있다. 몇 가지 공통점도 있다. 어려운 시대라는 것, 선지자와 관련된 것, 베푸는 데 인색하지 않은 사람들이란 것, 아들이 죽었다가 살아났다는 점이다.

엘리야와 엘리사는 구약성경에서 가장 기적을 많이 행한 대표적인 두 인물이라고 할 수 있다. 당시 그들이 베푼 기적은 권력층을 향한 경고와 소외된 사람을 향한 돌봄의 의미가 있었다. 어려운 시대였지만 권력층이 소외된 사람에게 마음을 기울였다면 생기지 않아도 좋을 기적들도 있었다. 선지자들의 행적은 권력자가 얼마나 위법과 악행을 저질렀는지를 고발하고 있었다.

선지자들의 기적은 왜 유독 여인들을 향했을까? 여자라는 이유로, 힘이 없고 비천하다는 이유로 그들은 소외당해야 했다. 연약한 그들이지만 자신이 가진 능력 이상으로 남에게 베푸는 것은 잘했다. 사르밧 과부는 마지막 먹을 생명과도 같은 양식을 선지자에게 주었고, 수넴 여인은 선지자가 필요로 하는 것을 준비해주었다. 선지자는 권력층과 싸우는 유일한 전사와 같았고, 여인들은 그들에게 유일한 응원군과 같았다. 권력자들이 하나님을 외면할 때 여인들은 하나님의 편에 서 있었고, 하나님의 시선은 이 여인들에게 향했다. 엘리야와 엘리사는 이 여인들을 위해 기적을 베풀었고, 소외되고 어려운 사람을 향한 하나님의 초월적인 기적이 함께했다.

그런데 이 여인들에게 주어진 공통의 기적이 아들이 죽었다가 살아난 것인 이유가 있을까? 아들은 어떻게 살아날 수 있었을까? 사르밧 과부에게 아들은 그녀의 전부였다. 극심한 가뭄 속에서 아들을 위해 마지막 음식을 먹이고 죽으려고 했다. 굶어서 죽는 그 순간에도 아들은 같이 있었다. 먹을 것이 해결된 후 아들이 병들어 죽자 여인은 세상 모든 것을 잃은 슬픔을 겪어야 했다. 아무리 먹을 것이 많아도 아들이 없으면 소용없었다. 차라리 자신이 죽는 게 나았고, 아들의 죽음이 마치 자신의 죄 때문인 것 같았다.

수넴 여인은 아들을 바라지 않았다. 아들 없는 인생을 자연스럽게 받아들였다. 그러나 그들의 삶이 아무리 풍족해도 여인의 마음 한 구석에는 아쉬움이 있었다. 그러다가 선물처럼 아들이 생겼으니 얼마나 기뻤을까? 어느 날, 아이가 갑자기 고통을 호소하면서 어머니의 무릎에서 죽었다. 차라리 아들이 없었더라면 그런 비극을 겪지 않아도 될 터였다. 그러나 이미 그녀는 아들의 죽음을 보았고 극단적인 아픔을 겪게 되었다.

그 정도로 아끼고 사랑하는 아들, 그녀들의 전부였던 아들이 다시 살아났다. 아들이 살아나는 것 또한 유사하면서도 상이했다. 엘리야는 죽은 아이의 몸 위에 세 번 엎드렸다. 엘리사도 아이의 몸 위에 포개어 엎드렸는데 두 번이었다. 사르밧 과부의 아들은 엘리야가 기도한 후에 다시 살아났고, 수넴 여인의 아들은 엘리사가 기도한 후에 몸에 엎드려 일곱 번의 재채기 후에 다시 살아났다. 어떤 차이가 있을까? 사실 그것은 행위에 불과했고 특정한 방법을 사용한다고 죽은 아이가 살아나는 것이 아니라 생명은 하나님께 달려 있다는 점을 보여주고 있다.

가장 소외되고 연약한 여인들에게 가장 소중한 것을 앗아가셨다가 그들에게 다시 돌려줌으로써 기쁨이 더욱 커지게 하셨고, 또 모든 생명의 주권은 하나님께 있다는 점을 확실히 보여주신 사건이었다. 엘리야와 엘리사의 행동이 아닌 생사여탈의 권리가 하나님의 주권 속에 있다는 것을 알라는 뜻이었다.

비슷한 상황의 두 여인을 통해 우리가 알 수 있는 것은 무엇일까? 하나님의 눈은 언제나 약자를 향하고 계심을 알 수 있다. 가난한 자나 부유한 자나 모두 살아가면서 어려움을 경험하게 된다. 그것은 소중한 생명을 잃거나 관계의 단절이거나 불확실한 미래의 불안함에서 오는 두려움일 수 있다. 그럼에도 바로 그때 자신의 전부를 하나님께 드릴 수 있는 사람, 초라하고 비참한 상황에 놓인 바로 그때 마지막 손에 쥐어진 것을 하나님께 기꺼이 드릴 수 있는 사람을 통해 하나님의 기적이 일어난다는 사실을 우리는 알게 된다.

드보라와 바락
왜 드보라가 가야만 전쟁에 참여한다는 걸까

사사시대에 가나안 왕 야빈은 최강이었다. 하솔을 다스리는 그에게는 막강한 군 지휘관 시스라도 있었는데 철병거가 900대나 있었다. 시스라와 철병거라면 이길 나라가 없었다. 가나안 땅에 사는 이스라엘은 그들의 노예가 되어 버렸다. 이스라엘은 20년간 억압당했고 백성들은 하나님께 부르짖었다.

당시 사사는 랍비돗의 아내 드보라였다. 그녀는 종려나무 아래 앉아서 이스라엘 백성들의 재판을 담당했다. 드보라는 〈사사기〉에 나오는 12명의 사사 중에 유일한 여자였다. 〈사사기〉는 전쟁과 싸움, 전투와 죽음으로 가득한 남자들이 들끓는 이야기이다. 그런데 그 사이에 여자 드보라가 있었고, 그녀는 그 상황 속에서 이스라엘 백성들의 크고 작은 재판을 묵묵히 감당했다. 백성들의 민원을 파악하고 어려운 일을 챙겨주는 역할이었다. 앞에 나서서 전쟁하는 일도 필요하지만 억울하고 원통한 사람들을 보듬는 일도 필요했다.

어느 날, 드보라는 납달리 게데스에 사는 아히노암의 아들 바락을 불러 하나님의 뜻을 알려주었다. 하나님이 다볼산의 전투에서 가나안을 이기게 하실 것이며, 그 주역이 바락이 될 것이라고 말했다. 아무리 야빈과 시스라가 대단해도 하나님이 함께하시면 승리는 이스라엘에 있었다.

드보라는 이스라엘 백성을 위해 재판을 진행하다가 백성들의 신원과 이야기를 들으며 고통의 근본 원인이 무엇인지 알았다. 가나안의 돌아가는 판도와 전쟁에 적절한 용사가 누구인지 여러 경로로 알게 되었다. 드보라는 가나안 지역의 패권이 어떻게 전개될지를 알았다. 하나님의 말씀이 그녀에게 들렸다. 드보라는 이스라엘 재판관의 권위를 가지고 바락을 불러 하나님의 명령을 알려주었다. 납달리와 스불론 자손 만 명을 거느리고 다볼산으로 가면 야빈 왕과 군대장관 시스라가 기손강에서 다볼산으로 올 것이고, 전쟁이 벌어지면 전무후무한 승리를 거둘 것이라 말했다. 구체적인 전략과 전술이었다.

바락은 "네, 알겠습니다!"라며 나가 싸우기만 하면 될 터였다. 승리는 이스라엘에게 돌아올 것이며 그는 전쟁 영웅이 될 것이었다. 가나안 땅에서 가장 강한 적진의 장수 시스라와 그의 막강한 군대가 바락에 의해 격퇴되면 바락은 이스라엘뿐만 아니라 전 가나안의 유망주로 떠오를 수 있었다. 바락은 시스라를 처단하고 야빈을 사로잡아 드보라 앞에 무릎을 꿇리기만 하면 되었다. 그런데 그는 단서를 달았다.

"바락이 그에게 이르되 만일 당신이 나와 함께 가면 내가 가려니와 만일 당신이 나와 함께 가지 아니하면 나도 가지 아니하겠노라 하니"(삿 4:8).

바락은 왜 뜬금없이 그렇게 말했던 것일까? 드보라는 힘이 센 사람도 아니고, 전쟁에서 이긴 경험 있는 노장도 아니었다. 더욱이 사사 중에서 유일한 여성이었다. 물리적인 힘으로는 연약하기만 한 드보라가 같이 가야 전쟁에 참여하겠다는 것은 무슨 생각이었을까? 바락은 자신이 없었다. 만에 하나 전쟁에서 진다면 자신이 오롯이 책임을 져야 했다. 바락은 그것을 인정하기 싫었다. 드보라가 자신을 발탁했으니 책임도 드보라가 져야 한다는 심보였다. 무슨 차질이라도 생기면 드보라에게 책임이 있다는 것을 분명히 하고 싶었던 것이었다.

그것뿐이 아니었다. 바락은 드보라를 의지하고 있었다. 같이 가자고 하는 것은 심리적으로 두려움을 안고 있다는 증거였다. 그만큼 자신이 없다는 말도 되었다. 그는 드보라의 권위를 빌리고 싶었는지도 모르겠다. 드보라는 바락의 조언을 받아들였지만 승리의 열매는 타인에게 간다는 것을 명확히 했다.

"시스라를 죽이는 영광은 여자의 손에 돌아갈 것이다."

책임을 지지 않으려고 하는 사람, 누군가를 의지하는 사람은 그 성과도 자신의 것이 아니란 사실을 알아야 했다.

모세의 장인인 호밥의 자손 중에 헤벨이라는 사람이 있었다. 헤벨은 가나안 왕 야빈과 가까운 사이였다. 헤벨의 아내는 야엘이었다. 드보라와 바락이 참가한 전쟁은 예상대로 바락이 승리하게 되었고, 야빈과 시스라는 밀려나기 시작했다. 그들의 철병거가 맥없이 무너지자 시스라는 혼자 살겠다고 도망쳤다. 군대는 전멸했고 시스라는 가까스로 살아남았다. 시스라는 무서운 사람이었다. 그가 살아 있는 한 가나안 군대는 언제든지 재건될 수 있었다. 바락과 부하들이 시스라를 쫓았지만 어디로 달아났는지 알 수 없었다.

시스라는 동맹을 맺고 있던 헤벨의 장막으로 도주했다. 같은 편이기에 안심하고 천막 안으로 들어갔다. 헤벨의 아내 야엘이 시스라를 맞아주었다. 배가 고프고 피곤한 시스라에게 우유를 데워주고 따뜻한 이불을 제공해주었다. 시스라는 지쳐 잠들고 말았다. 야엘은 시스라를 물끄러미 바라보다가 손에 든 말뚝을 그의 관자놀이에 겨냥하고 망치로 쳤다. 어찌나 세게 찍었던지 말뚝이 시스라의 뇌를 뚫고 바닥에 꽂혔다. 바락이 야엘의 장막에 도착했을 때는 이미 시스라가 죽은 뒤였다.

야엘이 시스라를 죽인 이유는 무엇이었을까? 헤벨의 우방국은 하솔의 군대장관 시스라는 같은 편이었다. 야엘의 행위는 배신행위였다. 그러나 이렇게 생각해 볼 수 있다. 거대한 전쟁은 다볼산에서 벌어지고 있었지만 실질적인 승리는 산 아래 장막에서 벌어졌다는 것. 야엘은 승리의 추가 어디로 기울어야 하는지, 역사의 심판대가 향해야 할 곳이 어디인지 정확히 알았다. 야엘은 시스라를 죽였다. 야엘은 남편이 비록 야빈의 나라와 가까이 지내는 처지였지만 대대로 이스라엘 가문과 연결되어 있음을 알고 있었다. 어쩔 수 없이 먹고살기 위해 강대국인 야빈과 친하게 지냈을 뿐이지 결정적인 순간에는 이스라엘 편에 서서 싸울 준비가 되어 있었다.

야엘이라는 여인 혼자 당시 최고의 군사령관인 시스라를 상대하는 것은 어려운 일이었다. 자칫하다가는 역공을 당할 수가 있었다. 그래서 그녀는 시스라를 안심시키고 잠들 때까지 기다렸고 급소를 노렸다. 잔인하게 죽였으나 그것은 연약한 여자가 힘센 장수를 죽이는 방식이었다.

그것은 바락에게 없는 것이었다. 바락이야말로 이런 치밀함과 용기가 있어야 했다. 하나님께서 기회를 주셨을 때 스스로 해결할 수 있어야 했다. 남자들로 들끓는 사사시대였지만 책임은 지지 않고 남에게 모든 것을 의탁해서는 절대로 시대를 새롭게 할 수 없었다. 하나님은 드보라 같은 어머니에게, 야엘 같은 용맹스러운 딸에게 사사시대를 맡기셨다.

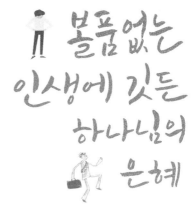

볼품없는
인생에 깃든
하나님의 은혜

약하고 부족하지만
강한 여인들

마리아

그녀는 왜 향유를 부었을까

신약성경에서 마리아는 흔한 이름이다. 예수님의 어머니 마리아가 있고, 바나바의 누이이자 〈마가복음〉의 저자 마가의 어머니 마리아도 있다. 일곱 귀신 들렸던 막달라 마리아도 있고, 작은 야고보와 요세의 어머니 마리아(막 15:40), 글로바의 아내 마리아(요 19:25), 바울이 로마교회에 안부를 물을 때의 마리아(롬 16:6) 등 여러 마리아를 볼 수 있다. 그리고 나사로와 마르다의 동생 마리아도 빼놓을 수 없는데, 예수님께 향유를 부은 이 여인이 바로 나사로의 여동생 마리아이다.

예루살렘 외곽 베다니, 그녀의 집은 남루하고 가난했다. 베다니는 한

센병 등 온갖 병에 걸린 사람들이 산기슭에 터를 잡고 살아가는 마을이었다. 예루살렘과 가까워 도시에 들어가 돈을 벌고 베다니로 돌아와 머무는 형국이었다. '베다니'라는 이름부터가 '벧'(집)과 '아니'(슬픔)이 합쳐진 말로 '슬픔의 집'이란 뜻이었다. 말하자면 달동네였다. 마리아의 아버지나 어머니가 성경에 등장하지 않는 거로 봐선 부모를 일찍 여읜듯했다.

마리아는 이기적이고 철이 없었다. 예수님이 자신의 집에 오셨을 때 손님 대접을 위해 분주한 언니를 도와줄 생각도 하지 않았다. 언니 마르다는 예수님과 열두 제자 및 함께 다니는 사람들에게 음식을 대접하고자 주방에서 일하고 있던 반면, 동생 마리아는 예수님 발아래에서 쉬는 것처럼 보였다. 막내들이 그렇듯 자기중심적인 것 같았고, 평소에도 언니 말을 잘 듣지 않는 얄미운 동생처럼 보였다.

그러나 다른 면으로 보자면 마리아는 비록 어리지만 진지했다고도 볼 수 있다. 음식 준비하는 것보다 예수님의 말씀을 조금이라도 더 듣고 싶었다. 예수님도 마리아를 칭찬하셨다. 마리아는 예수님의 말씀을 통해 예수님이 평범한 사람과 다르다는 사실을 분명히 알았다. 오빠 나사로가 위독했을 때 사람을 보내 예수님을 오시게 했지만 예수님은 오빠가 죽고 한참 후에야 베다니에 왔다. 마리아는 예수님이 조금만 더 빨리 왔더라면 오빠는 죽지 않았을 거라며 통곡했었다.

예수님이라면 뭔가 방법이 있을 거라고 믿었다. 그러나 마리아도 죽은 오빠를 살릴 줄은 몰랐다. 오빠를 위해 한걸음에 와주지 않은 예수님에 대한 원망과 하소연이었다. 그런데 놀랍게도 예수님은 죽

은 오빠를 살리고야 말았다. 무덤 입구의 돌은 굴러갔고 오빠가 살아
나왔을 때 마치 꿈만 같았다.

오빠가 살아나고 얼마 후에 예수님은 베다니를 다시 방문하셨다.
예루살렘에 입성하기 전날이었다. 나사로의 소문을 듣고 찾아온 사
람들로 베다니는 문전성시였다. 나사로의 집에 들어간 예수님이 제
자들과 함께 앉아 있을 때 이상한 일이 벌어졌다. 마리아가 옥합을
깨뜨려서 예수님의 발에 붓고 자신의 머리로 씻기 시작했다. 제자들
은 물론이고 주변에 있는 모든 사람은 향기로운 냄새에 놀랐고 고가
의 향유에 소스라쳤다.

왜 그녀는 향유를 부었을까? 그 비싼 향유를 하층민인 마리아가
어떻게 모았을까? 이미 쏟아진 향유는 다시 주워 담을 수 없었다. 가
룟 유다는 향유를 300데나리온에 팔면 가난한 사람을 많이 도와줄
수 있을 텐데 쓸데없이 허비했다고 핀잔했다. 1데나리온이 하루 품
삯이므로 하루에 10만 원의 일당이라면 3천만 원이나 되는 값비싼
향유였다.

"예수께서 이르시되 그를 가만 두어 나의 장례할 날을 위하여
그것을 간직하게 하라"(요 12:7).

예수님께서 가룟 유다를 말리며 하신 말씀이었다. 언니 마르다나
오빠 나사로에 비해 경제적인 책임에서 비교적 자유로운 마리아는
용돈이나 가욋돈을 저축했다. 깍쟁이 성격으로 한푼 두푼 모았다. 마

리아는 아낀 돈으로 값비싼 향유를 사 놓았다. 오빠가 한 번 죽었던 경험이 있어서 가족 중 누군가 장사 지낼 때 사용하거나, 아니면 자신의 결혼식을 위한 지참금으로 장만해 놓았을 것이다. 꽤 거금이지만 마리아에게는 전 재산이었다. 그런데 그것을 아낌없이 예수님의 발에 쏟다니, 더욱이 예수님이 그것을 용인하다니 어떻게 된 일이었을까? 아직 젊고 건강한 예수님의 장례라니 무슨 의미인 것일까?

마리아도 예수님의 장례에 대해 상상하지 못했을 것이다. 그러나 어느 순간 예수님을 잃을 수도 있다는 생각이 들었다. 예수님은 예루살렘에 올라가서 제사장과 장로들에게 고난을 받고 십자가에 못 박혀 죽게 될 것이란 사실을 몇 번이나 예고하셨다. 제자들은 흘려들었는지 모르지만 마리아는 그 말씀을 가슴에 담았다. 오빠의 상실을 경험했던 마리아, 오빠처럼 예수님이 죽는다면 어떻게 할 것인가 생각했다. 인정할 수 없지만 예수님의 말씀은 언제나 신뢰할 수 있었기에 고난받고 죽을 것을 믿었다. 마리아가 그것을 막을 수 없지만 할 수 있는 일은 무엇일까?

마리아는 무엇인가를 드리고 싶다고 생각했다. 그때 가족 몰래 숨겨두었던 향유가 떠올랐고 일말의 망설임도 없이 깨뜨려 예수님의 발에 부었다. 그리고 눈물 흘리며 머리카락으로 예수님의 발을 닦았다. 예수님께 드릴 수 있는 게 그것밖에 없었다. 향기가 온 방 안에 가득 퍼졌다.

가룟 유다 같은 계산적인 사람은 마리아를 질타했다. 제자들은 향유가 아깝다고 생각했다. 그러나 그들은 마리아를 비난해서는 안 된다. 예수님께서 수난과 죽음에 대해 여러 번 말씀하셨지만, 그것을 깊이 숙고하기는커녕 아무 준비 없이 가볍게 여기다가 예수님이 잡히실 때 도망치기에 바빴던 제자들은 마리아를 야단칠 자격이 없다. 예수님의 말씀이라면 무엇이든지 믿고 행동으로 사랑을 보여준 순수하기 이를 데 없는 사람인 마리아. 복음이 전파되는 곳에는 이 여자가 한 일이 전해져서 마리아를 기억하게 될 것이란 예수님의 말씀처럼 우리는 지금까지 그녀를 기억하고 있다.

하와

왜 뱀의 유혹에 빠졌을까

하와는 인류의 두 번째 사람이자, 여자 중에서는 첫 번째 사람이다. '하와' 하면 떠오르는 이미지는 무엇일까? 뱀의 유혹을 받아서 선악과를 먹어버린 일, 남편인 아담에게도 그것을 권해서 그만 에덴동산에서 쫓겨나게 만든 일로 기억이 된다. 아담은 아내가 준 선악과를 받아먹어서 온 인류가 고통과 슬픔을 겪는 원죄의 시작이 되어 버렸다. 하와는 왜 선악과의 유혹에 빠졌을까? 사건이 벌어졌던 에덴동산으로 가보자. 여호와 하나님이 지으신 들짐승 중에 가장 간교했던 뱀이 하와에게 물었다.

"하나님이 너희에게 동산 모든 나무의 열매를 먹지 말라 하시더냐?"

그럴 리가! 에덴동산의 나무 열매가 아니면 무엇을 먹으며 에덴에서 산단 말인가! 하와는 뱀에게 대꾸해주었다.

"동산 나무의 열매를 먹을 수 있지만 동산 중앙에 있는 나무의 열매는 먹지 말아야 해. 먹거나 만지면 죽을지도 모른다고 했어."

거기까지는 훌륭한 대답이었다. 하나님으로부터 직접 듣지는 않았지만 남편이 가르쳐준 것을 잘 기억하고 있었다. 뱀은 물러서지 않았다.

"그것을 먹어도 죽지 않을 뿐 아니라 먹는 순간 눈이 밝아져 하나님과 같이 될 거야. 그래서 하나님이 금지하신 거야."

> "여자가 그 나무를 본즉 먹음직도 하고 보암직도 하고 지혜롭게 할 만큼 탐스럽기도 한 나무인지라. 여자가 그 열매를 따먹고 자기와 함께 있는 남편에게도 주매 그도 먹은지라"(창 3:6).

도대체 뱀은 선악과를 먹어도 죽지 않으며 먹으면 눈이 밝아져 하나님과 같아진다는 사실을 어떻게 알았을까? 뱀의 말에 아담과 하와는 선악과를 먹었고 그들의 눈이 밝아져 벗은 줄 알게 되었다. 그래서 우리는 뱀이 그것을 아는 것을 신기하게 여기게 된다. 그러나 뱀의 말은 사실이 아니었다. 생각해보라. 아담과 하와가 하나님처럼 되기는커녕 에덴동산에서 쫓겨나기만 했다. 눈이 밝아진다는 것은 단지 잘 보는 것이 아니라 더 매력적이고 능력과 권세가 있는 시각을 갖는 것으로 기대하지만, 오히려 벗은 것에 부끄러움을 느꼈고 수치심으로 숨게 되었다. 뱀의 말은 속임수였고 거짓이었다.

하와는 하루에도 몇 번씩 선악과를 보았다. 동산 중앙에 있으니 마치 파리에서 에펠탑을 보는 것처럼 에덴동산의 배경이 되었다. 아무리 보아도 먹을 생각이 없던 하와는 뱀의 말을 들은 이후 보자마자 먹음직도 하고 보암직도 하고 지혜롭게 할 만큼 탐스러워했다. 똑같은 선악과였는데 뱀의 말이 들어오자 하와의 눈에 그렇게 보였던 것이었다. 도대체 왜 하와는 뱀의 유혹에 빠졌던 것일까? 바울의 말을 들어보자.

"여러분은 내가 좀 어리석은 말을 하더라도 용납해주시기 바랍니다. 꼭 나를 용납해주십시오. 나는 하나님께서 보여주신 열렬한 관심으로, 여러분을 두고 몹시 마음을 씁니다. 나는 여러분을 순결한 처녀로 그리스도께 드리려고 여러분을 한 분 남편 되실 그리스도와 약혼시켰습니다. 그러나 내가 두려워하는 것은, 뱀이 그 간사한 꾀로 하와를 속인 것과 같이, 여러분의 생각이 부패해서, 여러분이 그리스도께 대한 진실함[과 순결함]을 저버리게 되지나 않을까 하는 것입니다"(고후 11:1-3, 새번역).

바울은 고린도교회의 교인들에게 어리석은 말을 하더라도 용납해달라고 두 번이나 요청했다. 바울이 하는 말이 어리석게 들릴지는 모르겠지만 그의 마음 깊은 곳에서 우러나온 진심이었다. 바울은 하와가 왜 뱀의 유혹에 빠졌는지를 설명했다. 하와의 생각이 부패해졌기 때문이었다.

바울은 고린도교회의 성도들이 그리스도의 신부로서 예수님을 잘 믿고 의지하기를 바랐다. 그러나 성도들의 마음이 부패하여 그리스도의 신부가 되기에 적절하지 못하게 될까 봐, 예수님에 대한 진실함과 순결함을 잃게 될까 봐 염려하고 있었다. 바울의 이야기가 어리석은 소리인가? 그렇지 않다.

뱀이 간사한 꾀로 하와를 미혹했다. 그런데 그 뱀은 옛 뱀, 곧 마귀(계 12:9)라서 영적으로 사람의 심리를 꿰뚫어 볼 줄 알았고, 마음을 흔들 줄 알았다. 하와의 마음을 흔들어서 그녀로 하여금 선악과를 먹게 했다. 매일 보면서도 아무 느낌이 없던 선악과였는데 갑자기 먹고 싶어 못 견딜 정도로 만들었다. 하와의 마음이 뱀의 간계가 통할 정도로 하와의 생각이 부패했기 때문이었다. 뱀이 흔들린 것은 하와를 유혹할 때 하와는 이미 부패하고 교만한 마음이었다.

마음이 부패했다는 것은 무슨 뜻일까? 교만, 자랑, 욕심, 시기, 무례, 화…. 이런 부정적인 것들이 마음속에 잠재되어 쌓여 있는 상태를 말한다. 이것은 범죄라고 할 수는 없을 것이다. 아직 밖으로 표출되지 않고 마음에 품고 있기 때문이다. 그러나 마음을 부패한 상태로 놔둔다면 뱀이 와서 유혹할 때 결국 눈앞의 이익을 더 추구하게 되고, 더 이기적이게 되며, 더 욕심을 내면서 결국 죄에 빠지게 된다. 선악과만 먹으면 지혜롭게 될 수 있다고 믿어버리게 되었고, 그것을 먹고 지혜롭게 되지 않았는데도 남편에게 주어 공범이 되게 했다. 마음이 부패하자 곧 범죄에 빠지고 말았다.

바울은 고린도 교인들이 뱀이 그 간사한 꾀로 하와를 속인 것과 같이 그들의 생각이 부패해서 예수님으로부터 떠날까 봐 두려웠고 걱정이 되었다. 하와는 돌이킬 수 없는 과거의 일이지만 뱀이 모습을 바꾸어 고린도교회를 휘저을까 봐 염려했다. 그리고 고린도교회는 사라졌지만 뱀은 오늘도 우리를 유혹한다. 탐스러운 선악과 뒤에 음흉하고 간악한 모습으로 숨어 있는 마귀가 호시탐탐 기회를 노리고 있다. 우리의 마음에 작은 부패함이라도 있을 때 뱀은 기회를 놓치지 않을 것이다. 우리의 마음을 점검해보자. 혹시 내 마음은 부패해 있지 않은가? 사탄의 유혹에 노출되어 있지는 않은가? 우리가 늘 깨어 죄 된 성품을 점검하고, 부패하고 상한 마음을 제거해 나간다면 하와를 유혹했던 뱀은 더 이상 우리를 꾀지 못하게 될 것이다.

한나
기도는 만능열쇠일까

사무엘은 레위 자손으로서 명문 집안의 전형을 보여주고 있다. 아삽, 여두둔과 더불어 헤만이라는 노래 잘하는 사람이 사무엘의 손자이고, 사무엘의 조상을 거슬러 올라가면 레위의 둘째 아들 고핫까지 이른다. 에브라임 산지 라마다임소빔에 사는 에브라임 사람 엘가나는 사무엘의 아버지로, 그가 제사장이라는 얘기가 없지만 조상 대대로 제사장 집안이었다는 것을 확인하는 데는 별 어려움이 없다. 엘가나는 사랑하는 여인 한나와 결혼했다. 한나가 어떤 집안인지는 나와 있지 않은데 아마 비슷한 사회적 지위의 사람으로 추정된다.

평화롭기 그지없던 이 가정에 비극이 시작된 것은 한나에게 아이가 없었기 때문이었다. 당시 자식은 여자의 정체성이었고, 과장해서 말하면 여인의 모든 것이었다. 여자가 재산을 얻을 권리는 자식의 유무에 달려 있었다. 가끔 딸을 통해서 재산의 몫이 돌아가기도 했지만 대부분 아들이 있어야 가능했기에 남아를 선호했다. 명문가의 집안에 시집을 간 한나는 아들은커녕 아무 자식도 낳지 못해 괴로운 나날의 연속이었다.

남편은 대를 이을 아들이 필요했으므로 한나 말고도 다른 부인을 얻었다. 그래서 얻은 브닌나는 한나에게 보란 듯 자녀를 많이 낳았다. 엘가나는 한나에게 다른 자녀들보다 더 많은 재산을 나눠줌으로써 사랑을 확인해주었지만 한나가 만족할 리 없었다. 브닌나가 자녀를 낳았다는 것은 엘가나에게 문제가 없었다는 뜻이고, 자식이 없는 것은 전적으로 한나 자신의 문제였으므로 더 상처가 되었다. 더욱이 브닌나가 한나를 괄시하기 시작했다. 후처가 본처인 한나의 심기를 자극한 것이었다.

이런 상황에서 한나가 정신을 차리기는 쉽지 않은 일이었다. 그녀에게도 자존심이 있었다. 한나는 가족제사로 실로의 회막에 갔을 때 홀로 성막 앞에 앉아 기도를 드렸다. 당시에 기도라는 것은 제사장만 할 수 있는 것이었다. 의식과 전례를 전담한 제사장은 기도도 독점하고 있었다. 그러니 한나가 기도하는 것이 제사장의 눈에 띌 수밖에 없었다. 한나는 이것저것 가릴 형편이 아니었다. 그녀는 한스러운 마음을 담아 울면서 기도했다.

엘리 제사장이 가까이 가니 눈물 콧물을 쏟아내면서도 입 밖으로는 아무 소리를 내지 않는 것이 보였다. 제사장은 한나에게 핀잔을 주었다.

"이 여자야, 언제까지 취해 있을 테냐? 포도주를 끊으라."

기도하는 것과 술 취한 것을 구별하지 못하는 분별력 없는 제사장이기 때문이 아니라 한나의 기도가 술 취한 것에 더 가까워 보였기 때문이었다. 안 그래도 억울하고 분한데, 제사장의 말은 그녀의 자존심을 무너뜨리기에 충분했다. 한나가 이성을 잃었을까? 그렇지 않았다. 그녀는 제사장 엘리를 쳐다보며 똑똑하게 말했다.

"한나가 대답하여 이르되 내 주여 그렇지 아니하니이다. 나는 마음이 슬픈 여자라. 포도주나 독주를 마신 것이 아니요 여호와 앞에 내 심정을 통한 것뿐이오니 당신의 여종을 악한 여자로 여기지 마옵소서. 내가 지금까지 말한 것은 나의 원통함과 격분됨이 많기 때문이니이다 하는지라"(삼상 1:15-16).

한나는 무너질 대로 무너진 슬픈 여자이지만 회막에까지 와서 술에 취해 자신을 가누지 못할 정도로 악한 여자가 아니라고 분명히 밝혔다. 원통하고 격분한 감정으로 기도했을 뿐이다. 진심이 통했을까? 한나의 고통을 구체적으로 알지 못하는 엘리가 모든 것을 이해한다는 듯이 위로와 축복을 해주었다.

"평안히 가시오. 이스라엘의 하나님이 당신의 기도를 허락하기 원하오."

한나는 그 길로 가족이 있는 곳으로 돌아가 언제 울었냐는 듯이 음식을 먹고 기운을 차렸다. 아들이 없다는 것도, 브닌나가 무시했던 것도 훌훌 털어버렸다. 그리고 집으로 돌아간 후에 임신을 하게 되었다. 그렇게 태어난 아이가 바로 사무엘이다. 원통하고 속상했던 일이 갑자기 사라지고 해피엔딩이 되어 버렸다. 기도는 모든 것을 해결해 주는 만능열쇠인 것일까? 한나에게 무슨 일이 있었던 것일까?

한나가 기도한 후 번뇌와 근심은 없어졌다. 하지만 새로운 고민이 하나 생겼다. 때맞춰 임신은 했지만 서원기도가 자꾸 떠올랐다. 실로의 회막에서 하나님께 기도드릴 때 아들을 주시면 하나님께 바치겠다는 서원을 드린 것이다. 제사장 엘리가 기도의 내용을 알 턱이 없으니 한나만 모른 체하면 사무엘을 자신이 키울 수 있었다. 고민이 많았을 것이었다. 그러나 남편에게 자신의 기도를 이야기했고, 남편 엘가나도 아내의 서원을 이행하도록 허락했다. 아이는 젖 뗄 때까지 무럭무럭 자랐고, 너무나 사랑스러워 품에서 내놓고 싶지 않았지만 약속대로 하나님께 드렸다. 그리고 그 아이는 이스라엘의 위대한 제사장이 되었다.

만약 한나가 마음이 슬퍼서 술이나 마시고 자신의 소원에 집착하는 여자라면 절대로 사무엘을 하나님께 드리지 못했을 것이다. 젖 뗄 무렵의 아이야말로 가장 예쁠 때이다. 그러나 한나는 하나님께 아낌없이 드렸다. 자신의 욕심과 집착 아래에 아이가 자라는 것보다 평생 하나님을 위해 사는 것이 옳다는 것을 알았다.

서원기도란 무엇일까? 기도자가 중요한 일을 앞두거나 위중한 기도를 드릴 때 원하는 기도의 내용과 함께 하나님께 무엇인가를 드리겠다고 약속하는 것을 말한다. 한나는 아들을 달라고 하나님께 기도했고, 아들을 주시면 하나님께 드리겠다고 서원했다. 하나님은 우리에게 기도의 대가로 무엇인가를 요구하지 않으신다. 급할 때는 당장이라도 실천할 것처럼 서원을 하지만 시간이 지나면 슬그머니 잊어버리는 것이 인간의 습성이다. 하나님은 우리에게 기도의 대가로 무엇인가를 요구하지 않으시기에 그렇게 잊어버린다고 큰일이 나지도 않는다. 한나는 얼마든지 서원을 무시할 수 있었다. 그러나 한나의 놀라운 점은 서원을 그대로 실행했다는 데 있었다.

한나가 기도를 하고 그대로 실천한 것은 모든 것이 하나님으로부터 왔다는 고백을 가지고 있었기 때문이다. 하나님은 그 마음을 보셨고 사무엘이라는 귀한 아들을 주셨다. 그리고 한나의 기도와 그 실천을 통해 새로운 시대를 열어주셨다. 사무엘을 통해 어두웠던 사사시대가 끝나고 왕정이라는 새로운 시대가 시작되었다. 한나의 기도와 그 실천이 가져온 결과였다.

미갈
꼭 그렇게 비난해야 했을까

이스라엘 초대 왕 사울은 생전에 3남 2녀를 낳았다. 아들의 이름은 요나단, 이스위, 말기수아였고, 딸은 메랍과 미갈이었다. 다윗이 골리앗과 싸워 이겼을 때 요나단은 그를 친구로 여겼고 온 이스라엘은 영웅으로 환영했다. 오직 사울만 탐탁지 않았다. 사울은 골리앗을 이긴 사람에게 딸을 준다는 약속을 지키기 위해 큰딸 메랍을 다윗에게 시집 보낼 계획이었다. 그런데 아뿔싸, 이미 메랍은 다른 남자와 정혼을 하고 말았다. 다행히 막내딸 미갈이 다윗을 흠모했다. 잘됐다 싶었던 사울은 딸을 이용해 다윗을 죽이려고 했다. 블레셋 사람의 양피 백 개를 지참금으로 요청했다. 그러다가 블레셋에게 죽으면 그만이었다. 다윗은 그 두 배에 달하는 이백 개를 가져다주었고 미갈과 결혼하게 되었다.

당대 최고의 인기남인 다윗과 결혼한 미갈은 행복했을까? 그런 것으로 보이지 않았다. 사울 때문이었다. 아버지 사울이 눈먼 증오심으로 다윗을 죽이려고 할 때 아내의 입장으로 미갈은 상처를 받았다. 사울은 자식을 이용해 다윗을 죽이려고 했지만 미갈이 사랑하는 사람이었다. 다윗을 죽음의 위협에서 벗어나게 해준 사람은 사울의 자식인 요나단과 미갈이었다. 사울은 다윗을 구해주는 사람이라면 누구든 원수처럼 여겼다. 다윗을 향한 증오는 극단까지 이르렀다. 이런 상황에서 결혼생활이 편할 리가 없었다.

다윗이 도망을 다니는 동안 사울은 미갈을 다른 남자에게 주어버렸다. 사울이 전쟁으로 죽고 다윗에게 정권이 넘어가자 다윗은 부하를 시켜 미갈을 데려왔다. 함께 살던 남자는 미갈을 포기했다. 다윗에게 돌아온 미갈은 행복했을까? 그렇지 않았다. 이번에는 다윗이 문제였다. 다윗은 도망 중에도 아내를 여러 명 만들었고, 왕이 된 후에도 새로운 아내들을 맞아들였다. 미갈은 자신의 결혼이 얼마나 깊은 구렁텅이에 빠졌는지 실감했다.

미갈이 성경에 마지막으로 등장할 때는 법궤가 다윗의 장막으로 때였다. 블레셋 지방을 전전하던 여호와의 법궤가 우여곡절 끝에 다윗성으로 들어오게 되었다. 다윗은 얼마나 기뻤던지 법궤 앞에서 덩실덩실 춤을 추었다. 다윗이 입었던 옷은 베로 만든 에봇이라 속이 훤히 들여다보였을 뿐 아니라 열렬한 춤으로 벗겨져서 하체가 보이고야 말았다. 창밖으로 다윗의 춤을 지켜보던 미갈은 안 그래도 미운 마음에 비웃음이 나왔다. 미갈의 눈에 다윗의 춤은 추잡하고 볼품없어 보였다.

법궤가 돌아온 후 백성들에게 떡과 고기, 과일이 선물로 주어졌다. 백성들은 기쁨에 겨워 집으로 돌아갔고, 아직 흥분이 가라앉지 않은 다윗은 가족들을 축복하기 위해 집으로 돌아와 방문을 열었다. 순간 다윗과 눈이 마주친 미갈은 그만 마음에 담았던 말을 쏟아내고 말았다.

"다윗이 자기의 가족에게 축복하러 돌아오매 사울의 딸 미갈이 나와서 다윗을 맞으며 이르되 이스라엘 왕이 오늘 어떻게 영화로우신지 방탕한 자가 염치없이 자기의 몸을 드러내는 것처럼 오늘 그의 신복의 계집종의 눈앞에서 몸을 드러내셨도다 하니"(삼하 6:20).

미갈의 애기를 듣자 그전까지 흥에 겨웠던 다윗의 마음이 차갑게 식고 말았다. 다윗도 가만히 있지 않았다. 자신의 춤은 미갈을 위한 것이 아니라 하나님을 위한 것이고, 하나님은 미갈과 그의 온 집안을 다 버리시고 자신을 택하여서 이스라엘 백성들을 이끌라고 하시니 어떻게 가만히 있겠냐고 했다. 옷이 벗겨져 비천하고 보잘것없어 보이더라도 미갈보다는 낮아지지는 않을 거라고 했다.

찬 서리 같은 말을 남겨둔 채 미갈의 방을 나간 다윗은 다시는 미갈에게로 돌아오지 않았다. 성경은 미갈이 죽는 날까지 자식이 없었다고 하는데, 미갈에게 자식이 안 생긴 이유는 다윗이 미갈을 상대해 주지 않았기 때문이었다. 속상한 마음이 생기는 것은 어쩔 수 없을 것이다. 사람이 미워지는 것에는 특별한 이유가 없다. 그러나 마음에 생긴 미움을 입 밖으로 내는 것은 다른 문제이다. 마음에 안 들더라도 함부로 입 밖에 내는 것은 조심해야 했다. 말을 해도 지혜롭게 할 필요가 있었다.

미갈을 보라. 자기 생각을 여과 없이 드러낸 결과로 남편의 사랑이 영영 멀어지는 비극을 초래했다. 다윗이 그렇게 미갈의 인생에서 떠남으로써 남은 감정도 사라졌고, 남편이기는 하지만 남편이 아닌 사람이 되어 버렸다. 어쩌면 미갈은 다윗의 마음을 돌이키기 위해 직언을 했을지도 모른다. 솔직한 성격인 미갈은 예전의 사랑으로 돌아오기를 바랐을 것이다. 다윗에게 상처를 주고 미움을 사려던 의도가 전혀 없었다.

만약 미갈이 남편을 비난하고 지적하기 전에 이렇게 말했다면 어땠을까? "누가 뭐래도 당신의 춤은 멋있고 근사한 것이었어요. 법궤도 들어오고 하나님께서는 얼마나 기뻐셨을까요? 그러나 그 자리에 많은 사람이 있었다는 것을 잊었지요. 혹시 오해할 수 있으니 조금만 더 사람들 앞에서는 품위를 지켜주세요"라고 진심을 다해 말했다면 어땠을까? 적어도 다윗이 단호하게 답하는 대신 머리를 긁적이면서 "내가 그랬나? 좀 흥분했지?"라고 부드럽게 넘어갔을지도 모른다.

사랑은 솔직함이 아닌 진실을 필요로 한다. 진실이 진실되기 위해서는 솔직하게 말을 쏟아내는 것보다 상대방을 향한 나의 진정함을 드러내는 것이 필요하다. 같은 말이어도 아, 다르고 어, 다른 것 아니겠는가? 미갈이 자기의 생각을 서슬 퍼런 말로 공격하기보다 다윗을 생각하는 마음으로 진정성 있게 말했더라면 사랑도 되찾고 아기도 생겼을 것이며, 다윗에게는 가장 가까운 조언자가 생겼을 것이었다. 미갈은 말 한마디로 사랑과 미래를 잃고 말았다.

수로보니게 여인

개라고 부르면 어떻게 반응해야 할까

예수님은 공생애 기간 내내 이스라엘 땅에만 머무르셨다. 주로 북쪽 지방, 빈민 지역인 갈릴리가 주활동 무대였다. 예루살렘에 입성해서 십자가와 부활을 보여주시려 유대 땅에 들른 일 외에 대부분은 갈릴리 지역이 예수님의 생활 터전이었고 공생애 주무대였다. 예수님은 제자들과 여행을 많이 다녔지만 이스라엘 땅을 떠난 일은 없었다. 예수님의 주된 관심도 유대인에게 향했다. 제자들을 마을로 보낼 때도 이방인의 땅이나 사마리아로 가지 말고 이스라엘 집으로 가라고 명령하실 정도였다.

사마리아를 지나가실 때도 제자들만 마을로 보내놓고 우물가에서 그들을 기다리는 것이 예수님이 이방을 대하는 태도였다. 사마리아 여인이 우물가에 오지 않았다면 아마 예수님은 사마리아 사람들과 만날 일이 없었을지도 모른다. 예수님이 두로와 시돈 지방에 갔을 때도 그곳에 이주한 이스라엘 사람을 만나고 돕기 위해서이지 이방인을 위한 것은 아니었다. 그런데 소문이란 빠른 법이라 예수님이 오셨다는 얘기를 듣고 한 이방 여인이 찾아왔다.

가나안 여인 또는 수로보니게 족속이라고 불리는 이 여자는 초대교회 전승에 의하면, 이름은 유스타(Justa)이고 딸 이름은 베레니케(Berenice)였다. 지금의 레바논 지역인 베니게(Phoenicia)에서 태어났고 헬라문화에 익숙하며 가나안 핏줄의 이방 여인이었다. 비유하자면 미국에서 태어났으면서 히스패닉 지역에서 자라난 중국인이라고 할 수 있겠다.

이 여인이 이스라엘 사람들 사이로 보일까 말까 하는 예수님의 뒷모습을 향해 "주 다윗의 자손이여"라고 소리를 질렀다. 이 말이 얼마나 부자연스러운 것인가 하면 마치 미국에서 태어났으면서 히스패닉 지역에서 자라난 중국인이 "김연아 짱, 김연아 예뻐요"라고 한국말로 하는 것보다 어색한 일이었다. 예수님이 다윗의 자손이라는 것은 이 여인과는 무관한 일이었고, 더욱이 이방인에게 예수님은 아직까지 "주"가 아니었다. 예수님은 아무 말씀이 없으셨고, 주변의 제자들은 "시끄러우니까 가라고 하시죠"라며 여인을 귀찮아했다.

예수님도 제자들의 말에 동조했는지 "나는 이스라엘 집의 잃어버린 양 외에는 다른 데로 보내심을 받지 않았다"라고 냉정하게 말씀하셨다(마 15:23-24). 예수님은 여인의 딸을 치료할 마음이 없어 보였다. 포기를 모르는 이 여자는 어느덧 제자들의 틈을 비집고 들어와서 예수님께 절했다. "우리 딸이 귀신들렸습니다. 제발 좀 도와주십시오." 이쯤 되면 그냥 고쳐줘도 될 법하건만 예수님은 이 여자의 억장을 무너뜨리는 말씀을 하셨다.

"예수께서 이르시되 자녀로 먼저 배불리 먹게 할지니 자녀의
떡을 취하여 개들에게 던짐이 마땅치 아니하니라"(막 7:27).

떡이 있다면 이스라엘 사람들에게나 주지 너 같은 이방인 여자에게는 줄 떡도, 은혜도 없다는 매정하기 짝이 없는 대답이셨다. 이 정도면 어떤 반응을 보여야 할까? 모르긴 몰라도 예수님의 멱살을 잡고 "네가 예수면 예수지 어디 나한테 개라고 해?"라면서 드잡이를 벌였을 것이다. 여인에게 개라고 했으니 자존심이 무너질 판이었다. 그런데 이 용감한 여인은 예수님의 그 말씀을 기다리기라도 한듯 한 번더 용기를 내었다.

"여자가 대답하여 이르되 주여 옳소이다마는 상 아래 개들도
아이들이 먹던 부스러기를 먹나이다"(막 7:28).

"맞습니다, 예수님. 저에게 개라고 불러도 좋고 굼벵이라고 불러도 좋습니다. 떡을 먹다가 남긴 거라도 좋으니 그 부스러기 은혜라

도 주십시오." 여인의 눈시울이 붉어졌다. 예수님으로부터 뭐라도 얻지 않으면 절대로 물러설 기미가 보이지 않았다. 주변이 조용해졌다. 예수님이 뭐라고 대답하실까 침묵이 흘렀다. 예수님이 입을 열어 말씀하셨다. "이 말을 하였으니 돌아가라. 귀신이 네 딸에게서 나갔느니라."

그 순간 귀신에게 고통받던 이 여인의 딸은 고침을 받았다. 여인이 집에 돌아가 보니 딸 아이가 침대에 누워서 엄마를 보며 싱글싱글 웃고 있었다. 귀신이 나갔다. 어떤 명의도, 어떤 약으로도 고칠 수 없었던 그녀의 딸은 예수님의 은혜로 귀신에서 해방되었다. 만약 이 여인이 엄마가 아니었다면 예수님의 그 차가운 소리, 인격을 모독하는 얘기를 들었을 때 다르게 행동했을지도 모른다. 만일 이 아이의 이모가 그 자리에 있었다면? 아니면 옆집 아줌마라면? 예수님의 멱살을 잡고 "너 죽고 나 살자! 그래, 나도 개고 너도 개다!"라면서 악다구니를 썼을지도 모를 일이었다. 그러나 이 수로보니게 여인은 예수님의 매몰찬 소리에도 겸손히 고개를 숙였다. "백 번 천 번 개여도 좋습니다. 내 딸만 낫게 해주십시오."

이것이 엄마다. 어떤 모욕을 당해도 딸을 고칠 수만 있다면 달게 그 경멸을 견뎌내는 것이 엄마라는 이름의 위대함이다. 엄마의 절절한 믿음은 예수님의 마음을 돌려놓았고, 눈시울이 붉어졌던 여인은 시험에 합격했다. 누구보다 엄마의 마음을 잘 아시는 예수님은 여인보다 더 뜨거운 마음으로 여인과 딸의 삶을 축복해주셨다.

뵈뵈

로마서 마지막 장에서 제일 처음 언급된 이유는

바울서신은 그 형식이 편지이기에 첫인사와 끝인사가 있고, 수신자와 발신자가 있다. 바울은 편지의 가장 끝에 고마운 사람의 실명을 기록하고 있다. 바울은 그들의 이름을 일일이 기억하고 있었다. 로마서 맨 마지막 장에는 37명의 이름이 거명된다. 수많은 이름을 읽다 보면 대부분 낯설어서 기억에 남는 이름은 몇 안 될 것이다. 그러나 이 중에서 기억하기 쉬운 이름이 하나 있는데 바로 뵈뵈이다.

뵈뵈라는 이름을 처음 들어보더라도 괜찮다. 겨우 두 절에 잠시 등장하기 때문에 다른 유명한 이름에 비하면 잘 모를 수 있다. 뵈뵈가 무엇을 했는지 성경이 자세히 밝히지 않기 때문에 정확한 내용을 모르기도 하다. 그런데 바울은 왜 그녀를 로마서 맨 마지막 장에서 제일 처음 언급을 했을까?

바울은 로마교회에 뵈뵈를 추천했다. 그녀가 바울뿐만 아니라 여러 사람의 보호자가 되었다고 극찬했다. 그러나 우리는 뵈뵈가 어떤 식으로 바울을 보호해주었고 구체적으로 어떤 일을 했는지 알 수가 없다. 뵈뵈는 짧은 두 구절의 주인공이라 내용으로 치면 구약에서는 하와, 다말, 에스더, 드보라 같은 사람들의 긴 이야기에 미치지 못하고, 사복음서에서는 마리아에 필적할 수 없다. 그런 뵈뵈가 많은 사람의 기억 속에 있는 이유는 바울의 첫 번째(성경 순서상) 편지에서 제일 먼저 언급되는 이름이기 때문에 그렇다. 로마서 외에도 바울서신에는 많은 사람의 이름이 언급되는데 그중에서 제일 먼저 칭찬받고 추천받은 이름이 바로 뵈뵈이다. 말하자면, 순전히 제일 처음 등장한 이름이기 때문에 그녀의 이름이 기억되는 것이다.

무엇이든 선점(先占)이 중요하다. 출석을 부를 때 제일 먼저 불리는 1번의 이름이 선생님과 학생들의 기억에 남고, 제일 처음 무언가를 해낸 사람의 이름이 세계사에 남는다. 제일 처음 하늘을 난 사람, 제일 처음 북극을 탐험한 사람, 제일 처음 달에 착륙한 사람, 제일 처음으로 태어난 사람, 제일 처음 사귀었던 사람 등 '제일 처음' 차지한 사람의 이름은 기억되기 마련이다. 바울의 편지에서 제일 처음 등장하는 여인이면서, 제일 처음 추천서를 받은 사람이면서, 제일 처음 칭찬받은 사람이 뵈뵈이다. 바울은 왜 뵈뵈를 로마교회에 추천했으며 가장 첫 번째 인물로 뵈뵈를 적은 이유는 무엇일까?

"내가 겐그레아교회의 일꾼으로 있는 우리 자매 뵈뵈를 너희에
게 추천하노니 너희는 주 안에서 성도들의 합당한 예절로 그를
영접하고 무엇이든지 그에게 소용되는 바를 도와줄지니 이는
그가 여러 사람과 나의 보호자가 되었음이라"(롬 16:1-2).

바울은 겐그레아교회의 일꾼인 뵈뵈를 로마교회에 추천했다. 아
마 바울의 편지를 뵈뵈가 가지고 갔을 가능성이 크다. 바울은 로마교
회의 교인들에게 편지를 배달하는 뵈뵈에게 잘 대해 달라고 당부했
다. 왜 뵈뵈였을까?

뵈뵈는 겐그레아교회의 일꾼이었다. 겐그레아교회에서 직분도
없이 열심히 섬겼던 봉사자였다. 바울이 겐그레아로 가기까지는 우
여곡절이 많았다. 바울은 아테네 온 도시에 가득한 우상을 보고 격분
했다. 아고라에서 그리스 철학자들과 논쟁을 벌였고 법정에 서기도
했다. 아테네에서 어느 정도 복음이 전해지자 이번에는 고린도로 갔
다. 거기서 아굴라와 브리스길라를 만나 동업을 했고, 실라와 디모데
를 다시 만나기도 했다.

바울은 고린도에서 온갖 반대와 비방에 부딪혀 고통당하다가 유
스도라는 사람의 집에서 머물며 회당장 그리스보를 전도하는 데 성공
하기도 했고, 유대 사람들의 고발로 법정에 출두했을 때 친구 소스데
네가 법정에서 얻어맞는 수모를 겪기도 했다. 바울은 배를 타고 에베
소에 가기 전에 잠시 겐그레아에 들렀는데 거기에서 머리를 깎았다.

바울이 서원을 위해서 머리를 깎은 곳이 바로 겐그레아였고, 그

곳에도 교회가 있었다. 그 교회에서 열심히 섬기던 자매가 바로 뵈뵈였다. 바울은 겐그레아에 가기 전까지 좋은 일도 있었고 나쁜 일도 있었다. 마치 쇠가 뜨거운 불과 차가운 물에 왔다 갔다 담금질하며 단련되는 것처럼 좋은 일과 험한 일을 겪으면서 바울은 더욱 단련되었다. 그러나 사람의 마음은 쇠와 달라서 험한 일과 좋은 일을 연달아 겪는다고 무조건 잘 단련된다는 법은 없었다. 바울은 그곳에서 머리를 깎고 자신의 서원을 재확인하며, 제자의 길에 대해 다시 한번 결단하는 시간을 가졌다.

만일 그 자리에 자매 뵈뵈가 있었다면 어땠을까? 힘든 일과 좋은 일을 경험하는 바울과 마찬가지로 세계 각처에 있는 교회 교인들 역시 험한 일과 기쁜 일을 돌아가면서 겪었다. 겐그레아 땅에서 이방인으로 살며 아직 결혼도 하지 않은 채 고귀하고 아름다운 모습으로, 어떤 고난에도 예수 그리스도를 향한 마음이 변치 않고 신앙을 지키며 교회를 섬기는 한 자매를 보았을 때 바울은 어떤 마음이었을까?

바울이 세우지 않고 자생한 로마교회에도 훌륭한 목회자가 필요했고, 좋은 선교사들이 그들을 도와줘야 했다. 그러나 그보다 더 중요한 것은 봉사가 무엇인지, 섬기는 일이 무엇인지를 손수 보여줄 평신도가 더욱 필요했다. 많은 지식과 놀라운 지혜도 필요하지만 보이지 않는 곳에서 묵묵히 궂은일을 하는 그리스도인이야말로 보배 같은 존재임을 바울은 알았다. 역설적이게도 서른 명이 넘는 수많은 기라성 같은 사람들의 이름 중에서 제일 처음 뵈뵈의 이름이 기록되고 추천되는 것 역시 그와 무관하지 않을 것이다.

나인성 과부

죽었던 청년에게 아무도 시집을 안 오면 어쩌나

갈릴리 헤르몬산 북쪽으로 작은 마을이 하나 있었는데 이름하여 '나안'이었다. 어떤 주석은 '아름답다'라는 뜻이라 하고, 어떤 해설은 '작다'라는 뜻이라고도 전해준다. 아마도 작고 아름다운 마을일 것이다. 이곳에 예수님과 제자들이 잠시 들르게 되었다. 예수님의 소문이 한창일 때라 구경꾼이 많이 모여들었다. 따르는 무리와 함께 성문에 들어가려는데 반대쪽에서 많은 인파가 성문을 나서는 중이었다. 동네의 한 젊은이가 죽어서 그 시체를 메고 나가는 장례 행렬이었다.

예수님을 앞세운 많은 사람과 죽은 청년을 메고 가는 장례 행렬이 마을 어귀 문에서 맞닥뜨렸다. 죽은 청년의 유족은 어머니가 전부였다.

어머니의 얼굴은 이미 살아 있는 사람이 아니었다. 당시 사회를 피라미드로 설명하자면 제일 아래쪽에 위치한 사람들이 고아, 과부, 나그네였다. 최하층민인 그들을 위해서 포도밭의 열매나 이삭을 남겨두어 그들이 주워먹을 수 있게 한 정도가 그들을 위한 복지였다.

과부인 이 여인에게 아들이 하나 있었는데 그 말은 이삭을 주워먹지 않아도 된다는 소리였다. 아들은 장성하여 결혼할 것이고, 며느리는 시어머니를 봉양할 것이며, 손주가 태어나면 업고 안으며 여생을 편하게 보낼 참이었다. 죽은 남편의 재산이 아들 명의로 어머니에게 주어질 것이고, 아들 덕분에 일정한 유산이 확보되었다. 그런데 그 아들이 죽고 말았다. 아들 명의의 재산도, 아들을 통해 얻을 미래도 사라지고 말았다.

여인의 처지를 딱하게 여긴 마을 사람들이 장례식에 참여했다. 아들을 성 밖 공동묘지에 두고 오면 이제 이 과부는 사회의 가장 밑바닥으로 내려앉게 될 터였다. 안타까운 일이지만 여자에게는 돌아갈 땅도, 재산도 없었다. 바닥에 떨어진 이삭을 주워 얼마나 버틸 수 있을까? 마을 사람들은 안타까운 마음으로 장례 행렬을 따라가 주었지만 거기까지였다.

예수님 일행은 장례 행렬을 위해서 옆으로 비켜주어야 했다. 그런데 예수님은 장례 행렬 앞에 서서 그들을 멈추게 했다. 아들을 잃은 어머니의 얼굴에서는 수도꼭지처럼 눈물이 흐르고 있었다. 무엇을 하시려는 것일까? 예수님의 얼굴에도 슬픔이 가득했다. 금방이라도 눈물이 쏟아질 것처럼 보였다. 누군들 이 안타까운 사연에 울지 않을 수 있으랴. 그러나 눈물은 이 과부에게 아무 도움이 되지 않았다. 예수님은 여인을 향해 말씀하셨다. "울지 말라."

그리고 사람들이 메고 있는 관으로 다가갔다. 앞서 있는 사람들이 멈춰서니 뒤에서 따르는 사람들도 모두 멈추었다. 앞의 광경이 보이지 않는 사람들은 까치발을 들기도 했다. 예수님은 관에 손을 대었다. 관을 맨 사람들이 관을 내려놓았다. 관에는 방금 죽은 청년이 누워 있었다. 시체는 부정한 것이라 유대인이라면 손을 대면 안 되었다. 공동묘지에 안치되면 며칠이 지나지 않아 썩게 될 터였다. 그런데 예수님은 시체를 향해 말씀하셨다.

"가까이 가서 그 관에 손을 대시니 멘 자들이 서는지라. 예수
께서 이르시되 청년아 내가 네게 말하노니 일어나라 하시매"
(눅 7:14).

도대체 무슨 일이 일어난 것일까? 죽었던 청년, 과부의 아들이 관 뚜껑을 열고 나왔다. 청년은 무슨 말인가를 하기 시작했다. 멀리 있던 사람들은 정확히 무슨 말을 하는지 들을 수 없었다. 그러나 그가 일어나 어머니에게 말하고 있는 모습이 분명히 보였다. 그의 어머니가 소리를 지르며 아들에게 다가갔고, 그들이 서로 부둥켜안는 모습도 볼 수 있었다. 죽은 아들이 살아났다. 기적이 일어났다.

어머니에게는 꺼졌던 소망의 불이 다시 피어올랐다. 죽었던 청년이 꺼림칙해서 아무도 시집을 오지 않으면 어쩌나? 그래서 자신의

손에 손주를 안을 수 없게 되면 어쩌나? 한 번 빼앗겼던 아들 명의의 재산을 문중이 돌려주지 않으면 어찌해야 할까? 그러나 어머니에게는 그런 것이 아무 상관없었다. 죽었던 아들이다. 창창하게 젊은 아들이 갑작스럽게 죽고 말았다. 아들의 이름을 수백 번 불러도 대답없었고, 온몸을 흔들고 때려도 반응없던 아들이었다. 그런데 그 아들이 살아 돌아와 말을 하고 어머니를 안아주었다. 아들을 위해 어머니는 평생 이삭을 줍고 떨어진 포도 열매를 구걸해도 좋았다. 죽었던 아들이 자신에게 돌아왔기 때문이다.

사람들은 두려움과 경이로움에 사로잡혔다. 나인이란 마을에서 이런 일은 전에도 없었고 앞으로도 없을 일이었다. 하나님께서 이 작은 마을에 오셔서 마을 사람에게 커다란 기쁨을 주셨다고 그들은 말했다. 예수님에 대한 이야기가 나인이란 마을뿐 아니라 인근 마을과 유대 전체 지역에 퍼졌다. 사람들은 살아 돌아온 아들과 과부인 그 어머니를 축하해주었다. 마치 자신의 아들이 살아온 것처럼 기뻐했다.

예수님은 단 두 마디를 했을 뿐이었다.

"울지 말라."

"청년아, 내가 네게 말하노니 일어나라."

어머니와 아들에게 들려준 말이었다. 어머니는 울음을 그쳤고 청년은 자리에서 일어났다. 예수님이 말씀하시면 죽어 시체가 되었어도 말씀을 들어야 한다. 예수님이 일어나라면 일어나야 하고 예수님이 뛰라면 뛰어야 한다. 예수님의 말씀에 권위가 있는 까닭이다.

예수님의 말씀에는 여인을 향한 따뜻한 시선도 있었다. 예수님은 여인의 마음을 보셨다. 예수님께서 관에 손을 대신 것은 엄숙한 장례식을 망칠 수 있는 무례한 행동이었고, 마을에서 다 쫓겨날 수 있는 엉뚱한 행동이었다. 그러나 그런 비난을 감수하고라도 예수님은 여인의 마음을 달래주고 싶었다. 예수님의 말씀은 여인의 모든 문제를 해결해주었다. 죽은 아들이 살아났고, 슬픔과 절망에 빠진 어머니의 마음은 다시 생명을 얻었다.

베드로의 장모

열병은 어디에서 왔을까

베드로는 결혼을 했을까? 바울은 예수님의 제자 중에 결혼한 사람이 많았고, 특히 베드로(게바)는 믿음의 아내와 함께 다닌다고 밝혔다(고전 9:5). 예수님은 베드로의 집에 갔을 때 베드로의 장모를 만나셨다. 그러므로 베드로는 결혼한 한 가정의 가장이 확실했다.

베드로는 성격이 불 같았고 행동에 경솔함이 많았다. 물 위를 걸어오시는 예수님을 보면서 두려워하는 다른 제자들과 달리 물 위를 걷게 해달라고 했다가 물에 빠져 죽을 뻔한 적도 있었고, 제자들이 예수님을 다 버려도 자신만큼은 버리지 않겠다고 호언장담했다가 세 번이나 부인했으며, 예수님이 발을 씻겨줄 때 몸을 다 씻겨달라고 해서 예수님을 당황하게 했다. 베드로는 충동적이고 다혈질이었다.

베드로의 아내는 어떤 모습일까? 그녀에 대해서 아는 바는 거의 없다. 이름도 모르고, 한 일도 알 수 없어 존재감이 없는 사람이었다. 마리아라든가 여러 여인의 이름이 성경에 기록되고 다양한 사건에 등장하는 것에 비하면 베드로의 아내는 없는 것처럼 보였다. 이혼해서 베드로와 헤어졌거나 먼저 죽지는 않았을까? 바울의 편지에서 베드로와 같이 다녔다고 되어 있으니 먼저 죽은 것은 아니었다. 이혼한 것도 아닐 것이다. 예수님이 이혼에 대한 지적할 때 베드로가 이혼했다는 말이 나오지 않았다. 어쩌면 베드로와는 반대되는 인물일 수 있다. 내성적이어서 조용히 내조만 하였을 것이다.

베드로와 그의 아내가 정반대의 성격이라면 가장 피해를 보는 사람은 누구일까? 가까운 가족일 것이다. 베드로의 자녀가 언급되지 않아 자녀가 있었는지는 모르겠고, 있었더라도 전혀 언급이 없으니 어떤 영향을 받고 성장했는지 우리는 알 수가 없다.

그렇다면 베드로 부부 때문에 안 좋은 영향력을 받은 사람은 없을까? 가까운 가족 한 명을 만날 수 있다. 누구인가? 베드로의 장모이다. 성경에는 베드로 아내의 어머니, 즉 베드로의 장모는 열병으로 누워 있다고 기록되어 있다(막 1:30). 열병은 헬라어로 '퓌렛소'라고 하며 고열을 의미한다. 피부병이나 문둥병, 중풍과는 달리 열이 나는 병이었다. 열이란 안에서부터 끓어오르는 어떤 것이 바깥으로 표출될 때 발생한다. 열병은 속에서 부글부글 끓는 것이 밖으로 터져버리는 병이다. 한국 여인에게서도 이와 비슷한 병을 발견할 수 있다. 바로 화병(火病)이다. 한 많은 한국 여인들은 속으로 삭이고 삭인 것이 밖으로 터져버리는 화병을 많이 앓았다. 베드로 장모의 열병은 바로 화병이 아니었을까? 그렇다면 이 병은 어디에서 왔을까?

그럴 만한 이유가 있었다. 사위인 베드로는 괄괄한 성격에다 아무나 자기 집에 데리고 오기가 일쑤였다. 딸은 사위와 정반대여서 도대체가 그 속을 알 수가 없었다. 베드로는 장모가 아픈데도 아랑곳없이 손님들을 집으로 데려왔다. 평소에도 동네 친구인 야고보, 요한은 자기 집처럼 베드로의 집에 들렀다. 베드로는 처음 만난 낯선 사람이라도 서슴없이 집으로 데려왔다.

"시몬의 장모가 열병으로 누워 있는지라. 사람들이 곧 그 여자
에 대하여 예수께 여짜온대"(막 1:30).

베드로 장모의 열병은 오래된 것이어서 동네 사람들이 다 알고 있었다. 장모의 병은 동네에 유명했고, 장모는 하루 이틀 앓았던 것이 아니었다. 장모에게는 아들이 없었다. 만약 아들이 있었다면 그녀는 아들 집에서 요양했을 것이다. 아들이 아픈 어머니를 보살피는 게 당연한 때였다. 예수님도 어머니 마리아를 다른 여인들에게 맡기지 않고 제자 요한에게 부탁했다. 그리고 요한을 자신을 대신할 아들이라고 했다. 아들이 중시되는 사회이고 아들이 어머니를 봉양하는 시대였다. 베드로의 장모가 사위의 집에 있었다는 것은 아들이 없다는 것을 의미했다. 아들 없는 여인, 말하자면 이 여인의 인생은 실패

와 절망과 아픔으로 점철되어 있었다. 뜻대로 안 되는 인생, 화병이 날 만한 인생이었다.

이렇게 실패한 인생은 어떤 결과를 맞이하게 될까? 시름시름 앓다가 죽는 것밖에는 다른 결론이 없다. 더 이상 소망도, 더 이상 기대할 것도 없으니까. 이것이 한 많은 여인의 운명이었다. 그런데 이 여인에게 마지막 반전이 일어났다.

그날도 베드로의 서슴없는 초대에 예수님과 제자들이 그 집을 방문하게 되었다. 예수님께서 여자에게 다가가셨다. 예수님은 처음 보는 이 한 많은 여인을 알아보셨다. 그녀에게 다가가 손을 잡았다. 불덩이처럼 뜨거운 여인의 손을 잡고 일으키셨다. 예수님은 베드로 장모의 손을 잡고 체온을 느끼는 순간 모든 것을 아셨다. 여인에 대한 깊은 연민을 느끼셨다. 예수님이 여인의 팔을 잡고 일으키신 것은 아직 여인의 삶은 끝나지 않았고, 절망하기엔 아직 이르다는 말씀이기도 했다. 그 순간 장모의 열병이 떠나갔다.

고열로 인해 오랫동안 고통받던 그녀가 벌떡 일어났다. 베드로의 장모는 부엌으로 가서 음식을 장만하고 예수님과 베드로, 친구들에게 내놓았다. "열병이 떠나고 여자가 그들에게 수종드니라"(막 1:31). 이제 이 여인의 인생 2막이 시작되었다.

간음하다 현장에서 잡힌 여인

땅에 뭐라고 쓰셨을까

예수님에 대한 논란이 있었다. 어떤 사람은 예언자라 했고, 어떤 사람은 그리스도라 했다. 그러나 예수님이 갈릴리 출신이기에 거기에서 그리스도가 날 수 없다고 비아냥대는 사람이 훨씬 많았다. 예수님에 대한 견해 차이로 분열이 일어났다. 성전 경비병이 예수님을 잡으러 갔다가 빈손으로 돌아오자 대제사장과 바리새파 사람들이 역정을 냈다. 그들은 예수님의 말씀을 듣고 그 권위로 인해 잡아 올 수가 없었다고 말했다. 그러자 경비병들이 미혹됐다고 수군댔다. 니고데모는 당사자의 말을 직접 들어보지도 않고 심판하는 것은 적절하지 않다며 예수님의 편을 들어주었다.

바로 이런 논란의 상황이었을 때 음행하다 현장에서 잡혀 온 여인이 예수님 앞에 놓였다. 이른 아침이었다. 예수님이 성전에 들어가시자 많은 백성이 모여들었다. 그때 율법학자와 바리새인들은 예수님과 백성들 사이에 한 여인을 끌어다 놓고 예수님을 시험했다. 그들은 물었다.

"모세의 율법에서는 이런 여자를 돌로 쳐서 죽이라고 했는데 어떻게 할까요?"

이것은 함정질문이었다. 전제부터 잘못되었다. 이런 경우에 이 여자를 예수님께 끌고 올 필요가 없었다. 당시 사법 재판기구인 공의회가 있었고, 장로회나 원로회 또는 대제사장 모임이나 바리새파 등을 통해 얼마든지 해결할 수 있었다. 아무 사법적 권한이 없는 예수님에게 이 여자를 데려온 것은 불순한 의도가 있었다.

그들에게는 '모세의 율법'이라는 기준이 있었다. 그러면 그 기준대로 처리하면 되는 일이었다. 이런 상황에서 예수님께 어떻게 할지 묻는 것은 문제를 해결해달라는 의미가 아니었다. 예수님에 대한 시험이었다. 예수님의 말 한마디에 이 여자의 목숨이 달려 있었고, 대답을 잘 못 하면 예수님이 위험에 빠질 수도 있었다.

"그들이 이렇게 말함은 고발할 조건을 얻고자 하여 예수를 시험함이러라. 예수께서 몸을 굽히사 손가락으로 땅에 쓰시니"
(요 8:6).

그들은 예수님을 고발할 구실을 찾고 있었다. 예수님을 시험에 빠뜨리고 싶었다. 예수님이 여자를 풀어주라고 하면 율법을 어기는 일이었고 예수님은 고발을 당해서 끌려갈 수 있었다. 예수님에게 미혹된 성전 경비병 같은 사람들은 율법을 안 지키는 예수님에 대해 실망하게 될 터였다.

예수님이 여인을 죽이라고 해도 문제가 생긴다. 예수님을 따르는 무리가 예수님에 대해 배신감을 느낄 것이기 때문이다. 죄인과 세리들의 친구였던 예수님이, 원수도 사랑하라는 예수님이 사람을 죽이라고 명령을 내리는 것은 모순된 일이었다. 가련한 여인은 돌에 맞아서 피 튀기며 죽어갈 터였다. 모여 있던 많은 백성은 예수님께 실망해서 돌아서게 될 것이었다. 예수님의 입장에서는 어떤 대답을 해도 손해였다. 과연 이 난관을 어떻게 풀어낼 것인가?

예수님은 시험하는 자들을 꿰뚫어보고 계셨다. 예수님은 몸을 굽혀서 손가락으로 땅에 무엇인가를 쓰셨다. 땅에 뭐라고 쓰셨을까? 이에 대한 해석이 분분하다. 어떤 고대 사본에는 "그들 각자의 죄목을 적으셨다"라고 덧붙여 있다. 그럴 수도 있다. 그러나 꼭 죄목이 아닐 수도 있다. 예수님이 즉답 대신에 땅에 글씨를 쓴 것은 의외의 효과를 발휘했다. 어떤 효과였을까?

방향의 전환이었다. 여자는 현장에서 붙잡혔다. 그동안 간음으로 현장에서 잡혀 돌에 맞아 죽은 무수한 사람들이 있었다. 여론재판과 성난 군중에 의해 묵직한 돌이 죄인의 머리와 등을 향해 던져졌다. 급박한 분위기였고, 예수님은 심한 압박을 받았다. 당장에라도 무슨 대답을 해야 했다.

예수님은 조금 전까지도 사람들에게 율법정신과 하나님의 말씀을 전하고 있었다. 서로 사랑하라고 가르치셨다. 과연 예수님은 말만 번지르르한 랍비에 지나지 않을 것인가? 아니면 이 문제를 지혜롭게 해결할 수 있는 분인가?

이런 상황에서는 어느 누구도 즉답으로 모든 사람을 만족시킬 수 없었다. 무슨 대답도 완벽할 수 없기 때문이다. 바로 그때 예수님은 말이 아닌 땅에 글을 쓰는 것으로 즉답을 피하셨다. 뜨거운 열기와 기대, 의심과 바람 속에서 방향이 전환되었고 시간적인 여유가 생겼다. 그동안에 사람들은 저마다 이 문제에 대해서 생각해보게 되었다. 나라면 뭐라고 대답할까?

땅에 글씨를 쓰는 게 뭐 대수로운 일인가 싶지만 이 행위의 함의는 컸다. 예수님은 무엇인가를 쓴 적이 없었다. 글을 쓰기 위해 서판을 가지고 다니거나 글을 써서 누군가에게 준 적이 없었다. 글 쓰는 도구는 매우 드물거나 비싼 시대였고, 글이란 것도 특정한 사람의 전유물이었다. 그러니 뭔가를 쓴다는 것만으로도 예수님이 평범한 사람과는 다르다는 것을 보여주었다. 예수님은 땅에 무엇을 쓰셨을까?

거기 모인 사람들의 죄를 낱낱이 썼을 것이란 해석이 맞지 않을 가능성이 높다. 왜냐하면 당시에는 글을 읽을 수 있는 사람이 많지 않았다. 거기에 모인 사람의 이름과 죄목을 일일이 다 기록하기에는 땅과 시간이 턱없이 부족했다. 만약 한 명이라도 글씨를 못 읽어서 자신의 죄목을 인식하지 못한다면 바로 돌을 던질 수 있었다. 그러므로 예수님이 쓰신 글씨는 모든 사람이 다 볼 수 있고, 멀리에서도 보는 순간 바로 그 의미를 알 수 있어야 했다. 그렇다면 땅에 쓰신 글은 내용이 중요한 것이 아니라 예수님이 무엇인가를 쓴다는 사실이 중요한 것이다.

하나님께서도 유일하게 단 한 번 직접 글을 쓰신 적이 있었다. 십계명이었다. 그리고 지금 예수님에 의해 그 순간이 재현되었다. 예수님은 땅에 글을 쓰면서 하나님께서 십계명을 직접 돌 판에 새기셨던 일을 상기시켰다.

"그때 아버지께서 모세에게 손가락으로 십계명을 써서 주었다. 왜 그것을 써서 주었겠는가? 돌로 쳐서 죄인을 죽이라고? 돌을 들어 죽여야 한다면 율법을 끊임없이 어기고 있는 너 자신이 아니겠느냐?" 그런 심정이었을 것이다.

의도를 모르는 사람들은 다그쳐서 물었다.

"어떻게 할까요?"

드디어 예수님은 일어섰다. 그리고 말씀하셨다.

"너희 중에 죄 없는 사람, 이 십계명을 완벽하게 지키고 있는 사람이라면 돌을 던져라."

그들은 모두 마음에 찔렸다. 그 누구도 하나님의 계명을 다 지킬 수 없었다. 사람들은 나이 든 순서로 돌을 살며시 내려놓고 자리를 뜨기 시작했다.

우리도 그 여자와 비슷하다. 다른 점이 있다면 현장에서 잡히지 않았다는 것, 우리 마음의 악한 것들이 바리새인 같은 사람들한테 아직 안 걸렸을 뿐이다. 그러나 하나님은 아신다.

우리는 어떻게 될까? 예수님은 우리를 용서해주신다. 그리고 우리는 예수님의 글씨를 땅이 아닌 우리의 마음에 새긴다. 그렇게 우리는 용서받은 죄인으로 살아가는 것이다.

며느리 다말
이런 이야기를 굳이 성경에

창세기 38장은 야곱의 네 번째 아들 유다 집안의 이야기이다. 그는 아둘람 사람 히라와 동업했고 가나안 사람 수아의 딸과 결혼해서 세 아들 엘, 오난, 셀라를 낳았다. 큰아들 엘이 다말과 결혼했는데 하나님 보시기에 악해서 죽고 말았다. 다말은 유다의 둘째 아들 오난과 다시 결혼했다. 관행이었다. 오난을 통해 아들을 낳으면 다말은 죽은 엘의 몫이 다말에게 돌아올 수 있었다. 오난은 아들이 태어나도 자신의 아들이 되지 않는다는 것을 알고 씨를 주지 않았다. 오난 역시 하나님 보시기에 악했고, 곧 죽었다.

다말은 셋째 아들 셀라와 결혼할 차례였다. 그런데 막내도 잃을까 염려한 유다가 허락하지 않았다. 아직 어리다고 핑계를 댔지만 시간이 흘러 셀라가 결혼할 나이가 되었는데도 유다는 다말에게 셀라를 주지 않았다. 다말은 아들을 얻을 가망이 점점 없어졌다. 다말은 변칙적인 방법을 사용했다. 시아버지 유다를 통해서 아들을 낳는 것이었다. 그리하여 다말은 변장을 하는데….

다말의 이야기를 읽으면 굳이 이런 내용이 성경에 들어가야 하는지 의문이 생긴다. 요셉의 어린 시절과 애굽으로 팔려 간 이야기 사이에 유다와 다말의 추문이 맥락도 없이 등장하기 때문이다. 왜 성경은 이런 이야기를 기록했을까? 그것은 유다를 고발하기 위해서였다. 유다가 얼마나 비인간적이고 비합리적인 인간인지를 드러내면서, 상대적으로 하나님의 은혜가 얼마나 큰지를 보여주려는 의도였다.

유다의 비인간적인 면모를 살펴보자. 그는 규정을 따르지 않았다. 며느리에게 셋째 아들을 주어야 했다. 유다는 며느리에게 아들이 얼마나 절박한 것인지 관심도 없었다. 그러면서도 자신은 아내가 죽은 뒤 창녀와 관계를 맺고 싶은 동물적 본능에 충실했다. 추악한 일을 하고도 뒤처리는 친구인 아둘람 사람 히라에게 시켰다. 그는 겉과 속이 다른 인물이었다. 유다는 창녀에게 하룻밤의 대가로 염소를 약속했고, 창녀(다말)는 담보물로 '도장, 허리끈, 지팡이'를 요구했다. 도장은 자신의 신분, 허리끈은 자신의 위치, 지팡이는 자신의 직업과 관련된 물건이었다. 그렇게 중요한 것을 아무렇지 않게 내어줄 정도로 경솔한 사람이기도 했다.

유다는 어느 날, 며느리의 임신소식을 들었다. 유다는 며느리 다말을 끌어내 불에 태우라고 명령했다. 그는 잔인한 사람이었다. 며느리는 어떤 변명의 기회도 얻지 못하고 끔찍하게 죽을 위기였다. 그때 그녀는 도장, 허리끈, 지팡이를 내밀었다. 다말은 왜 그런 일을 했을까?

다말은 아들이 필요했고, 셋째 아들 셀라와 재혼하지 않는 한 아기를 가질 방법이 없었다. 타인과 관계를 맺어서 아기를 갖게 되면 부정한 여인이라는 낙인을 받아 화형에 처해지거나 돌에 맞아 죽을 수 있었다. 다말은 그것을 잘 알았다. 그렇다면 방법은 없을까? 재판하는 사람이 다말을 위한 판결을 내면 되었다. 묘수가 필요했다. 아기가 재판장의 아들이라면 이야기는 달라질 수 있었다.

집안의 재판은 가장의 권리였다. 유다는 가장이었고 그 집안일의 재판장이었다. 아기가 유다의 아들이면 무사히 자식을 가질 수 있었다. 다말은 유다를 통해 아기를 가질 방법을 모색했다. 만약 유다를 유혹했을 때 유다가 거절하거나, 그 자리에서 염소를 주어 거래가 끝이 나거나, 관계를 맺었어도 임신이 되지 않거나, '도장, 허리끈, 지팡이'를 담보로 주지 않는 등 계획 중 하나라도 틀어지면 그녀의 목숨은 죽은 목숨이었다. 다말은 인생을 건 모험을 펼쳤다. 창녀의 변장을 하고 유다를 기다렸고, 이윽고 임신을 하게 되었다.

꼭 그렇게까지 해야만 했을까? 다말은 이래 죽으나 저래 죽으나 마찬가지라고 생각했다. 아들이 없다면 사회의 가장 밑바닥을 전전해야 할 것이니 어차피 죽는 것과 마찬가지였다. 그녀는 살아남기 위해 머리와 몸을 썼다. 요행이 그것은 맞아떨어졌다. 그게 가능한 이유는 하나밖에 없다. 하나님의 허락이 아니면 안 되었다. 불가능한 계획이었으나 하나님은 그것을 용납하셨다. 그녀에게 쌍둥이가 태어났다. 한 명의 자식을 원했는데 아들 쌍둥이가 태어난 것은 하나님의 인정을 의미했다. 유다 역시 자신의 잘못을 수긍했다.

"유다가 그것들을 알아보고 이르되 그는 나보다 옳도다. 내가 그를 내 아들 셀라에게 주지 아니하였음이로다 하고 다시는 그를 가까이하지 아니하였더라"(창 38:26).

유다는 잘못을 깨달았다. 실수를 인정하고 며느리의 처지에 눈을 떴다. 며느리의 임신을 수용했고, 그녀 몫의 재산을 나눠주었다. 그 후 다시는 다말을 가까이하지 않았다. 유다는 욕정의 노예가 되지 않았다. 잘못된 일을 마침내 바로 잡았다.

다말이 쌍둥이를 낳을 때 첫째 아이가 밖으로 손을 내밀었다. 산파가 손에 색실을 매어주자 다시 배 속으로 들어갔다. 이후 처음으로 나온 아이는 색실이 없어서 동생이 되었고, 나중에 태어난 색실을 맨 아기가 첫째가 되었다. 태어난 아기들이 이렇게 복잡한 이유는 무엇 때문이었을까? 다말의 의도대로 되었지만 하나님은 난산을 통해 그 방법이 올바른 것만은 아님을 알려주시려고 하셨다.

에서와 야곱이 배 속에서 싸워서 부모의 고민이 되었던 것처럼 다말의 쌍둥이 아들의 장래 역시 고통스러울 것이었다. 이 아이들은 아버지가 할아버지이고, 할아버지가 아버지인 아주 기막힌 운명을 갖게 되었다. 아이들은 아버지 없이 살았고, 누군가 아버지에 대해 물으면 대답하기가 곤란한 상황에 부닥쳐야 했다. 유다가 죽으면 이 아이들은 할아버지의 장례라고 해야 할까? 아니면 아버지의 장례라고 해야 할까? 기구한 운명의 주인공들이었다.

다말은 아들은 낳았지만 불쌍하고 슬픈 인생이었다. 따뜻한 가족, 믿고 의지할 남편은 없고, 죄인으로 비명횡사한 남편, 욕심만 차린 이기적인 남편의 동생, 시아버지이면서 씨만 준 남편 아닌 남편, 한때 자기를 불 태워 죽이라는 시아버지…. 그녀는 평생 남편, 시아버지 등 남자로 인해 받은 상처와 괴로움을 안고 살아가야 했다. 이런 인생 속에 하나님의 은혜는 무엇일까?

죽을 때까지 힘들었을 그녀는 가련한 인생의 주인공이었다. 스스로 몸부림치고 발버둥쳤던 인생, 피곤과 고통 속에서 목적을 이루기 위해 수단과 방법을 가리지 않는 인생이었지만 그런 인생도 하나님께서 아셨고, 보셨고, 하나님의 구원역사로 바꾸어가셨다. 저주받은 것 같은 인생, 버림받은 인생에도 비춰주시는 하나님의 은혜가 있다. 여자의 몸으로 할 수 있는 모든 것을 다했던 과정 속에서 하나님은 그녀의 아들을 통해 하나님의 선택을 계속 이어가셨다. 그래서 굳이 이 이야기를 성경에 기록함으로써 불쌍한 인생을 보살피시는 하나님의 은혜를 보여주고 있는 것이다.

십보라

왜 갑자기 모세를 죽이려 하셨을까

미디안 제사장의 일곱 딸 중의 하나인 십보라는 아버지 르우엘의 양 떼를 치는 당찬 아가씨였다. 우발적인 살인을 저지르고 애굽에서 미디안 광야까지 도망친 모세는 우물가에 이르렀을 때 거칠고 난폭한 목자들이 십보라와 자매들의 양 떼를 내치면서 우물을 독차지하는 것을 보았다. 의협심의 사나이 모세가 가만히 있을 리가 없었다. 모세는 목자들을 몰아내고 십보라와 자매들이 마음껏 우물을 사용하게 했다. 미디안 제사장 르우엘은 모세가 마음에 들었고 십보라와 결혼하게 했다. 두 사람 사이에 아들이 태어나자 모세는 게르솜이라 불렀다. '게르솜'이란 '내가 낯선 땅에서 나그네가 되었다' 라는 뜻이었다. 결혼하고 자식을 낳으면 이전의 생활은 버리고 가정에 정착하는 것이 남편의 의무였다. 모세는 아들이 태어나면 가장으로서 책임감과 의무를 무겁게 느낄 줄 알았다. 그런데 '낯선 땅에서 내가 주인이 되었다'가 아닌 '낯선 땅에서 나그네가 되었다'라고 아들의 이름을 짓는 것을 보니 여전히 모세는 정착하지 못했다.

십보라는 그런 남편을 볼 때마다 불안했다. 언제라도 떠날 사람처럼 보였다. 시간이 지나면 남편은 마음을 잡을 거고, 세월이 더 흐르면 괜찮아질 거라고, 자녀를 더 많이 낳고 사랑을 주면 안착할 거라고 자신을 달랬다. 그렇게 40년의 세월이 지나갔다.

마흔 살, 한참 젊은 나이에 만난 모세가 여든이라는 초로의 중년이 되었다. 평소처럼 양을 치기 위해 호렙산까지 갔던 그에게 하나님의 음성이 들렸다. 애굽에 있는 이스라엘 백성을 해방시키라는 하나님의 소명을 받았다. 모세는 집으로 돌아와 애굽으로 돌아가겠다고 선언했다. 청천벽력이었다.

십보라는 처음 모세를 만났을 때 한눈에 애굽 남자인 것을 알았다. 그리고 만날 때 나이만큼의 세월이 흘렀다. 인생의 절반을 미디안에서 목자로 살았으니 이제는 적응할 만했다. 애굽인의 흔적은 다 사라졌고 완전히 미디안 사람이 되었다고 생각했다. 큰아들 게르솜은 어른이 되었고, 아들을 장가보내면 곧 할아버지가 되어 노년을 준비할 나이였다. 그런데 남편이 애굽으로 돌아가겠다고 공언했다.

성인의 나이에 한국을 떠나 외국에서 이민자로 사는 분들은 아무리 세월이 흘러도 마음은 늘 고향에 머물게 된다. 언젠가 태어나서 자란 곳으로 다시 돌아가야 한다고 생각하는 이민자가 많다. 모세 역시 그랬던 것일까? 사십 년의 세월이 흘렀지만 모세의 마음은 애굽에서 벗어날 수 없었던 것일까? 모세에게 사십 년이란 긴 시간도 미디안에 마음을 줄 수 없는 순식간에 흘러버린 시간에 불과한 것일까? 결혼하고 자식을 낳았지만 껍데기만 함께 있었을 뿐 늘 애굽에 마음이 있던 것일까? 십보라는 남편이 야속하기만 했다. 마음을 드러내지 않는 남편에 대한 불안이 드디어 실재가 되어 다가왔다.

"모세가 그의 장인 이드로에게로 돌아가서 그에게 이르되 내가 애굽에 있는 내 형제들에게로 돌아가서 그들이 아직 살아 있는지 알아보려 하오니 나로 가게 하소서. 이드로가 모세에게 평안히 가라 하니라"(출 4:18).

모세가 장인에게 애굽으로 돌아가겠다고 통보했을 때 십보라는 아버지가 말릴 줄 알았다. 그런데 말리기는커녕 갑자기 가려는 이유는 무엇인지, 가게 되면 완전히 가는 것인지, 돌아온다면 언제 올 것인지, 영원히 간다면 이곳의 가족과 친척, 늙은 장인은 어떻게 할 것인지 한마디도 묻지 않았다. 이드로는 마치 기다렸다는 듯이 편안히 가라고 작별인사를 해주었다.

그렇게 된 이상 십보라는 자식들을 이끌고 남편과 함께 갈 수밖에 없었다. 모세는 아내와 아들들을 나귀에 태우고 애굽으로 출발했다. 그의 손에는 하나님의 지팡이가 들려 있었다. 그렇게 애굽으로

가는 길에 십보라는 뜻밖의 한 가지 사건을 만나게 되었다. 길에서 숙소를 잡아 머물고 있을 때 하나님께서 갑자기 찾아오셨다. 처음 본 하나님이었다. 갑자기 하나님은 남편을 죽이려고 했다. 모세의 목이라도 졸랐을까? 모세는 곧 죽을 것 같았다. 하나님이 왜 갑자기 모세를 죽이려 하셨을까?

위기의 순간 십보라는 돌칼을 가져다가 아들의 포피를 베었다. 그리고 그것을 남편의 발에 갖다 대며 "당신은 참으로 나에게 피 남편입니다"라고 말했다. 그 말이 남편을 죽이려던 하나님을 멈추게 했다. 하나님은 사라지셨고, 모세와 십보라는 다시 애굽으로 향하게 되었다. 도대체 이 일은 어떤 의미였을까?

십보라가 처음 모세를 보았을 때 한눈에 애굽 사람인 줄 알았다. 그런데 결혼하고 보니 남편이 할례받은 것을 알았다. 남편은 히브리인이었다. 십보라는 그것을 비밀로 간직했다. 그리고 세월이 흘렀다. 남편은 끝내 미디안 사람으로 동화되지 못했다. 십보라 역시 남편의 모습을 있는 그대로 인정하고 받아들이지 않았다. 남편이 하나님에 대해 이야기해도, 히브리인이라는 정체성을 이야기해도 아무 믿음이 생기지 않았다.

그러다 숙소에서 하나님이 남편을 죽이려는 순간에 십보라는 직관적으로 알았다. '남편이 미디안에 동화되는 것이 아니라 내가 남편과 하나가 되어야겠구나. 남편의 나라는 나의 나라이고, 남편의 하나님은 나의 하나님이시구나. 하나님의 뜻과 계획을 따르지 않으면 남편은 죽을 수도 있겠구나.' 그래서 십보라는 아직 할례를 받지 않은 아들의 포피를 직접 벗겼다. 남편이 죽을 위기 속에서 아들을 남편과 같은 히브리인으로 만들기로 결단한 것이었다. 할례는 언약이었다. 언약을 몸에 새겨 영원히 잊지 않는 하나님의 백성이 되기로 결심했다. 그래서 남편을 살릴 수 있었다.

모세는 단지 친척을 만나려고 애굽으로 돌아가는 것이 아니었다. 노예인 이스라엘 민족을 구원해 내며, 그들에게 율법을 주어 하나님의 백성이 되는 새로운 역사를 이루기 위해서였다. 만약 십보라가 끝내 남편을 인정하지 않고 미디안에 미련을 두었다면 하나님의 역사를 막는 여인이 되었을 것이다. 아내인 십보라가 막으면 모세는 아무것도 할 수 없었다.

십보라는 자신의 손으로 아들의 할례를 행하면서 문제를 풀어나갔다. 아들뿐 아니라 자신도 하나님과의 언약으로 들어가 이스라엘 공동체에 합류하겠다는 의미였다. 십보라는 아직 이스라엘 백성을 단 한 명도 만나지 않았지만 그 결단과 실천을 통해 언약 백성에 속하게 되었다. 그녀의 인생은 하나님의 손길 안으로 들어왔고, 이제 새로운 역사가 그들을 기다리고 있었다.

미가의 어머니
돈을 훔친 아들을 축복한 이유는

선지자 미가 외에 성경에는 또 다른 미가가 등장한다. 〈사사기〉 뒷부분으로 가면 사사시대의 혼란상을 보여주는 두 가지 사건이 등장하는데, 그중에 하나가 바로 이 '미가'라는 사람의 집에서 일어난 일이었다.

미가의 어머니는 부자였다. 그런데 어느 날, 집에 두었던 1,100개의 은이 사라진 것을 알았다. 은 1,100개가 어느 정도의 가치냐 하면 당시 제사장의 1년 연봉이 은 10개와 의복 한 벌이었으니(삿 17:10) 제사장이 110년 동안 고스란히 모은 연봉에 해당되는 금액이었다. 이 엄청난 거금을 잃어버린 여인은 하나님께 기도했다. 돈을 훔친 사람에 대한 저주의 기도였다. 마침 아들 미가가 지나가다 어머니의 저주를 듣게 되었다. 미가의 심장이 철렁 내려앉았다. 무시무시한 저주였고, 저주가 그대로 이루어지면 그 사람은 완전히 파멸하는 것이었다.

미가가 저주에 놀란 이유는 돈을 훔친 사람이 바로 자신이기 때문이었다. 저주가 얼마나 무서웠던지 미가는 은을 전부 어머니께 가져다주면서 자백했다. 훔쳤던 돈은 한 푼도 숨김없이 다 돌아왔다.

"그의 어머니에게 이르되 어머니께서 은 천백을 잃어버리셨으므로 저주하시고 내 귀에도 말씀하셨더니 보소서. 그 은이 내게 있나이다. 내가 그것을 가졌나이다 하니 그의 어머니가 이르되 내 아들이 여호와께 복받기를 원하노라 하니라"(삿 17:2).

돈을 돌려받은 어머니는 바로 아들에게 복을 빌어주었다. 어머니의 돈에 손댄 못된 아들이었다. 혼내는 것이 먼저일 텐데 어머니는 복을 빌었다. 돈을 훔친 아들에게 축복한 이유는 무엇이었을까? 돈을 돌려준 정직함이 고마워서일까? 한두 푼 정도는 빼돌릴 수 있었는데 고스란히 가져온 것이 대견해서일까? 아니었다. 저주가 아들에게 임하게 될까 봐 두려워서였다.

어머니는 미가로부터 받은 1,100개의 은을 도로 내밀었다. 겉으로는 그 돈을 하나님께 드리겠다고 말했지만 실제로는 그 돈으로 신상을 하나 만드는 데 쓰라고 했다. 어머니는 아들의 잘못된 행동에 대해 단 한마디도 야단치지 않았다. 회초리를 들지도 않았다. 오히려 아들을 축복하고 아들을 위한 신상을 만들기 위해 거금을 사용했다. 어머니는 아들에게 왜 그렇게 대했던 것일까?

다윗 왕의 아들 암논이 이복누이 다말을 욕보인 때였다. 왕에게 허락을 구하면 다말과 결혼할 수 있었다. 그런데 암논은 힘으로 욕정을 풀었고, 그 후에는 모욕을 주고 쫓아내버렸다. 아들 암논의 악행과 딸 다말의 치욕에 대해 들었으나 다윗은 암논을 불러다가 혼을 내지 않았다. 아들을 야단치고 회초리를 드는 일을 하지 않았다. 아버지 다윗은 아들에게 왜 그렇게 대했던 것일까?

다윗 자신이 엄청난 죄를 지은 죄인이기 때문이었다. 다윗은 남의 아내와 정을 통하고 그의 남편을 청부살해했다. 그러고도 여전히 이스라엘의 왕으로 군림하고 있었다. 다윗이 암논을 불러서 혼을 내면 아들이 아버지를 바라보며 "아버지나 잘하세요." 따위의 소리를 할 것만 같았다. 아버지 다윗은 아들을 야단치기 전에 양심이 찔렸다. 그는 아들을 혼낼 자격이 없다는 것을 알았다.

미가의 어머니도 그런 사람이었다. 다른 사람은 어머니가 대단한 사람이라고 여길지 모르지만 아들 미가는 어머니의 정체를 알고 있었다. 가족끼리는 비밀이 없었다. 아들은 어머니의 비리를 누구보다 잘 알고 있었다. 가족은 서로의 허물을 아는 사이이다. 미가의 어머니가 도둑질한 아들에게 잘못을 지적하지 못한 이유가 바로 거기에 있었다. 어머니의 부의 축적은 사욕과 불법에서 나온 것이었다. 누구보다 아들 미가는 그것을 잘 알고 있었다.

사사시대는 올바른 지도자가 없었던 때였고 주변 나라들이 끊임없이 이스라엘을 침략해 올 때였다. 엎친 데 덮친 격으로 가뭄과 같은 자연재해도 심심치 않게 돌고 있었다. 그런 어려운 시기에 미가의 어머니가 은 1,100개를 현금으로 집에 두고 있었다. 제사장의 1년 연봉을 천만 원으로 잡으면 은 1,100개는 110억 원의 현금이었다. 미가 어머니의 재산은 그것만이 아니었다. 그녀가 어떻게 이렇게 엄청난 부를 가질 수 있었을까?

어머니의 부의 근원은 정직한 신앙에서 기인한 것이 아니었다. 어머니에게도 신앙은 있었다. 그러나 하나님의 뜻에 순종하는 신앙이 아니라 사욕을 위해 하나님을 부릴 수 있다고 믿는 신앙이었다. 그녀에게 하나님은 원하는 것을 이루기 위한 수단에 지나지 않았다. 돈을 잃어버렸을 때 저주를 했던 것은 평소 어머니의 방식이었다. 돈을 잃어버린 자신을 돌아보고 탓하기보다 훔쳐 간 사람이 누구인지 상관없이 끔찍한 저주를 퍼부어 댈 수 있는 사람이었다. 아들이 돈을 훔쳐 간 것을 알게 되자 자신이 빌었던 저주가 아들에게 가면 얼마나 치명적인 고통을 받을지 알았기에 얼른 복을 빌어주었다. 이것이 어머니의 신앙 수준이었다. 어머니의 신앙은 그것이 끝이 아니었다.

복을 빌고서도 불안을 이기지 못한 그녀는 그 돈을 저주를 막는 데 사용했다. 신상을 만드는 데 거금을 들이면서도 조금도 아까워하지 않았다. 신상을 만드는 것은 계명 중 첫 번째와 두 번째를 어기는 일이었다. 사사시대여도 그 정도는 상식이었고 신앙인이라면 금기해야 할 태도였다. 그러나 아들에게 돌아갈 액운을 막기 위해서라면 계명 정도야 아무 상관없었다. 돈을 쉽게 벌고 쉽게 쓰는 어머니가 평소에 애용하던 방식이었다.

어머니의 신앙은 눈에 보이는 것을 절대시하는 경향이 있었다. 신상을 마련한 김에 에봇과 드라빔도 만들었고, 전문적으로 복을 비는 신당도 만들었다. 그러다 보니 제사장이 필요했고, 은 10개의 연봉으로 아무나 데려와 복을 비는 기괴한 신앙을 이스라엘에 심기 시작했다. 돈을 훔쳐도 야단을 치며 고치기는커녕 오히려 축복하며 우상을 만들고, 그것으로 혼합적인 신앙을 이스라엘에 이식시킨 이 어머니와 미가는 시대가 망해가는 뚜렷한 징조에 다름없었다.

압살롬의 누이 다말

그녀를 위해 어떻게 해야 했나

다윗은 아내가 많았고 당연히 자식도 많았다. 수많은 아들 중의 장자는 아히노암이란 아내에게서 태어난 '암논'이었고, 세 번째 아들은 그술 왕의 딸 마아가라는 아내로부터 얻은 '압살롬'이었다. 압살롬에게는 '다말'이라는 예쁜 여동생이 하나 있었다.

장남인 암논은 이복누이 다말을 짝사랑했다. 그러다가 상사병에 걸리고 말았다. 암논에게는 사촌형 요나답이라는 매우 교활한 친구가 있었다. 요나답은 암논에게 병에 걸린 척 누워 있으면 다윗 왕이 문병을 올 것이고, 그러면 아버지에게 다말이 요리한 음식을 먹고 싶으니 다말이 직접 와서 요리하게끔 요청하라고 조언했다.

이 요청 자체는 별문제가 없었다. 거짓말이 섞여 있기는 하지만 예쁜 누이가 맛있는 음식으로 병간호를 해주면 병에 차도도 있을 터였다. 그러나 요나답의 방식이 사악한 이유는 다말이 음식을 해주러 오면 강제로 그녀를 가지라는 의미가 내포되어 있었다.

다윗은 그것도 모르고 암논의 요청대로 다말을 보냈다. 다말은 정성을 다해서 빵을 구워 암논에게 가져다주었다. 그때 암논은 본색을 드러냈다. 방에 있는 사람을 모두 내보낸 뒤에 다말을 억지로 침대로 끌고 갔다. 다말은 이성을 잃지 않고 암논에게 말했다.

"그가 그에게 대답하되 아니라. 내 오라버니여 나를 욕되게 하지 말라. 이런 일은 이스라엘에서 마땅히 행하지 못할 것이니 이 어리석은 일을 행하지 말라. 내가 이 수치를 지니고 어디로 가겠느냐. 너도 이스라엘에서 어리석은 자 중의 하나가 되리라. 이제 청하건대 왕께 말하라. 그가 나를 네게 주기를 거절하지 아니하시리라 하되"(삼하 13:12-13).

다말은 지혜로웠다. 비록 마음에 안 드는 암논이지만 그의 아내가 될 마음도 있었다. 암논이 책임감 있게 왕에게 요청한다면 그의 아내가 되어 평생 빵을 구울 각오가 되어 있었다. 순간만 모면하려는 것이 아니라 암논과 함께 인생을 꾸리려고 했다. 암논은 그녀의 말을 들어야 했다. 다말에게 사과하고 정당한 절차를 밟아서 자신의 아내로 맞이하고 의무를 다하면 이야기는 해피엔딩이 될 수 있었다. 그러나 암논은 최악의 선택을 했다. 폭력으로 다말을 굴복시켰고 자신의 욕망을 해소하고야 말았다. 욕심을 채운 뒤에 그가 했던 행동은 더 비겁했다.

욕망이 지나간 후에 그에게 남은 것은 권태와 미움, 증오와 싫증이었다. 물건을 버리듯 소리를 지르며 다말을 내쫓았다. 다말은 두 번 죽어야 했다. 그녀의 인생은 한 남자의 삐뚤어진 욕망으로 완전히 더럽혀지고 말았다. 다말은 공주의 옷을 찢어버리고 머리에 재를 끼얹고 얼굴을 감싸고 목놓아 울었다.

다말을 위해 어떻게 하는 것이 가장 좋을까? 여기에는 세 명의 남자들을 소환할 수 있다. 이 세 명이 책임감과 희생을 다하면 상처를 치유할 수 있었다. 첫 번째는 암논이었다. 늦었지만 자신이 저지른 죄에 대한 응당한 처벌을 받고 다말에게 진정으로 사과하고 용서를 빌어야 했다. 요나답이 진짜 친구라면 그렇게 하라고 조언해야 했다. 그러나 암논은 아무렇지도 않은 듯 행동했고 친구 요나답은 아무 생각이 없었다.

두 번째는 다윗이었다. 그는 전말을 다 들었고 분노했다. 그러나 그것이 전부였다. 그가 쏟아낸 분노는 누구를 위한 것이고 무엇을 향한 것인지 알 수가 없었다. 다윗은 암논과 다말의 아버지였다. 아버지로서 자녀에 대한 의무를 이행해야 했다. 그는 그 사건의 제공자였다. 남의 아내와 부정을 저질렀고 욕망을 위해 마음껏 죄를 지은 결과가 아들을 이 지경으로 이끌고 갔다. 원망을 듣고 수치를 당하더라도 암논을 불러 죄의 대가를 치르게 해야 했다. 그러나 다윗은 허공에 분노를 쏟고는 그걸로 끝이었다. 2년이 지나는 동안 상처가 아물기를 기다렸다. 시간이 약이 되기도 하지만 어떤 일은 시간이 지날수록 아픔이 커져 자신을 불행의 구렁텅이로 몰고 가기도 했다. 다말의 경우는 후자였고 다윗이 아버지의 자리로 돌아오지 않는 한 딸의 상처는 씻을 수가 없었다.

세 번째는 다말의 오라버니 압살롬이었다. 세 명 중 가장 힘이 없는 쪽에 속했다. 그는 복수의 칼을 갈았다. 2년 뒤에 양털 깎는 축제가 되자 아버지를 초청했다. 다윗은 거절했다. 다윗이 목표가 아니었던 압살롬은 아버지에게 다윗이 암논과 형제들을 보내달라고 했다. 다윗은 자신을 대신해서 왕자들을 모두 압살롬의 잔치에 보냈다. 형제들은 진탕 술을 마시고 기분이 좋아졌지만 압살롬은 자객을 교사해서 술에 취한 암논을 살해했다. 다말에 대한 복수였다.

압살롬은 잘했는가? 속이 후련하기는 했다. 동생을 건드리면 어떻게 되는지, 오빠가 어떻게 보복하는지 똑똑히 보여주었다. 그러나 다말의 입장에서 보자면 완전한 해결은 아니었다. 그렇다고 다말의 인생이 달라질 게 없었다. 암논이 죽었다고 과거의 상처가 사라지는 것은 아니기 때문이었다. 오히려 암논 살해의 배후라고 사람들이 수군거릴 수 있었다.

압살롬은 동생 다말이 당당하고 의연하게 살 수 있도록 모든 도움을 다 주었어야 했다. 암논과는 비교할 수 없는 최고의 신랑감을 구해주거나 동생 스스로 처량함을 이겨내고 인생을 타인을 돕는 도구로 살아가도록 정신적, 물질적 후원자가 되어주어야 했다. 그러나 압살롬 역시 동생의 희생을 자기 출세의 도구로 삼고 말았다.

압살롬은 암논을 죽인 후 3년간 고향에 칩거했고, 2년간 예루살렘에서 아버지의 지근거리에 유배되어 있다가 2년 뒤 다윗 왕을 알현한 뒤에 본격적인 반란을 꾀했다. 4년간 성문 앞에서 재판관으로 백성들의 마음을 얻으며 차곡차곡 왕의 길을 준비해갔다. 자신의 계획을 실행시키는 10년이 넘는 기간 동안 어디에도 동생 다말에 대한 관심이나 희생은 없었다.

헤브론에서 반역을 일으켜 아버지를 몰아내는 데 성공한 압살롬은 왕위에 올랐다. 그러나 오래 가지 못해서 죽고 말았다. 압살롬이 동생을 위해 한 것이란 암논을 죽인 것과 자신의 딸 이름을 '다말'이라고 지어준 것이 전부였다. 왕이 된 후에 다말을 요직에 앉혀서 재능을 펼칠 수 있게 하는 등의 일은 일어나지 않았다. 동생에 대한 연민으로 피의 복수와 요절로 인생의 막을 내린 비극의 주인공이 되었다.

어렵고 고통스러울수록 이성을 찾아야 했다. 동생의 일로 괴로웠던 그는 치밀하게 복수를 해냈지만 성공에 취해 정작 다말의 입장에서 다말이 원하는 것을 이루어주진 못했다. 압살롬이 다말에게 집중해서 그녀의 삶을 회복시키는 데 실력과 힘을 사용했다면 그렇게 허무하게 죽지는 않았을 것이다. 그렇게 힘 있는 세 명의 남자는 다말한 사람도 지켜주지 못했다.

엔돌의 신접한 여인

정말 사무엘이었을까

사무엘이 죽었다(삼상 25:1). 국상이 열렸고 이스라엘 백성들은 그의 죽음을 슬퍼했다. 한 시대가 끝났다. 이스라엘은 어수선한 상황이었다. 다윗은 블레셋의 아기스에게 망명한 상태였고, 블레셋은 이스라엘을 공습할 계획이었으며, 아기스 왕은 다윗에게 출정을 권유했다. 블레셋은 수넴에 모였고, 사울은 길보아산에 집결했다. 전쟁이 코앞이었다.

사울은 전쟁의 양상이 어떻게 전개될지, 이스라엘이 과연 이길 수 있을지 궁금했다. 그러나 하나님은 사울에게 아무 말씀도 없으셨다. 꿈도, 우림도, 예언자도 모든 것이 침묵이었다. 사울은 답답했다. 이스라엘 안의 무당과 박수를 모조리 쫓아냈던 사울은 이번에는 신하들에게 무당을 찾아오라는 은밀한 명령을 내렸다. 그만큼 절박했다. 사울은 어떻게 해야 했을까? 무당을 찾을 것이 아니라 예언자를 모셔오고, 제사장에게 기도를 요청하며, 레위인에게 하나님께 경배하도록 지시해야 했다. 그러나 그는 그렇게 하지 않았다. 신하 중 하나가 용한 무당을 찾았다는 소식을 전하자 사울은 변장하고 여인을 찾아갔다.

쫓아냈던 무당을 다시 찾았다는 것은 사울이 그만큼 분열적이고 자기모순적인 사람이란 것을 보여준다. 변장하고 밤중에 갔다는 것에서 일말의 양심이 남아 있다는 사실을 보여줄 뿐이었다. 대낮이라면 환한 빛에 얼굴이 드러날 테고, 정체를 밝히면 자신의 모순됨이 드러날 테니 어쩔 수 없는 노릇이긴 했다.

사울이 무당에게 망령을 불러달라고 요청하자 여인은 거절했다. 왕이 무당과 박수를 모조리 죽였으므로 그 일을 하면 잡혀 죽을 거라고 했다. 무당은 앞에 앉아 있는 사람이 사울인 줄 몰랐다. 그 무당은 전혀 용하지 않았다. 변장한 사울이 누구인지 알아보지도 못했고, 사울의 절실함이나 이율배반적인 모습도 전혀 알아채지 못했다.

사울이 무당과 박수를 전부 죽였는데 이 여자는 어떻게 살아남을 수 있었을까? 엔돌은 다볼산 사이 모래 언덕의 샘이 있는 땅이었다. 이스라엘 군인이 진을 친 길보아산에서 그리 멀지 않은 곳이었다. 등잔 밑이 어둡다고 무당이 어떻게 사울의 눈을 피해 가까이에 숨어 살았을까? 사울에게 그 무당을 소개해준 신하와 결탁한 것은 아닐까 의심이 간다. 그렇게 사울의 주변은 의뭉스러운 사람들로 포진되어 있었다.

사울은 무당에게 약속했다. 혼을 불러들인다고 벌받지 않을 거라고, 그것도 하나님의 이름으로 맹세했다. 사울은 초혼 행위가 얼마나 악한 우상 숭배인지 잘 알고 있었다. 무당과 박수를 죽였다는 것은 하나님의 뜻을 알았기에 가능한 일이었다. 그런데 지금 사울은 여호와의 이름을 걸고 무당이 죽지 않을 거라고 했다. 원하는 바를 얻어 내려고 하나님과 자신을 속이는 비열한 수법을 사용했다.

무당이 누구의 혼을 부를지를 묻자 사울은 사무엘이라고 대답했다. 그 순간 여인은 사울을 알아봤다. 사울은 맹세한 대로 아무 처벌도 내리지 않을 테니 사무엘을 불러달라고 거듭 요청했다. 무당은 죽은 사무엘의 영을 불렀다. 사울은 그가 어떻게 생겼는지 물었다.

"사울이 그에게 이르되 그의 모양이 어떠하냐 하니 그가 이르되 한 노인이 올라오는데 그가 겉옷을 입었나이다 하더라. 사울이 그가 사무엘인 줄 알고 그의 얼굴을 땅에 대고 절하니라"(삼상 28:14).

죽은 사무엘이 돌아왔다. 사무엘의 영이 이 여인에게 입신되어 사울 앞에 나타났다. 사울이 보기에 의심의 여지없이 사무엘이었다. 과연 사무엘이었을까? 그렇지 않다. 죽은 사무엘은 절대로 돌아올 수 없다. 예수님은 '부자와 거지 나사로' 이야기를 통해서 한 번 죽으면 다시 세상으로 올 수 없다고 하셨다. 그 이전까지는 영이 돌아올 수 있었는데 예수님시대부터 못 돌아온 것일 리가 없었다.

영은 하나님께로 올라가는 것이지 땅에서 기어 올라오지 않는다. 사무엘이 지옥에라도 갔다는 소리인가? 맞지 않는 말이다. 하나님은 혼을 불러들이거나 접신하는 것이 잘못된 일이라고 분명히 말씀하셨다. 영의 세계가 신기하고, 어떻게 빙의현상이 일어나는지 설명하기가 어렵고, 입증이 힘들어서 속이기도 쉬웠다. 무당은 사무엘을 갈망했던 사울의 심리를 교묘하게 조작했고, 사울은 보기 좋게 속아 넘어가고 말았다.

어떻게 이 일이 가능했던 것일까? 엔돌에 신접한 이 여인은 악한 존재에게 자신을 맡겨 초인적인 힘으로 사무엘을 불러낸 것일까? 아니다. 다른 사람도 아니고 최근에 죽은 거물급 인사인 사무엘을 흉내 내는 것은 별로 어려운 일이 아니었다. "한 노인이 겉옷을 걸치고 있다." 이것은 이스라엘 백성이라면 다 아는 사무엘의 전형적인 겉모습이었다. 앙드레김의 패션이나 스티브 잡스의 외형을 떠올리는 것만큼이나 쉬운 일이었다. 여인은 사울의 절실함을 알았고 사울은 속이기 쉬운 존재가 되었다.

사무엘에 빙의된 여인은 사울의 미래를 이야기했다. 무당은 아말렉과의 전쟁에서 하나님께 순종하지 않았기에 이번 블레셋과의 전쟁은 이스라엘이 패배할 것이며, 사울과 그의 아들들은 죽어서 사무엘과 함께 있게 될 것이라고 호언장담했다. 만약 이스라엘이 전쟁에서 승리하면 어쩌려고 이토록 자신 있게 말했을까? 만에 하나 자신의 예언이 틀려도 사울의 정성에 감복해서 하나님이 승리를 주셨다고 하면 그만이었다.

무당이 하는 말은 진실해보였다. '정말 사무엘이 오셨구나!' 하는 생각이 들 수 있었다. 그러나 그렇지 않았다. 이 여인은 엔돌에 피신하면서 사울이 왜 무당들을 죽이는지 알아보았다. 사활이 달려 있었기에 자세한 정보를 수집했다. 사울과 관련된 일은 알기 쉬웠다. 왕의 실수와 불순종은 이스라엘에서 유명했다. 도피 중인 다윗이 백성들의 지지를 받고 있다는 것도, 블레셋의 세력이 커지고 있는 것도 세상이 다 아는 사실이었다. 무당은 흩어진 정보와 사실을 총동원해서 드라마틱하게 연기했을 뿐이었다.

무당에게 속은 사울은 바닥에 벌렁 넘어졌다. 충격을 받아 넋이 나가버렸다. 전쟁은 기세인데 사울은 여인의 그럴듯한 속임수에 기가 완전히 꺾였고, 온종일 굶었던 터라 힘도 다 빠져버렸다. 이대로는 블레셋은커녕 조무래기들에게도 밀릴 터였다.

무당은 사울을 위로하기 위해 음식을 차려주었다. 위로하는 것처럼 보이지만 이는 매우 가증한 일이었다. 그녀는 연기력과 태세를 전환하는 빠른 변신, 그리고 사람의 마음을 갖고 놀 줄 아는 출중한 무당이었다. 살진 송아지를 잡았지만 사울에게 받은 복채에 비하면 아주 약소한 것이었다. 무당에게 운명을 맡긴 사울은 이렇게 한 여인에게 농락당하고 말았다.

두 렙돈 과부

과부는 왜 그것밖에 헌금하지 못했나

예수님이 성전에서 가르치고 계셨을 때 바리새인과 사두개인, 서기관이 차례로 나와서 예수님과 논쟁했다. 로마에 세금을 내야 하는지, 일곱 형제와 결혼한 여자가 부활 때 누구의 아내가 되는지, 최고의 계명이 무엇인지를 물었다. 마치 진검승부를 겨루는 것 같았고, 예수님은 그 모든 질문에 막힘없이 대답하셨다.

예수님은 무리에게 말씀하시길 긴 옷을 입고 다니며, 시장에서 문안을 받고, 회당의 높은 자리와 잔치의 윗자리를 선호하는 서기관들을 조심하라고 경고했다. 그들은 과부의 가산을 삼키고 외식으로 길게 기도하는 자로서 하나님의 심판을 받게 될 것이라 말씀하셨다. 그리고 예수님은 성전을 떠나셨다.

　제자 중의 하나가 성전을 나서는 예수님께 성전의 돌과 건물의 웅장함을 감탄하며 "예수님, 성전을 보십시오. 정말 대단하지 않습니까?"라고 말했다. 예수님은 성전에 대해서 이렇게 말씀하셨다. "돌 위에 돌 하나도 남지 않고 다 무너질 것이다."

　헌금함에 두 렙돈을 넣는 과부는 예수님이 성전에서 논쟁을 하고 성전에서 나가시는 그 사이에 등장했다. 성전 안에는 헌금궤가 있었다. 부자들은 상당한 양의 헌금을 과시하듯 궤에 넣었다. 그럴 때마다 사람들의 우러러보는 시선이 느껴졌다. 부자들 틈에서 남루한 옷을 입은, 척 보기에도 가난한 과부가 지갑에서 꼬질꼬질한 동전인 렙돈 두 개를 꺼내서 헌금궤에 넣었다. 사람들은 과부에게 경멸의 눈길을 보냈다. 예수님은 그 모습을 보고 말씀하셨다.

　"예수께서 제자들을 불러다가 이르시되 내가 진실로 너희에게 이르노니 이 가난한 과부는 헌금함에 넣는 모든 사람보다 많이 넣었도다. 그들은 다 그 풍족한 중에서 넣었거니와 이 과부는 그 가난한 중에서 자기의 모든 소유 곧 생활비 전부를 넣었느니라 하시니라"(막 12:43-44).

　예루살렘 성전에서 예수님이 하신 가장 파격적인 일은 '성전 정화'였다. 밧줄을 구해다가 채찍처럼 휘두르시면서 매매하는 사람들을 내쫓았고, 돈 바꾸는 자의 상을 둘러엎으셨으며, 비둘기를 파는 자의 의자를 내동댕이치셨다. 성전은 만민이 기도하는 집이지 강도의 소굴이 아니라고 외치셨다.

이런 소란의 현장에서 예수님이 잡혀가지 않은 이유가 있었다. 성전은 기도하는 곳이라는 순수성을 잃었고, 부패가 만연한 곳으로 변질되었기 때문이었다. 성전은 세상보다 더 잘못된 먹이사슬의 구조가 팽배해져 있었고, 가난한 자는 성전에 오는 것조차 고통이었으며, 부유한 자는 성전을 통해 부를 독점하고 있었다. 온갖 부정부패의 온상이 성전이었다. 예수님께서 성전에서 상을 엎으실 때 백성들은 통쾌함을 느꼈다.

처음부터 성전이 비리의 진원지는 아니었다. 사람들은 순수하게 헌금을 하고 그 돈은 필요한 곳에 쓰일 때가 있었다. 요아스 왕 때였다. 백성들은 많은 돈을 봉헌했고, 그것은 성전을 고치는 데 투명하게 쓰였다. 요아스 왕은 제사장에게 명령해서 성전 입구에 궤를 갖다 놓게 했고 백성들은 동전을 가져와 가득히 넣었다. 퇴락한 성전의 재건을 기대하는 기쁜 마음이었다. 누가 동전을 많이 넣는지 적게 넣는지는 전혀 구별되지 않았다. 누구나 다 동전을 넣었다.

예수님시대에도 성전에 궤가 있었다. 요아스 때와 다른 점은 누가 동전을 많이 넣고 누가 적게 넣는지, 부자와 가난한 자가 쉽게 드러나고 구별되는 것이었다. 헌금은 간헐적으로 일어났다. 헌금을 하는 사람이 적다 보니 사람들의 눈에 띄었고, 헌금을 넣는 양에 따라 부자와 빈자가 구별되고 차별되기 시작했다.

서기관들은 예복을 입고 인사를 받으며 상석에 앉는 것을 좋아했다. 그들은 과부의 가산을 삼키고서 길게 기도했다. 약한 자의 재산 강탈을 기도로써 정당화시켰다. 그들은 존경받아야 할 사람이었다. 그들은 하나님의 말씀을 받고 해석하며 전달하는 사람이었다. 왕이나 바리새인 같은 정치인보다 서기관들이 더 존경을 받아야 마땅했다. 그런데 예수님은 서기관들을 주의하라고, 그들은 하나님의 심판을 달게 받을 것이라고 말씀하셨다.

서기관들은 의무를 저버렸다. 그들은 말씀을 잘 해석하고 전달할 뿐만 아니라 먼저 본이 되어 말씀대로 살아야 했다. 말씀을 받은 자에 걸맞은 삶을 살아야 했다. 그런데 서기관들은 존경은 누리면서도 의무는 버렸다. 권위를 높이고 존경을 극대화하기 위해서 의복을 입고 인사를 받으며 높은 자리에 앉았지만, 그 힘을 가지고 과부의 자산을 삼켰다.

율법의 정신은 가난한 자를 위한 것이었다. 서기관들은 가지고 가난한 사람의 재산을 강탈하면서 율법의 정신을 저버렸다. 이들이 얼마나 교묘한 방법을 사용했던지 가난한 사람들은 자신이 갈취당하고 있다는 사실조차 모를 정도였다. 서기관들은 재산을 뺏은 후에 그중 일부를 자랑스레 헌금궤에 넣고 공개된 장소에서 기도했다. 되도록 길게 기도했다.

제자들이 보았던 그 웅장하고 압도적인 성전, 거대하고 대단한 건물이 될 수 있었던 것은 과부의 재산이 녹아 있고, 가난한 사람들의 피눈물이 들어 있기 때문이었다. 크고 웅장한 건물이 되기 위해 많은 사람의 피해가 뒤따랐다. 성전이 커질수록 서기관들의 주머니도 두둑해졌다. 예수님은 그런 성전이라면 돌 위에 돌 하나도 남지 않고 무너져야 한다고 말씀하셨다.

과부는 2렙돈, 곧 1고드란트를 궤에 넣었다. 그것이 생활비 전부였다. 4고드란트는 1앗사리온이고, 16앗사리온은 1데나리온이었다. 1데나리온은 하루의 일당이었으니 쉽게 계산하기 위해 하루 일당을 10만 원으로 잡으면 1앗사리온은 6,250원이고, 1고드란트는 1,562원이었다. 과부의 하루 생활비 1,562원은 헌금궤에 들어갔고, 그녀는 오늘 굶거나 어제 남은 것으로 연명하게 될 것이었다. 과부는 왜 고작 그것밖에 헌금하지 못했을까? 서기관에게, 권력자에게 자신이 가진 것을 다 빼앗겼기 때문이었다.

예수님은 과부의 두 렙돈 헌금을 칭찬한 것이 아니었다. 과부가 가난한 중에도 전 재산을 내놓았으니 당신은 더 많이 헌금할 수 있다고 설교하는 사람이 있다면 그는 서기관과 다를 바 없는 사람이다. 예수님은 두 렙돈이 생활비 전부인 여인을 통해 말씀을 가지고서 과부의 가산을 삼키는 서기관과 같은 오늘 우리를 고발하고 계신 것이다.

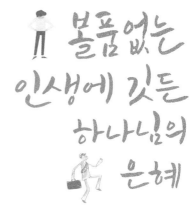

알면서도 행한
어리석은 악인들

가롯 유다
배신할 줄 알면서도 제자로 부르신 이유는

예수님은 가롯 유다를 제자로 부르셨다. 예수님을 배신할 줄 알았지만 그를 선택하셨다. 그리고 시간이 되었을 때 제자들 앞에서 그의 배신에 대해 공개했다. 제자들의 발을 다 씻기신 그 밤이었다. 예수님은 자신을 팔아넘길 사람이 있다고 말씀하셨다. 제자들은 누가 감히 스승을 팔 것인가 의아해하며 서로를 바라보았다. 예수님의 인기가 절정일 때였다. 예루살렘에 입성할 때 수많은 사람이 종려나무 가지를 흔들며 맞아주었다. 그들은 "호산나"라고 외쳤는데, 이스라엘 백성을 해방할 구원자로 믿었다는 뜻이다.

예루살렘 성전에서는 장사치의 상을 엎으셨고, 기득권자인 대제사

장, 바리새인, 사두개인, 율법사 등과의 설전에서 차례로 그들의 주
장을 논파해 내셨다. 어디를 가든지 구름처럼 백성이 모여들었다. 군
중은 예수님에 대한 기대로 가득했고, 권세를 부리던 사람들은 잔뜩
주눅이 들어 있었다. 날이 밝으면 예수님의 시대가 도래할 것만 같았
다. 그런데 이 시점에서 제자 중의 하나가 예수님을 팔다니, 말이 안
되는 소리였다.

> "예수께서 대답하시되 내가 떡 한 조각을 적셔다주는 자가 그
> 니라 하시고 곧 한 조각을 적셔서 가룟 시몬의 아들 유다에게
> 주시니 조각을 받은 후 곧 사탄이 그 속에 들어간지라. 이에
> 예수께서 유다에게 이르시되 네가 하는 일을 속히 하라 하시
> 니"(요 13:26-27).

제자들은 자신에게 떡 조각이 오지 않아서 안심함과 동시에 예수
님이 지목한 사람이 가룟 유다라는 사실에 놀랐다. 믿기지 않았다.
가룟 유다는 동료를 위해 회계를 도맡아왔다. 예수님 공생애 3년 동
안 12명의 제자와 이리저리 어울렸던 사람들까지 식사와 숙박 등의
살림살이를 꾸려가는 게 만만치 않은 일이었다.

예수님께서 유다에게 "네가 하는 일을 속히 하라"고 말씀하셨고
유다는 성급히 밖으로 나갔다. 제자들은 유다가 예수님을 팔러 나간
다기보다 명절에 사용할 물품을 사러 나간 줄로 이해했다. 가룟 유다
의 배신은 의외였다.

가롯 유다에게 긍정적인 면이 없는 것은 아니었다. 그에게는 열정이 있었다. 로마의 압제 아래 있었던 이스라엘 민족을 독립시킬 정치적 메시아로 예수님을 기대한 것은 유다도 마찬가지였다. 예수님을 십자가와 부활을 통한 세상의 구원자가 아니라 제국의 침략을 받아 침략으로 착취와 약탈을 당한 이스라엘 민족의 해방자로 기대했다.

예수님을 팔았다는 것은 예수님을 물건처럼 매각했다는 것이 아니라 예수님의 위치를 제사장들에게 제보한 것이었다. "여기를 보라. 우리의 메시아가 있다. 너희들이 예수님을 잡아가도 그분은 메시아로서 이 나라를 해방시켜 줄 것이다!" 그것이 유다의 심정이었다.

가롯 유다는 다른 제자들의 신뢰를 얻고 있었고, 귀찮은 일을 도맡아 했으며, 계획한 일을 치밀하게 해내는 사람이었다. 자신이 한 일이 잘못되었다는 것을 알았을 때 후회해서 그 돈을 고스란히 돌려주기도 했다. 다른 제자들이 예수님을 버리고 도망칠 때 그는 제사장들이 있는 성전으로 들어가서 없었던 일로 해달라고 요청했다. 다른 제자들보다 양심적이었다. 이렇게 가롯 유다는 괜찮아 보이는 사람이었다.

그러나 예수님은 그의 정체를 분명히 아셨다. 다른 사람들은 속일 수 있을지 모르지만 예수님을 기만할 수는 없었다. 마리아가 향유를 부을 때 유다는 그것을 팔아서 가난한 자에게 주라고 조언했지만 남을 생각한 것이 아니었다. 돈궤를 훔쳐가던 사람이라 향유를 팔면 그중 일부도 착복할 수 있을 거라 여겼기 때문이었다(요 12:6). 그는 도둑이었다. 예수님의 공생애 기간 내내 살림살이를 축냈으며 배임과 횡령을 반복한 사람이었다.

유월절 저녁을 먹고 있을 때 예수님은 제자 중 하나의 배신을 공포했다. 제자들은 근심해서 "나는 아니지요?"라고 물었다. 혹시 실수로라도 예수님을 팔게 될까봐 걱정스러운 눈빛이었다. 그러나 가룟 유다는 그때 침묵하고 있었다. 예수님께서 "그는 차라리 태어나지 않았다면 좋을 뻔했다"라고 하자, 그제야 "선생님, 나는 아니지요?"라고 물었다. 자신의 의도가 걸릴까봐 걱정스러운 눈빛이었다.

당시 노예의 몸값은 은 30세겔이었다(출 21:32). 1세겔은 노동자 4일의 품삯이었으니 하루 10만 원으로 잡으면 은 1세겔은 40만 원이고, 은 30은 1,200만 원이었다. 그것이 예수님을 팔고 벌 수 있는 돈이었다. 그동안 따로 모아둔 주머니까지 합치면 한몫 단단히 잡는 것이었다. 예수님의 사역이 실패하더라도 가룟 유다는 고향으로 돌아가 새롭게 터전을 잡을 준비가 되어 있었다.

유다 자신이 스스로 세우려고 했던 나라는 하나님 나라와 동떨어진 세상 나라였고 자신만을 위한 이기적인 나라였다. 그가 예수님을 팔아버린 것을 후회하고 돈을 제사장에게 돌려준 후에 한 행동 역시 이기적이었다. 그는 예수님을 만나려고 하지 않았다. 다른 제자들을 찾아가 잘못을 고백할 생각도 하지 않았다. 그는 책임을 버리고 도망쳤다. 그리고 자살했다.

그가 잘못을 알았다면 거기에서 다시 시작할 수 있었다. 부당하게 모았던 돈은 가난한 사람을 위해서 나눠주고, 제자들에게는 마음을 터놓고 자신의 실수에 대해서 자백할 수 있었다. 그러면 그는 제자들과 함께 부활하신 주님을 다시 만날 수 있었다. 그러나 인생을 버림으로써 그 기회마저 영영 놓치고 말았다.

그렇다면, 예수님은 가룟 유다가 자신을 팔 것을 알면서도 왜 그를 선택했던 것일까? 예수님만 아는 것이 아니었다. 구약성경도 이미 가룟 유다를 예언하고 있었다. 시편 기자는 자신과 함께 떡을 나눠 먹던 가까운 친구가 자신을 대적해서 발꿈치를 들었다고 호소했다(시 41:9). 이 말씀은 예수님께서 떡 한 조각을 가룟 유다에게 주면서 성취가 되었다. 시편 기자는 그의 연수를 짧게 하고 그의 직분을 타인이 빼앗게 해달라고 노래했다(시 109:8). 이것은 그가 자살한 뒤에 그의 직분이 맛디아에게 간 것으로 이루어졌다.

예수님도 성경도 그를 알고 있었지만 놀랍게도 구체적인 그의 이름은 없었다. 가룟 유다는 처음부터 예수님을 배반하기 위해 제자가 된 것이 아니었다. 가룟 유다는 선한 일을 위해 제자가 되었고 동료 제자들을 위한 봉사를 시작했다. 그런데 욕심과 이기심이 생기기 시작했을 때 조금씩 악한 일을 시작했고, 그것이 쌓이자 마침내 예언의 주인공이 되었다. 그러고는 예수님의 말씀처럼 은 30에 스승을 팔아버린 파렴치한이 되어 버렸다.

자신의 진짜 모습을 뒤늦게라도 깨닫고 불완전한 인간일 수밖에 없는 한계를 인정했더라면 어땠을까? 인간의 머리로 아무리 자신의 행위를 감추고 아무리 그럴듯한 황금빛 미래를 꿈꾸더라도 이기적인 삶은 결함이 있다는 것을 깨달았다면 어땠을까? 예수님으로부터 빵 조각을 건네받은 그 순간, 회개하고 돌이킬 수 있는 마지막 기회를 놓쳐버리자 그는 사탄의 노리개로 전락하고 말았다.

데마
그가 바울을 떠난 이유는

바울이 쓴 편지에는 다양한 사람이 등장하는데, 칭찬받는 사람이 있는가 하면 따끔하게 혼나는 사람도 있다. '마가'는 부정적인 인물이었지만 〈디모데후서〉에서는 유익한 인물이 된다. 마가처럼 문제투성이인 사람이 긍정적으로 바뀌기도 하지만 괜찮았던 사람이 부정적으로 바뀌기도 한다. '데마'가 바로 그런 사람이었다. 바울 서신에서 딱 세 번 등장하는 그는 원래 사랑받는 동역자였다(골 4:14, 몬 1:24). 그런데 그가 바울을 떠나버렸다.

"데마는 이 세상을 사랑하여 나를 버리고 데살로니가로 갔고

그레스게는 갈라디아로, 디도는 달마디아로 갔고 누가만 나와
함께 있느니라. 네가 올 때에 마가를 데리고 오라. 그가 나의
일에 유익하니라"(딤후 4:10-11).

원래 데마는 사랑받는 누가와 동급일 정도로 좋은 사람이었다.
그는 마가, 아리스다고, 누가와 더불어 바울과 함께 봉사와 전도를
감당했다. 그런데 바울이 디모데에게 보낸 편지에서는 데마가 데살
로니가로, 그레스게가 갈라디아로, 디도는 달마디아로 떠났다고 전
했다. 바울은 말년에 외로운 옥살이를 하고 있었다. 그레스게가 떠난
'갈라디아'는 소아시아의 로마령으로서 유세비우스에 의하면 스페
인 남쪽의 고올(갈리아)이었다. 바울은 그레스게를 그곳으로 보냈다.
디도가 간 '달마디아'는 아드리아 연안 동쪽에 있는 일루리곤에 속
한 지역으로, 그 또한 바울이 파송해서 복음사역을 계속 추진한 것이
란 견해가 지배적이다.

그렇다면 데마는 어떨까? 바울이 복음사역을 위해 데살로니가 지
역으로 보낸 것은 아닐까? 바울이 "이 세상을 사랑하여"라고 표현했
는데 하나님께서도 세상을 사랑하지 않으셨던가?(요 3:16). 데마가
세상을 향해 구령의 열정을 품고 간 것은 아니었을까? 그러나 아무리
좋게 보아도 "나를 버리고"라는 표현은 데마를 부정적으로 보이게 만
든다. 데마는 바울을 버렸다. "바울과 헤어졌다"거나 "바울을 떠났
다"는 중립적인 표현이 아니라 "버렸다"는 비판적인 표현이 사용되었
다. 데마는 바울을 버렸고, 그의 사역을 버렸으며, 믿음의 길을 갔던

모든 기억을 버렸다. 계획적이고 의도적인 매몰찬 버림이었다.

데마가 바울을 버린 것처럼 자신의 직분을 버린 사람이 있다. 가룟 유다였다. 성령 세례를 받기 전에 예루살렘의 다락방에 모인 120명의 신도들 앞에서 베드로는 유다에 대해서 자신의 "직무를 버리고 제 곳으로 갔나이다"(행 1:25)라고 평가했다.

가룟 유다는 사도의 직분을 버리고 제 갈 곳으로 갔다. 〈마태복음〉에서 유다는 예수님을 팔고 받은 은 삼십을 제사장에게 던져주고 죄책감에 시달려 자살했다. 〈사도행전〉에서는 거꾸러져서 배가 터지고 창자가 쏟아져 죽었다고 나와 있다. 유다가 목을 매어 자살했지만 아무도 그 시신을 거두지 않고 방치된 채로 있다가 줄이 풀어져 시체가 땅에 거꾸러질 때 배가 터져 창자가 밖으로 쏟아져 버렸다. 끔찍하고 참담한 모습이었다. 그것은 그가 자기 직분을 '버렸기' 때문이었다.

사도라는 직분, 예수 그리스도 안에서의 믿음의 길을 버리고 자기 마음대로 떠난 가룟 유다의 최후는 처참했다. 데마 역시 크게 다르지 않을 것이다. 그의 최후가 어떠했는지 알 수 없으나 결코 편하고 행복한 결말은 아닐 것이다. 데마는 가룟 유다처럼 배신의 대명사로 추한 결말을 맞이했을 것이다.

데마가 바울을 배신한 이유를 우리는 알 수 없다. 여러 차례 감옥에 갇히는 바울을 보면서 신상의 위협을 느꼈는지, 어느 순간 신앙에 대한 회의가 들었는지 모르겠다. 그러나 많은 지역 중에서 데마가 하필 데살로니가로 떠난 것을 통해 바울을 버린 이유를 짐작해 볼 수 있다. 데살로니가는 화려한 도시였다. 그리스 제2의 항구도시로 마케도니아 지방에서 에게해로 진출하기 위한 가장 큰 도시였으며, 로마 제국 시대에는 정치적인 중심 수도가 되기도 했다.

데마는 경제적인 면에서 화려하고 많은 기회를 얻을 수 있는 데살로니가로 떠났다. 개인 영달을 위해서였다. 그가 "이 세상을 사랑했다"는 것은 하나님이 세상을 사랑한 것과는 완전히 다른 의미였다. 세상과 동화되기 위해서였고, 복음을 위해서가 아니라 더 좋은 기회를 노리기 위해서였다. 만약 데마가 데살로니가가 아니라 더 어려운 곳으로 갔다면 그의 본심은 다르게 읽힐 수도 있었을 것이다. 그러나 그는 더 좋은 곳으로 떠났다. 일신의 출세를 위해서였다. 신념을 버리고 조금만 타협하면 더 나은 삶을 살 것이란 세상적인 믿음이었다. 그렇게 그는 배신의 길을 갔다.

오늘도 많은 사람이 이익을 위해 진리를 버리고 더 편한 자리로 옮긴다. 그것이 배신인지 아닌지를 알려면 두 가지를 보면 된다. 하나는 그가 간 곳, 그가 취한 것이 세상적으로 더 좋은 것인지를 보고, 또 하나는 그의 종말이 어떻게 끝날지를 보면 알 수 있다. 동료를 배신하고 높은 위치에 오르거나, 신념을 배반하고 악인의 나팔수가 되어 호의호식하다가 인생의 마지막을 마감할 때 바울 같은 믿음의 동료도 없이 쓸쓸이 죽어가는 것은 비극이 아닐 수 없다.

많은 환란과 어려움 속에서도 변치 않는 믿음을 끝까지 지킨 사람이 드문 이 시대에 데마 같은 사람이 점점 늘어가는 것은 슬픈 일이다. 과연 우리는 이익을 위해 배신하지 않을 수 있을까?

바로
절대 권력이 절대 부패하는 이유는

고대 애굽에서 가장 높은 존재인 '바로'(pharaoh)는 인간이었지만 신으로 추앙받았다. 〈출애굽기〉에는 애굽의 최고 권력자인 왕 바로 와 히브리 노예 출신으로 한때 왕자였으나 지금은 전직 양치기인 모세 사이의 대결이 나온다. 강이 피로 변하는 재앙부터 시작해서 개구리, 이, 파리, 악질, 독종, 우박, 메뚜기, 흑암, 장자의 죽음으로 이어 지는 열 가지의 장엄한 재앙이 순차적으로 일어나는 동안 애굽의 술 객들이 의기양양 따라 하다가 왕에게 항복을 권유하는 변화를 보였 다. 하나님은 애굽을 재앙으로 뒤흔들었다.

이런 변화무쌍한 상황 속에서도 폭풍 속 고요처럼 자신의 주장을 철회하지 않는 이가 있으니, 그가 바로 '바로' 왕이다. 평생에 한 번을 만나도 심각한 문제인 이런 재앙을 열 번이나 맞으면서도 눈 하나 깜짝하지 않는 바로 왕은 도대체 어떤 존재일까? 열 번의 무시무시한 재앙보다 바로의 냉담하고 변하지 않는 모습이야말로 애굽 백성들에겐 더 무서운 재앙처럼 보인다. 모세에게 바로는 어려운 상대였다. 열 가지 재앙은 곧 바로의 비양심의 두께였다.

역사상 수많은 왕은 백성들을 죽이면서도 큰 권력과 절대적인 능력을 가지고 있었다. 무슨 소원이든 다 이루어주는 도깨비방망이를 소유한 것처럼 자신이 원하는 것이라면 다 누릴 수 있는 능력을 지니고 있었다. 무엇이든 다 이룰 수 있다는 말은 자신이 하나님이 되고 싶다는 욕망의 다른 표현이다. 절대적인 권력을 쥐었던 왕이나 황제, 독재자들은 이런 욕망을 소유한 사람이었다. 그들은 하나님이 되고 싶었다.

그러나 인간은 절대로 하나님이 될 수 없다. 하나님은 절대적인 힘과 능력을 가지고도 그것으로 어떤 한계가 없지만 인간은 절대적인 힘을 갖고 도깨비방망이를 소유하는 순간 진짜 신이 되는 것이 아니라 오히려 이상한 존재가 되어 버린다. 그 힘을 제대로 조절하지 못해 오직 욕망을 위해서만 사용하는 괴물이 되기 때문이다. 즉 절대 권력은 절대 부패를 낳기 때문이다.

절대 권력이 절대 부패하는 이유는 무엇일까? 권력을 한 번 지니게 되면 휘둘러보고 싶은 것이 사람의 마음이다. 그러나 어떤 권력이든 그것을 억제할 수 있는 것은 그보다 더 큰 권력이다. 나와 동등하거나 더 센 힘을 가진 사람 앞에서 나의 권력은 제한받는다. 그러나 어떤 견제도 없는 권력이 주어지면 그것을 휘두르게 되고, 그렇게 되면 그것이 주변인들을 희생시키고, 권력자는 부패하게 되며 그렇게 권력은 사라지고 만다.

큰 힘을 지닌다면 거기에 따른 책임이 있어야 한다. 애굽은 태양신이 바로를 선택해서 세상으로 내려보내 세상을 통치한다고 믿었다. 그렇게 절대적인 권력을 쥐게 된 신 같은 존재인 바로 왕이 애굽의 막대한 부의 원천인 히브리 노예들을 쉽게 내줄 수가 없었다. 차라리 자신의 손으로 노예를 죽이면 죽였지 모세의 요구에 순순히 따를 리가 없었다. 바로 왕의 마음은 점점 강철처럼 굳어버렸다. 그가 조금만 남을 생각했어도 노예들도 살 수 있었고 애굽 백성들도 고생하지 않을 수도 있었다. 그렇다면 왜 그는 그렇게 마음이 강퍅한 존재가 되었던 것일까?

> "모세와 아론이 이 모든 기적을 바로 앞에서 행하였으나 여호와께서 바로의 마음을 완악하게 하셨으므로 그가 이스라엘 자손을 그 나라에서 보내지 아니하였더라"(출 11:10).

하나님은 바로의 마음을 완악하게 함으로써 바로 왕이 스스로 제한 없는 권력의 절대자로 군림하고 있다는 착각에 빠지게 했다. 그런 절대 존재가 미디안 목자 출신인 모세의 경고를 받아들일 수는 없었다. 히브리 노예는 모두 자신의 것이라 생각했고 절대로 남에게 내줄 수 없었다. 그는 계속해서 잘못된 결정만 내렸다. 열 가지 재앙이 일어나서 자신의 백성인 애굽 사람들은 고통을 당했고, 반면에 히브리 노예들은 재앙에서 보호되고 있었다.

모세가 이스라엘 백성을 이끌고 나갈 때 애굽 백성들은 은금 패물을 자진해서 이스라엘 백성에게 바쳤다. 바로의 신하들과 애굽 백성은 모세를 우러러 보았다(출 11:2-3). 그토록 큰 힘을 쥐고서도 존경받지 못했던 바로에 비해서 모세는 애굽인으로부터 경외의 대상이 되었다. 하나님께서 밤중에 애굽 한가운데 들어가서 바로 왕의 장자부터 모든 가축의 첫 새끼까지도 다 죽이는 전무후무한 고통을 일으켰을 때 바로 왕은 절대 권력으로 그 모든 것을 막기는커녕 자기 아들 하나도 지키지 못했다.

바로 왕이 자신이 하나님이라 착각해서 끝까지 고집을 피울 때 그의 백성들은 죽어 나갔다. 그의 인간성 역시 파괴되어 악하고 독한 존재가 되어갔다. 그는 죽은 뒤에 세상에서 가장 거대한 피라미드 무덤에 들어갔지만 죽음의 주인공이었지 절대로 신이 될 수 없었다.

역사상 모든 절대 권력의 소유자는 영원하지 못했다. 하나님이 되려는 인간은 하나님의 심판 앞에서 처참하게 무너졌다. 사람들은 어리석게도 자기 나름의 절대 권력을 추구하기도 한다. 인간에게 각자 작은 도깨비방망이가 하나씩 있을 때가 있다. 때로는 외모로, 때로는 돈으로, 학벌로, 건강으로, 자식으로… 각자 뛰어난 것 한 가지를 가지고 으스대기도 하며 그것으로 남을 짓밟기도 한다. 그리고 마치 자신이 하나님이 된 것처럼 착각한다. 그는 바로의 길을 따라가고 있는 중이다.

인간은 소원을 이룰수록 자기 욕심을 강화하는 수단으로 그것을 사용하는 경향이 있다. 무엇인가를 이루게 되면 남을 돕겠다고 다짐하지만 여유가 많아지면 욕망도 그만큼 늘어나고 우선순위도 바뀌기 마련이다. 주체할 수 없이 엄청난 물질을 가진 사람이 더 많은 것을 모으려고 혈안이 되는 것은 바로의 모습이 있기 때문이다. 권력과 힘, 부귀와 권세로 인해 바로는 자신이 얼마나 끔찍한 존재인지도 모르면서 사라져갔다. 권력이 크면 클수록 그 몰락의 여파도 크다. 큰 권력을 가지고서도 바로의 길을 따라가지 않고 존경받는 결말의 길을 가는 겸손한 자가 될 수 있기를 바라본다.

고라
산 채로 지옥에 갈 수 있을까

이스라엘 백성은 광야에서 온갖 불평과 원망으로 지냈다. 일반 백성이야 언제 광야생활이 끝날지 답답해서 그렇다 해도, 모세를 통해 하나님의 뜻을 전달받았던 고위층 역시 불평하는 모습을 보면 한심하게 느껴질 때가 있다. 그러던 어느 날, 레위의 증손인 고라가 반기를 들었다. 고라는 다단, 아비람, 온과 의기투합했다.

고라는 이스라엘 백성 중에서도 상위 계층이었다. 아버지가 이스할에, 할아버지는 고핫이었다. 레위 자손이 대를 이어 제사장 지파가 되었는데 그중에서도 레위의 세 아들 게르손, 고핫, 므라리의 자손들은 성막을 위해 없어서는 안 될 일꾼이었다. 고라는 고핫의 계보에 속해 있었다. 명문가 출신인 그는 현재도 이스라엘의 리더이지만 앞으로도 이스라엘을 이끌어갈 유망한 사람이었다.

고라, 다단, 아비람, 온이 모세에게 대항을 시작하자 기다렸다는 듯이 250명의 남자가 합세했다. 그들은 모두 이스라엘 백성의 리더였다. 한 명 한 명 이름만 대도 다 알 만한 이들이었다. 그들의 발언권은 셌다. 고라가 모세와 아론의 리더십에 대해서 항의했다. 왜 모세와 아론이 여호와의 회중에서 최고책임자가 되어야 하느냐고 성난 목소리로 대들었다.

그들은 모세와 아론이 마음에 들지 않았다. 총회에서 모세와 아론이 최종 리더인 것이 꼴도 보기 싫었다. 이 사람들의 반격이 얼마나 위협적이었던지 모세는 그들 앞에서 납작 엎드렸다. 그러나 언제까지나 엎드려 있을 수는 없었다. 모세가 반격했다. "이스라엘을 이끄는 최종 리더가 되려면 하나님의 선택을 받아야 가능하다. 그러니 공정하게 모든 사람이 자기의 향로에 불을 담아 가져와서 하나님께서 선택하시도록 하자. 하나님께서 한 사람을 택하시면 군말 없이 그를 리더로 인정하자."

모세는 고라를 바라보았다. 하나님은 고라에게 성막 일에 대한 배타적인 권리를 주셨는데, 그것에 만족하지 않고 모세의 자리까지 탐내는 것은 월권이었다. 모세는 고라에 대해 경고하고, 이어서 다단과 아비람에게도 충고했다. 모세의 훈계는 고라를 비롯해서 반기를 들었던 이에게 주는 마지막 경고였다. 그들도 할 말이 있었다. 모세가 이스라엘 백성을 데리고 광야까지 왔지만 약속했던 젖과 꿀이 흐르는 땅으로 인도하지 못했고, 기대했던 밭과 포도원도 유산으로 받기에는 너무 먼 일처럼 여겨졌다. 그들은 불만에 가득 차 있었다.

아침이 되자 백성들은 모세와 아론 쪽과 고라 일당 쪽 진영으로 나뉘어 있었다. 백성들이 구경거리라도 만난 것처럼 모여들었다. 하나님의 영광이 그들 가운데 임하셨다. 하나님의 준엄하신 명령이 떨어졌다. 모든 이스라엘 족속을 다 멸절시키겠다는 말씀이었다. 하나님은 이스라엘을 한순간에 멸망시킬 수 있었다. 모세는 고라 쪽의 백성들에게 서둘러 떠나라고 경고했다. 그들은 하나씩 장막에서 벗어났다. 그 순간 엄청난 일이 벌어졌다. 땅이 입을 벌려 고라와 그의 곁에 남아 있던 사람들을 다 잡아 삼켰다. 마치 늪 속에 숨었던 악어가 순식간에 먹이를 채가는 것처럼 고라와 그 가족을 삼켜 땅속으로 끌어갔다.

"땅이 그 입을 열어 그들과 그들의 집과 고라에게 속한 모든 사람과 그들의 재물을 삼키매 그들과 그의 모든 재물이 산 채로 스올에 빠지며 땅이 그 위에 덮이니 그들이 회중 가운데서 망하니라"(민 16:32-33).

그들은 살아 있는 채로 스올에 들어갔다. 스올이란 지옥(地獄), 말 그대로 땅에 있는 감옥이었다. 고라와 그 일당은 죽지 않고 지옥으로 내려갔다. 이와는 반대로 살아서 천국으로 간 사람들이 있다. 죽음을 보지 않고 하나님께서 데려간 에녹이 있고, 회오리바람을 타고 하늘로 올라간 엘리야, 그리고 승천하신 예수님이 있다. 그런데 고라와 그의 편에 붙은 사람들은 살아서 지옥에 갔다. 250명의 리더는 향로에서 불이 나와 모두 타서 없어졌다.

순식간에 일어난 일이었다. 산 채로 지옥에 빠지거나 불이 나와서 타버리는 일은 매우 끔찍했다. 하나님의 영광이 다시 한번 모세에게 나타나서 말씀하셨다.

"내가 이 백성들을 순식간에 없애고 말겠다."

모세와 아론은 다시 납작 엎드렸다. 그리고 모세는 아론에게 제단 불을 향로에 담고 향을 피워 회중을 위한 속죄 예식을 베풀라고 했다. 하나님의 진노를 가리는 방법이었다. 백성 사이에 염병이 번져서 14,700명이 죽었지만 회개의 제단을 쌓음으로 온 백성이 다 죽는 재앙을 막을 수 있었다. 그럼에도 이 사건으로 죽은 사람은 도합 15,000명이 넘었다.

도대체 왜 이런 끔찍한 죽음의 행렬이 있어야만 했던 것일까? 고라의 반역이 이렇게 큰 잘못이었을까? 고라라고 모세를 대신해서 리더가 되지 말라는 법은 없지 않은가? 왜 이런 참담한 일이 벌어져야 했던 것일까?

고라로 대변되는 반역은 단지 모세의 리더십에 대한 불만이 아니었다. 그들은 더 이상 가나안에 가지 않고 애굽으로 돌아가려고 했다. 하나님의 약속을 저버린 것이었다. 그들은 모세와 아론뿐 아니라 하나님까지도 부정했다. 하나님은 가나안으로 인도하지 못할 거라고 생각했다. 밭이나 포도원 같은 재산도 먼 일로 여겼다. 모세와 아론이 백성을 잘못 이끈다고 주장했다. 그들은 하나님의 대리인도 부정했고, 약속도 부정했으며, 하나님까지도 부정했다. 고라가 리더가 된다면 모세보다 잘할 수 있을까? 그는 이스라엘을 다시 애굽의 노예로 돌려보냈을 것이다.

고라는 이미 마음의 감옥에 갇혀 있었다. 비뚤어지고 이상한 생각에 사로잡혀 있었다. 그것은 곧 지옥이었다. 광야생활은 길고 지루했다. 그런데 더 이상 기다리지 못하고 하나님마저 부정한다면 그것은 지옥과 다름없지 않을까? 그는 모세를 뛰어넘어 하나님의 자리까지 오르고 싶어 했다. 그는 이미 지옥에 가 있었다. 마귀가 권세를 부리는 곳이 지옥 말고 어디 있겠는가? 마음으로 하나님을 죽이고 자신이 주인이 되려고 했던 고라는 결국 자신이 있었던 지옥으로 내려가고야 말았다.

마술사 시몬

돈을 주고 성령을 살 수 있을까

일곱 집사 중의 하나였던 스데반의 순교로 예루살렘교회에 큰 박해가 일어났다. 교인들은 박해를 피해 여러 지역으로 흩어졌다. 빌립 집사가 피신한 곳은 사마리아였다. 재난을 피해 도망간 교인들은 먼 북쪽 갈릴리나 남쪽 애굽으로 가더라도 사마리아만큼은 피하고 싶어했다. 그러나 빌립은 사마리아로 직진했다.

빌립은 사마리아인에게 복음을 전했고, 흉악한 귀신들린 사람들에게서 귀신을 내쫓았으며, 여러 난치병을 앓는 사람을 고쳐주었다. 소문을 듣고 모여든 사람들은 복음을 받아들이기 시작했고, 그 성에는 큰 기쁨이 넘쳤다.

사마리아에는 시몬이라는 마술사가 있었는데 그는 마술로 사람들을 놀라게 했다. 스스로 큰 인물을 자처했고, 사마리아 사람들은 "하나님의 위대한 능력의 소유자"라고 인정했다. 시몬은 커져가는 인기와 주목에 점점 교만해졌고, 사마리아 사람들도 그를 위대한 존재로 인정하고 있었다. 시몬이 높은 지위를 누릴 수 있었던 것은 마술 때문이었다.

마술의 본질은 사람의 눈을 속이는 것이다. 속인다는 것은 실제로는 없는데 있는 것처럼 보이는 것을 말한다. 아무것도 없는데 비둘기가 날아간다든지, 있던 동전이 사라지는 마술은 교묘한 손놀림으로 사람의 눈을 속이고 넋을 빼놓는 것이었다. 시몬의 마술은 현대의 마술과는 차원이 다른 것이겠지만 그가 행한 마술은 사마리아 사람들을 속이고 그들을 사로잡기에 충분했다. 시몬의 마술은 매혹적이었다.

시몬은 사람들을 홀리기 위해서 엄청난 연습과 혹독한 대가를 치렀을 것이다. 그렇게 얻은 인기와 실제 그의 모습이 달랐기에 정체가 탄로 날까봐 언제나 불안했고 더 많은 눈길을 끄는 것으로 사람들의 마음을 사로잡고 싶었다. 그러던 어느 날, 빌립이라는 유대인이 등장하더니 병을 고치고 귀신을 쫓아냈다. 진짜가 나타난 것이었다. 사마리아 사람들이 빌립을 따르자 마술사 시몬도 빌립을 쫓아다녔다. 빌립의 표징과 기적을 보고 시몬은 거기에 완전히 빠지고야 말았다. 사마리아 사람들이 예수님을 믿고 세례를 받자 그 역시 세례를 받았다. 시몬은 빌립을 스승처럼 모셨다. 가짜는 언제나 진짜를 동경하기 마련이었다.

빌립보다 더 센 사람의 등장을 본 것은 그로부터 얼마 지나지 않은 일이었다. 사마리아에 복음이 전해졌다는 소식을 들은 베드로와 요한이 사마리아를 방문했다. 사마리아에서 일어난 일은 고무적이었지만 아쉬운 것도 있었다. 사마리아 사람들이 물세례는 받았으나 성령 세례를 아직 받지 않았기 때문이었다. 베드로와 요한은 사마리아 사람들을 위해 간절히 기도했다. 그리고 그들의 머리에 안수했다. 그러자 사마리아 사람들에게 성령이 임했다.

성령이 임하자 억눌렸던 사마리아 사람들이 변했다. 누구도 부인할 수 없는 성령의 임재현상이 드러났다. 그들의 표정부터가 달라졌으며 용기를 가졌고 회개가 쏟아졌으며 믿음이 더욱 충만해졌다. 사마리아 사람들의 인생에 처음 일어난 역사였다.

옆에서 지켜보던 시몬은 깜짝 놀랐다. 사람들을 기만하면서 얻었던 인기에 비하면 사도들의 일은 가히 혁명적이었다. 베드로와 요한이 사람들의 머리에 손을 얹은 것만으로 그토록 변화하게 만들다니, 그는 성령을 받게 하는 능력이 부러웠다.

"시몬이 사도들의 안수로 성령받는 것을 보고 돈을 드려 이르되 이 권능을 내게도 주어 누구든지 내가 안수하는 사람은 성령을 받게 하여 주소서 하니 베드로가 이르되 네가 하나님의 선물을 돈 주고 살 줄로 생각하였으니 네 은과 네가 함께 망할지어다"(행 8:18-20).

시몬은 베드로에게 돈을 내밀었다. 성령을 받게 하는 권능을 달라고 요청했다. 돈이면 뭐든 살 수 있다는 그의 방식이었다. 돈이면 어떤 마술이든 가능하다고 믿었다. 말하자면 그의 마술의 기법은 돈을 통해 얻은 것이었다. 돈을 투자하면 마술로 사람을 홀릴 수 있었고, 그러면 더 큰 돈을 벌 수 있었다. 돈이 돈을 벌어다 준다는 걸 아는 시몬이었다. 그래서 돈이면 성령을 받게 하는 능력도 거뜬히 살 수 있을 거라 믿었다.

돈을 주고 성령을 살 수 있을까? 어림없는 소리이다. 성령님은 돈과는 아무 상관이 없었다. 성령의 능력을 돈 주고 살 수 있다면 그것은 하나님이 물질 아래 있다는 의미가 아니겠는가? 베드로는 시몬의 의도가 얼마나 악한지 알았다. 베드로는 단호히 말했다. 하나님 앞에서 바르지 못한 악한 마음은 기독교와는 아무 관계도 없으며, 하나님 나라의 한 귀퉁이도 시몬에게 주어질 수 없고, 돈과 함께 망할 것이라고. 베드로의 불같은 호령에 시몬은 정신을 차렸다. 그리고 자신을 위해서 기도해 달라고 요청했다. 세례도 받았고, 좋은 스승도 따라다녔지만 물질을 탐하다 망하게 되었다. 그는 망하기 전에 베드로 앞에 고개를 조아렸다.

시몬은 왜 돈을 주면서까지 성령을 받는 권세를 사려고 했을까? 그의 마음이 문제였다. 마음에 악독과 불의가 가득했다. 세례는 받았지만 예수님이 어떤 분인지 몰랐다. 그리스도인이 된다는 것의 진정한 의미도, 세례를 받는 것의 진정한 목적도 몰랐다. 그는 단지 물속에 들어갔다 나왔을 뿐이었다. 그는 욕망의 화신이었고, 돈으로 명예와 욕망을 얻어내려는 악한 의도가 있었다.

시몬은 순식간에 정신을 차리고 기도해 달라고 요청했다. 그 후에 그가 변했을까? 성경은 이후 시몬이 어떻게 되었는지 침묵하고 있다. 시몬이 회개하여 바른 신앙인으로 살았는지, 아니면 결국 돈과 함께 망했는지 우리는 알 수 없다. 그러나 시몬의 모습은 오늘 이 시대를 살아가는 기독교인에게 무서운 경고가 된다. 끈질긴 욕망을 지닌 현대 기독교인 속에 시몬이 가만히 들어앉아 있다.

교회를 다니고 세례를 받았지만 여전히 마음속에 무서운 욕망을 숨기고 있는 사람이라면, 그는 시몬과 다를 바가 없다. 이익을 위해 수단과 방법을 가리지 않고 이익이 없어지면 언제든지 돌아서는 사람은, 아무리 교회를 다녀도 시몬이다. 시몬은 오늘 이 시대의 신앙인에게 묻고 있다. 물질과 이익을 추구해서 하나님 나라와는 동떨어진 사람으로 살지, 아니면 베드로의 조언을 따라 회개와 기도를 통해 용서받은 기독교인으로 바르게 살지? 시몬의 최후는 우리에게 달려 있다.

바예수

바울은 왜 바예수의 눈을 멀게 했을까

구브로(Cyprus)는 지중해 동북부에 있는 길이 224km에 폭 69km 인 가로로 긴 섬이다. 동쪽 끝 살라미 항구에서 출발해서 서쪽 끝의 바보(Paphos)에 도착한 바울과 바나바는 구브로 섬 전체를 다스리는 로마의 총독 '서기오 바울'을 만났다. 그의 옆에는 총독을 모시고 있는 '바예수'라는 마술사가 있었다.

태어나면서부터 좋은 환경을 차지한 사람, 가문이나 혈통 같은 선천적인 조건이 좋아서 높은 지위에 오른 사람이 있는가 하면, 후천적인 노력으로 어느 정도 위치에 오른 사람도 있다. 그런 사람은 타고난 것이 없기에 수단과 방법을 다 사용해서 자수성가했지만 선천적으로 많은 것을 누리는 사람에 비하면 불안하기 짝이 없다.

'바예수'는 후자에 속했다. 로마에서 파견된 로마 가문의 총독 서기오 바울을 옆에서 모시고는 있으나 언제나 불안했다. 총독이 바뀌면 언제든지 그 자리에서 밀려날 수 있었다. 바예수는 바나바와 바울이 총독을 만나는 순간 알았다. 총독이 그들에게 끌리면 자신에게 불리한 일이 벌어질 것을. 노력과 경험으로 한 자리를 차지한 사람답게 그는 촉이 발달했다. 총독이 누구를 만나는지 보는 순간 자신의 유불리를 알 수 있었다. 바울과 바나바는 손해를 끼칠 인물이었다.

바예수 같은 사람에게 진리나 거짓은 큰 차이가 없었다. 이익을 가져다주면 좋은 것이고, 불이익을 갖게 한다면 악이었다. 이 마술사 바예수는 그것을 본능적으로 알았다. 어렵게 획득한 권력과 위치를 지키는 것이 중요했기에 어떻게든 그들을 막아야 했다.

"이 마술사 엘루마는(이 이름을 번역하면 마술사라) 그들을 대
적하여 총독으로 믿지 못하게 힘쓰니"(행 13:8).

바예수는 어떻게든 총독을 구슬려 바나바와 바울이 전하는 복음을 듣지 못하도록 방해했다. 온갖 이상한 이야기, 잘못된 정보, 의도적인 왜곡으로 총독의 귀를 막으려고 했다. 그러나 바예수는 경쟁자를 잘못 만났다. 상대는 성령 충만한 바울이었다. 무엇 때문에 그토록 이간질하는지 한눈에 알아봤다. 바울은 바예수를 노려보았다. 눈에서 불꽃이 이는 것 같았다. 바울은 그에게 하나님의 손이 그를 내

리쳐서 얼마 동안 햇빛을 보지 못하게 될 것이라고 말했다.

바예수의 눈에 진한 안개가 피어오르듯 어둠이 덮이기 시작했다. 밝았던 총독의 집무실에 스위치가 꺼진 것처럼 깊은 어둠이 내려왔다. 바예수는 지하 감옥에 갇힌 것처럼 어둠에 갇히고야 말았다. 그는 균형 감각을 잃고 자리에 쓰러졌다. 손을 뻗어서 자신을 지탱할 수 있는 곳을 잡으려고 더듬거렸다. 그 모든 광경을 보던 총독은 놀랐다. 백 마디의 말보다 더 강렬한 일이었다. 총독은 바예수의 일로 바나바와 바울이 전한 예수에 대한 복음을 진지하게 받아들였다.

바예수의 직업은 마술사였다. '엘루마'라고도 부르는데, 그것은 그가 단순한 마술사 이상의 인물이라는 것을 뜻했다. '엘루마'에는 지혜, 현명, 강함 등의 의미가 함축되어 있었다. 단순한 속임수로 총독을 미혹한 것이 아니라 강력한 지혜와 통찰력으로 총독의 정신적인 지주가 되었다. 그렇게 된 것은 바예수의 피나는 노력 덕분이었다. 그런데 하루아침에 자신의 자리가 낯선 이들로 위협을 받았으니 위기감을 느끼지 않을 수 없었다. 바예수는 수단과 방법을 가리지 않고 총독을 가로막으려 했지만, 결국 눈이 먼 것은 그 자신이었다.

바울은 왜 바예수의 눈을 멀게 했을까? 바울은 바예수에게 거짓과 악행이 가득한 자요, 마귀의 자식이며 모든 의의 원수라고 혹독하게 비판했다. 바예수가 일생을 바쳐 올라갔던 그 위치는 속임수와 사기를 기반으로 한 것이었다. 그가 바라보았던 세상은 왜곡되었으며 욕망을 이루기 위한 도구에 지나지 않았다. 그런 눈이라면 보이지 않는다고 해도 해가 될 것이 없었다. 그렇게 눈이 멀게 된 일은 누군가를 생각나게 했다. 누구인가? 바울 자신이었다.

바울은 바예수의 눈을 멀게 하면서 자기 자신을 보았다. 악한 의도를 보았고 악한 욕망에 휩싸인 과거의 자신을 보았다. 바예수를 통해 평생 자신이 일군 것에 조금이라도 흠집이 날까봐 안절부절못하는 후천적인 노력형 사람의 조급증을 보았다. 바울은 바예수의 안에 있는 악한 본질을 지우지 못하면 영영 바르게 서지 못한다는 것도 알았다. 바예수의 눈은 멀었으나 그것은 한시적인 어둠일 것이다. 그가 자신의 거짓을 얼마나 잘 깨닫게 되느냐에 그의 눈이 달려 있었다.

바예수는 눈이 먼 채로 의지할 수 있는 사람을 더듬거리며 찾았다. 총독은 바예수에게 기만당했다는 것을 안 이상 그의 손을 잡아줄 리가 없었다. 그를 붙잡아 줄 수 있는 사람은 총독이 아니라 바나바와 바울뿐이었다. 그렇게도 제거하고 싶었던 바나바와 바울이 아니면 그의 눈은 영영 뜰 수 없을 것이었다. 바예수가 눈을 뜨게 될까?

총독 서기오 바울은 바예수가 순식간에 눈이 멀게 되는 것을 보며 예수님을 믿었다. 두려움에서였는지, 진짜로 믿음이 생겼기 때문인지 알 수는 없으나 선천적인 조건이 좋아 쉽게 높은 위치에 오른 사람답게 변화도 여유롭게 받아들였다. 로마에서 파견된 이방인 총독은 그 자리에서 예수님을 믿은 최초의 그리스도인이 되었다. 그리고 바울은 그때부터 서기오 바울의 이름을 기억하기 위해 그의 이름과 똑같이 '바울'이라고 부르기 시작했다.

바예수는 다시 눈을 뜨게 될 것이다. 그러나 자신의 고집을 꺾지 않고 남을 원망하면 끝내 어둠 속에서 인생을 마감할 수도 있었다.

자신 같은 사람은 아무리 애를 써도 타고난 사람을 이길 수 없다는 한을 품은 채 일생을 마칠 수도 있었다. 자신이 지키려던 것이 허상임을 깨닫고 진정한 진리에 눈을 뜬다면 눈이 먼 것이 오히려 그에게 득이 될 것이었다.

'바예수'는 '구원자(예수)의 아들(바)'이라는 의미였다. 눈이 멀고서야 그 이름에 걸맞게 구원을 얻을 기회가 다가왔다. 평생을 고생하며 쌓아왔던 것을 놓치더라도 진짜 인생이 무엇인지, 무엇에 생명을 걸어야 하는지 알 수 있는 때가 그에게 다가왔다. 과거 바울이 그랬던 것처럼 다시 눈을 떠서 진정한 '바예수'가 되었기를 간절히 바란다.

발람
나귀가 갑자기 말하게 된 이유는

발람은 이스라엘의 예언자처럼 어떤 특별한 능력이 있었고, 그것은 하나님께서 주신 것이었다. 이방인 선지자로서 하나님의 뜻을 전하는 도구였고, 여러 나라에 걸쳐 매우 유명한 사람이 되었다. 자신의 생각과 주관이 하나님의 말씀과 뜻에 충돌할 때 무엇을 선택하느냐에 따라 그가 진정한 선지자인지 알 수 있을 것이다.

발람은 브돌이라는 큰 강가에서 자기 백성과 살고 있었다. 강가는 사람들이 모여 살며 큰 도시를 이루는 곳이었다. 발람은 그곳에서 높은 지위를 누리며 살았다. 애굽에서 탈출한 이스라엘 백성들은 광야생활 40년을 마치고 가나안 땅 초입으로 밀고 들어왔다. 그 지역에 살던 모압 왕 발락은 위기를 느꼈다. 그는 발람 선지자에게 사람을 보냈다. 발람이 저주하면 이스라엘을 물리칠 수 있다고 생각했다.

발락 왕이 발람에게 사절단을 보낼 때 그들 손에는 많은 복채가 들려 있었다. 그날 밤, 하나님은 발람에게 그들의 의도를 가르쳐주시면서 이스라엘을 저주하지도, 그들을 따라서 모압으로 가지도 말라고 하셨다. 이스라엘은 하나님이 보호하는 백성이었다. 발람은 말씀대로 그들의 요구를 거절했다.

발락 왕은 그대로 포기할 수 없었다. 더 많은 복채와 더 많은 고위직 대표단을 발람에게 다시 보내서 그를 설득했다. 하나님의 뜻은 분명했고 발람은 그것을 알았으므로 다시 거절했다. 그러면 모든 것이 끝이었다. 그러나 발람은 그날 밤에 하나님께 다시 물어보겠다고 여지를 주었다. 하나님은 이번에는 발람에게 함께 가라고 허락하셨다. 왜였을까?

발락은 발람이 수락할 때까지 더 많은 복채와 사람을 계속 보낼 예정이었다. 발람은 외교단이 올 때마다 겉으로는 거절하면서도 속으로는 하나님의 뜻을 계속 물어볼 예정이었다. 하나님의 뜻에 순종하는 것이 아니라 하나님의 마음이 바뀌기를 바라는 예언자였다. 하나님이 가라고 하신 것은 발람이 끊임없이 물어볼 것을 아셨기 때문이었다. 하나님의 허락은 승인이 아니라 하도 고집을 피우는 그에게 "네 마음대로 해봐라"는 의미에 가까운 것이었다. 그러면서도 하나님은 하나님의 말만 전하라는 단서를 달았다.

아침이 되자 발람은 모압의 고관들과 함께 길을 나섰다. 그러자 하나님은 크게 노하셨다. 어제는 가라고 해놓고 왜 또 노하셨던 것일까? 발람은 그들과 함께 길을 떠날 때 하나님의 뜻을 정확히 전달하는 것이 먼저였다. "하나님께서 허락하셨습니다. 단 하나님이 하라는 말씀만 전해야 합니다"라고 말했어야 했다. 그러면 사절단은 그것이 어떤 의미인지 알았을 터였다. 그러나 발람은 음흉하게도 아무 말 없이 고관들을 따라나섰다. 발람은 하나님의 허락만 부각해서 뒤의 단서 조항은 의도적으로 생략했다. 중요한 것은 뒤의 말이었고 발람도 정확히 아는 사실이었다. 그것이 하나님의 진노를 산 것이었다. 발람에게 이상한 일이 일어난 것은 그 뒤의 일이었다.

나귀를 타고 가던 발람의 앞에 천사가 길을 막고 섰다. 발람은 천사를 보지 못했지만 나귀는 밭으로 도망갔다. 발람은 나귀를 때려서 다시 길로 들어서게 했다. 그러자 천사가 이번에는 담 사이 좁은 길을 막았다. 나귀는 벽에 바짝 붙었고 그 바람에 발람의 발이 벽에 긁혔다. 발람은 나귀를 한 대 더 쳤다. 매를 맞은 나귀는 어쩔 수 없이 앞으로 가는데 천사가 바로 앞에 섰다. 나귀는 그만 주저앉고 말았다. 발람이 나귀를 또 때렸다. 그때 나귀가 입을 열었다.

"여호와께서 나귀 입을 여시니 발람에게 이르되 내가 당신에게 무엇을 하였기에 나를 이같이 세 번을 때리느냐. 발람이 나귀에게 말하되 네가 나를 거역하기 때문이니 내 손에 칼이 있었더면 곧 너를 죽였으리라. 나귀가 발람에게 이르되 나는 당신이 오늘까지 당신의 일생 동안 탄 나귀가 아니냐. 내가 언제

당신에게 이같이 하는 버릇이 있었더냐. 그가 말하되 없었느
니라"(민 22:28-30).

발람은 할 말이 없었다. 그때 그의 눈에 칼을 들고 선 천사의 모
습이 보였다. 급히 발람은 엎드렸다. 왜 이런 일이 있었던 것일까?
왜 갑자기 나귀가 말을 했던 것일까? 나귀는 한번 물면 놓지 않고,
완고하며, 자기 마음대로 하는 고집이 있었다. 그런데 발람은 나귀보
다 한술 더 떴다. 남의 추앙을 받고, 높은 지위를 누리는 그는 자기중
심으로 살아가는 사람이었다. 하나님의 뜻을 위해 굳건한 의지로 버
티는 선지자가 아니라 자신의 이익을 위해 고집대로 살아가는 사람
이었다.

그러나 아무리 황소고집라도 하나님을 꺾을 수는 없다. 하나님은
인생이 아니시니 후회도 없고 말씀하신 바를 행하지 않으실 수도 없
다(민 23:19). 발람은 하나님을 그렇게 소개했다. 하나님은 사람도,
동물도, 그 어떤 피조물도 아니기 때문에 거짓말하거나 변덕을 부리
지 않으신다. 하나님의 말씀은 반드시 이루고야 만다.

발람은 나귀사건을 통해서 진짜 고집을 부려야 할 것이 무엇이
며, 진실로 고집스럽게 붙들어야 할 것이 무엇인지를 고민해야 했
다. 진짜로 중요한 것과 중요하지 않은 것이 무엇인지를 가려야 했
다. 발람은 선지자 아닌가! 그는 하나님의 임재를 경험하는 사람이
었다. 하나님은 나귀가 입을 벌려 말하게 함으로써 이후 발람이 허
튼짓을 하지 않도록 그의 머릿속에 이 사건을 각인시켰다. 만일 그

가 하나님의 말씀을 조금이라도 소홀히 여긴다면 그의 눈에는 시퍼런 칼을 든 천사가 보일 것이고, 그의 귀에는 조롱하는 나귀의 목소리가 들릴 것이다.

발람은 발락 왕의 융숭한 대접을 받으면서 제단을 쌓고, 엄청난 복채를 받으면서도 발람 앞에서 겁내거나 타협하지 않고 하나님의 말씀을 고스란히 전달했다. 발람은 강력한 능력을 가진 사람이었다. 그가 복을 빌면 복을 받고 그가 저주하면 저주를 받았다. 그것은 아브라함 외에는 없는 능력이었다.

아무리 대단한 능력을 소유하고 있어도 하나님의 통로가 되어야 했다. 그는 수도꼭지에 불과한 존재였다. 능력은 하나님의 것이었고 그는 하나님께서 주시는 것을 적절한 곳에 틀어주어야 할 사명자에 불과했다. 그러나 자신이 하나님을 움직여보려고, 자신의 능력으로 무엇인가를 해보려고 하는 순간 그는 나귀보다 못한 존재로 전락하고 말았다. 나귀의 등에서 떨어져 바닥에서 뒹구는 선지자, 그것이 그의 모습이었다.

시므리

음행의 이유는

모압 왕 발락이 자기 나라의 안위를 위해 엄청난 복채를 주고 선지자 발람을 데려왔지만 발람은 이스라엘을 저주하기는커녕 복을 빌어주었다. 발람은 자기가 하나님의 자리에 앉아 마음대로 하고 싶었다. 그러나 나귀보다 못한 존재로 전락했고 의도와 다르게 이스라엘을 축복하고야 말았다. 영적인 전쟁에서 이스라엘은 이겼다. 그때 이스라엘 백성은 무엇을 하고 있었을까? 그들은 마치 저주받은 족속처럼 굴었다. 무슨 일이 있었던 것일까?

발람은 바알 산당, 비스가산 꼭대기, 브올산 꼭대기에 올라가 이스라엘의 진영이 잘 보이는 곳에서 저주하려다가 축복을 쏟았다. 그런데 정작 이스라엘 백성은 가나안 땅 가까운 싯딤에서 모압 사람의 딸들과 음행을 저질렀다. 모압 여자들이 우상에게 제사할 때 이스라엘 백성을 초대했고, 백성들은 가서 먹고 우상에게 머리를 조아렸다. 이스라엘은 하나님을 배신했다.

하나님은 진노하셨다. 모세를 불러 이스라엘 백성의 우두머리들을 잡아 목매달아서 죽이라고 했다. 모세는 차마 그들을 죽이지는 못하고 바알신 숭배에 가담한 사람들을 붙잡아다가 사형하도록 명령했다. 이스라엘 모든 회중은 회막 문에 모였다. 그들은 하나님의 말씀대로 백성의 리더들을 목매 죽이지도 않았고, 모세의 말대로 바알브올과 결합한 자들을 죽이지도 않았다. 그저 회막 문에 모여 울기만 했다.

"이스라엘 자손의 온 회중이 회막 문에서 울 때에 이스라엘 자손 한 사람이 모세와 온 회중의 눈앞에 미디안의 한 여인을 데리고 그의 형제에게로 온지라. 제사장 아론의 손자 엘르아살의 아들 비느하스가 보고 회중 가운데에서 일어나 손에 창을 들고 그 이스라엘 남자를 따라 그의 막사에 들어가 이스라엘 남자와 그 여인의 배를 꿰뚫어서 두 사람을 죽이니 염병이 이스라엘 자손에게서 그쳤더라"(민 25:6-8).

이스라엘 자손에게 전염병이 퍼지고 있었다. 백성들이 병으로 쓰러져 죽어가는데 손을 쓸 수가 없었다. 음행의 결과 하나님의 심판이 그들에게 임한 것이었다. 그들이 회막 어귀에서 통곡한 것은 바로 그런 이유에서였다. 백성들이 울고 있을 때 대담하고 뻔뻔스럽게도 이스라엘의 한 남자가 미디안 여자의 손을 잡고 장막 안으로 들어갔다. 모든 회중이 보는 앞이었다. 그가 여인을 데리고 텐트 안으로 들어간 이유는 딱 하나, 행음을 위해서였다. 백성은 울기만 했지 아무도 그를 저지하거나 말리지 않았다.

그때 아론의 손자이며 엘르아살의 아들인 비느하스가 창을 들고 그 둘을 따라 들어갔다. 장막 안에서 알몸으로 두 남녀가 엉켜 있었다. 비느하스는 창 하나로 둘을 한 번에 꿰뚫었다. 끔찍한 일이었다. 그들은 죽었고, 신기하게도 바로 그 순간에 병이 그쳤다. 전염병으로 죽은 사람은 이만 사천 명이었다. 창에 찔려 죽은 남자의 이름은 시므온 가문의 시므리였고, 여자는 미디안 여자 수르의 딸 고스비였다.

발람이라는 가장 뛰어난 이방 선지자는 모압 왕의 사주를 받고서도 이스라엘을 저주하지 못하고 축복을 했다. 하나님이 막으신 것이었다. 그런데 이스라엘 백성은 축복을 받고서도 악행을 저질러서 수만 명이 죽게 되었다. 이스라엘 백성은 불평으로 불뱀에 물려 수많은 사람이 죽었고, 싯딤의 음행으로 수많은 사람이 염병에 죽었다. 그들이 자초한 일이었다.

시므리는 어떻게 그토록 부끄러움 없이 백성들이 보는 앞에서 이방 여인을 데리고 장막으로 들어갈 생각을 했을까? 사람들 앞에서 버젓이 음행한 이유는 무엇이었을까? 진짜 사랑했을까? 그렇지는 않은 것 같다. 사랑이라면 상대에 대한 존중도 없이 사람들 앞에서 과시하듯 데려가지는 않았을 것이다. 그것은 욕망 때문이었다. 들끓는 욕망이 창피나 위신도 가렸고 인간이라면 마땅히 가져야 할 예의와 양심도 버렸다.

인간에게는 욕망이 있다. 먹고 자고 입는 등의 가장 원초적인 것 외에는 다양한 욕망을 위해 산다. 생존하기 위해, 살아남기 위해 욕망을 이루고자 한다. 팽팽한 긴장 속에 놓여 있던 이스라엘이 목적지인 가나안 땅 앞에서 욕망에 무너지고 말았다. 욕망을 누리고자 하는 것이 얼마나 강렬했던지 수단과 방법을 가리지 않았다.

시므리의 욕망은 이방인 여자 고스비였다. 과연 시므리 뿐이었을까? 이스라엘 전체가 그런 욕망에 무섭게 휩싸였을 것이다. 40년간 광야에서 금욕적으로 살던 그들은 화려한 욕망의 도시에 가까이 오자 숨겨두었던 본능을 마음껏 발산했다. 충동과 탐욕으로 약속의 민족다운 모습을 순식간에 벗어버렸다.

반복적인 일상을 40년간 살았던 그들은 목적지에 다다랐다. 위기는 있었으나 적을 만나면 연속해서 이겼다. 시혼과 옥이라는 전설적인 왕들을 손쉽게 제압했다. 악명 높은 적은 아무것도 아니었다. 그렇게 승승장구하면서 높아지기 시작했다. 원하는 것이라면 다 누려도 되지 않을까 생각했다. 싯딤에 들어가니 모압 여인들이 전리품처럼 그들의 품으로 들어왔다. 아무나 먼저 차지하면 되리라고 생각했다. 마치 불 속으로 뛰어드는 나방처럼 그들은 음란 속으로 빠져들었다. 그것은 시므리만이 아니었다. 이만 사천 명이라는 희생자는 그토록 많은 욕망을 대변했다.

비느하스가 의분을 터뜨려서 시므리와 고스비를 꿰뚫었다. 욕망은 죄가 되고 죄는 사망에 이르게 한다. 그것도 동시에 죽는 것으로 끝났다. 비느하스를 통해서 얼마나 빨리 욕망이 사망으로 갈 수 있는지를 보여주었다. 그리고 40년이라는 긴 시간을 광야에서 생활하며 쌓아왔던 거룩한 백성의 품위가 얼마나 순식간에 사라지는 것인지도 보여주었다. 아직 목적지에 확실히 도착하지도 않은 그들의 비극이었다.

아간

다 불태워 없애기는 아깝지 않을까

광야생활 40년을 마치고 가나안 땅에 들어가자 이스라엘 백성에게 여러 가지 난관이 주어졌다. 모세가 죽은 후 새로운 리더 여호수아는 광야에서의 실패를 뒤로하고 가나안에서 기적을 이루어냈다. 요단강을 건너자 여리고성을 맞닥뜨리게 되었는데, 그 성은 높이가 6m에 이르는 이중의 두꺼운 벽으로 된 튼튼한 성이었다. 이스라엘 백성은 매일 성을 돌았고 칠 일째 되는 날 일곱 번 돌고 소리치자 철옹성이 성냥갑처럼 무너져 내렸다.

전무후무한 승리였다. 여호수아는 이전에 두 명의 정탐꾼을 여리고성으로 보냈고, 거기에서 라합이라는 여인을 만나 이스라엘의 승리를 예견할 수 있었다. 정탐꾼을 숨겨준 라합은 하나님을 믿고 가족이 구원받았다. 성이 무너진 뒤 성 안에 살던 라합과 그의 가족은 무사할 수 있었다. 그들을 제외하고는 여리고의 모든 사람과 재산은 다 불태워 없어졌다.

가나안을 점령하는 방식은 세 가지가 있었는데, 다 없애는 여리고 방식, 적은 죽이되 재산은 차시하는 아이성 방식, 모두 살려주고 노예로 삼는 기브온 방식이 있었다. 여리고 방식은 모든 것을 하나님께 다 드리는 것이었다. 여호수아는 라합과 그의 가족, 주께 드릴 금, 은, 놋, 철 그릇을 제외하고 완벽하게 없앴으며 이스라엘의 명성은 온 땅에 두루 퍼졌다.

여리고성 다음은 아이성이었다. 아이성은 작은 성이어서 정복이 쉬울 것으로 예상되었다. 여리고성과 비교하면 아이성 정도는 전체 군사가 갈 필요도 없었다. 정예부대만 출동해도 충분히 이기고도 남으리라 판단했다.

그런데 이게 웬일인가? 3천 명의 군사가 의기양양하게 공격했다가 그만 패배하고 말았다. 서른여섯 명이 전사했고 이스라엘 군대는 도망가기에 바빴다. 여리고성을 대파한 이후 뼈아픈 패배였다. 여리고성이 무너졌기 때문에 모든 가나안 족속이 이스라엘을 주목하고 있었는데, 아이성의 패배로 이스라엘 민족이라고 해봐야 별것 아니라는 인식을 갖게 되었다.

아이성의 패배는 단 한 번의 실패였다. 여리고를 무너뜨린 것은 전무후무한 승리였기에 아이성의 실패가 그리 큰 타격은 아닐 수 있었다. 그러나 작은 균열이 큰 둑을 무너뜨린다고 아이성의 패전 소식은 이스라엘에게 두려움을 안겨주었다. 여호수아는 옷을 찢고 땅에 엎드렸다. 아이성의 패배는 고통스러웠고 자신감을 완전히 잃고 말았다.

하나님은 엎드려 있는 여호수아에게 아이성 전투에서 진 이유를 말씀하셨다. 여리고성을 전멸시켜야 하는데 그곳의 물건을 훔쳐 간 사람 때문이었다. 여호수아는 백성들에게 여리고성이 무너질 때 전멸을 명령했다. 개인적인 부탁이 아니라 하나님의 명령이었다. 그런데 누가 그 명령을 어겼단 말인가!

하나님은 제비를 뽑아 백성 중에 숨은 범인을 색출하게 했다. 다음 날 아침 일찍 각 지파별 대표들이 모였다. 각 지파 중에서 유다 지파가 뽑히자 유다 가문의 어른들이 나왔다. 그중에서 세라의 가문이 뽑혔다. 이번에는 세라 가문의 대표들이 나왔다. 삽디가 뽑혔다. 삽디 집안의 가장들이 나와 주사위를 뽑았다. 이번에는 갈미가 뽑혔다. 갈미의 집에 속한 남자들이 나와 제비를 뽑았다. 드디어 범인이 잡혔다. 아간이었다.

이스라엘 전체 60만 명 중에 범위가 좁혀져서 다섯 번의 제비 끝에 아간이 뽑혔다. 핀셋으로 뽑아내듯 정확히 범인이 지목되었다. 아간의 심정은 어땠을까? 설마 60만 명 중에 자신을 찾겠나, 안일하게 생각하지는 않았을까?

"그러므로 여호수아가 아간에게 이르되 내 아들아 청하노니 이스라엘의 하나님 여호와께 영광을 돌려 그 앞에 자복하고 네가 행한 일을 내게 알게 하라. 그 일을 내게 숨기지 말라 하니 아간이 여호수아에게 대답하여 이르되 참으로 나는 이스라엘의 하나님 여호와께 범죄하여 이러이러하게 행하였나이다. 내가 노략한 물건 중에 시날산의 아름다운 외투 한 벌과 은 이백 세겔과 그 무게가 오십 세겔 되는 금덩이 하나를 보고 탐내어 가졌나이다. 보소서. 이제 그 물건들을 내 장막 가운데 땅속에 감추었는데 은은 그 밑에 있나이다 하더라"(수 7:19-21).

아간이 숨긴 것은 외투 한 벌, 은 200세겔, 금 50세겔이었다. 아간 말고 다른 사람도 훔치지 않았을까? 제비뽑기의 주도권은 하나님께 있었다. 만약 아간 외에 더 있었다면 그들은 반드시 발각될 것이었다. 아간은 장물들을 남들 눈에 띄지 않게 장막 아래 땅속에 숨겼다. 아간이 범인으로 뽑히자 그의 가족, 재산과 훔친 물건까지 다 골짜기로 끌어갔고, 온 이스라엘 백성이 돌로 쳐서 크게 돌무더기를 쌓았다. 골짜기의 이름을 '아골'(괴로움)이라 불렀다.

여리고성은 큰 성이라 그 안에는 수많은 사람과 재산이 있었다. 그것을 다 불태우는 것은 아까운 일이 아닐까? 그러나 그렇지 않았다. 아무리 대단한 물질도 언젠가는 없어지기 마련이다. 금도, 은도, 시날산의 아름다운 외투도 낡고 삭아 없어질 것이었다. 불에 태워 빨리 없어지느냐, 천천히 사라지느냐의 차이일 뿐이었다. 인간의 눈으로 아까운 것이지 하나님의 입장에서는 자연스러운 소멸이었다. 오히려 여리고성의 악한 것들이 남아 이스라엘에게 전염되면 더 손해일 수 있었다.

아간의 범죄로 아무 죄 없는 가족까지 돌에 맞아 죽었다. 이 또한 너무 아까운 일이 아닐까? 그렇지 않았다. 아간의 장물은 결국 누구에게 돌아갈까? 아간은 어렵고 힘든 사람에게 나눠주려고 훔친 것이 아니었다. 남에게 베풀거나 선행을 하려고 절도한 것이 아니라 오직 자신과 자기 가족이 나눠 가질 작정이었다. 아간과 그의 가족은 함께 책임을 맡은 자로서 돌에 맞았고 돌무더기가 된 것이었다. 이스라엘 백성이 돌을 던지자 점점 쌓여 아간과 물건들이 사라져갔다. 아까운 물건들이 사라지면서 물질에 욕심을 두면 괴롭게 죽을 수 있다는 뼈아픈 교훈이 그들 가슴에 새겨졌다.

아도니 베섹
엄지가 잘릴 때 무슨 생각을 했을까

여호수아가 죽은 뒤 새로운 시대가 시작되었다. 사사시대였다. 여호
수아 이후 다음세대는 본격적으로 가나안 땅을 점령해야 했다. 제비
뽑은 땅을 차지하기 위해 지파별로 나섰다. 제일 처음은 유다 지파였
다. 그들은 시므온 지파와 함께 가나안 정벌에 나섰고, 베섹이라는
곳에서 가나안과 브리스 사람 일만 명을 전멸시키는 데 성공했다.
적들의 지휘관의 이름은 아도니 베섹이었다. 아군이 궤멸당하자 그
는 서둘러 도망쳤다. 유다와 시므온 지파가 그냥 보낼 리 없었다. 발
빠른 군인들이 그를 사로잡았다. 아도니 베섹은 잡혀온 뒤에도 틈만
나면 탈출을 시도했다. 이스라엘 군인이 그의 엄지손가락과 엄지발

가락을 잘랐다. 그러자 갑자기 얌전해졌다. 혼자 살아보려고 자기 군대를 버리고 도주한 왕이었다. 이스라엘의 포로가 되어서 손가락과 발가락의 엄지가 잘린 채 넋이 나간 것처럼 망연자실해 있던 그의 입에서 뜻밖의 고백이 나왔다.

"아도니 베섹이 이르되 옛적에 칠십 명의 왕들이 그들의 엄지 손가락과 엄지발가락이 잘리고 내 상 아래에서 먹을 것을 줍더니 하나님이 내가 행한 대로 내게 갚으심이로다 하니라. 무리가 그를 끌고 예루살렘에 이르렀더니 그가 거기서 죽었더라"(삿 1:7).

아도니 베섹은 그 지역의 강자로서 주변 나라들의 왕들을 사로잡았는데, 칠십 명이나 되는 왕들의 엄지손가락과 엄지발가락을 잘라 놓고 자신의 상 아래에 먹을 것을 줍게 했던 것이 생각난다고 말했다. 이후 아도니 베섹은 아무런 저항도 하지 않은 채 예루살렘에 끌려가서 죽었다. 엄지손가락과 엄지발가락만 잘랐을 뿐인데 왜 도망갈 시도도 하지 않았을까?

인도의 광활하고 넓은 사막에 가면 낙타들이 자유롭게 풀을 뜯는 모습을 어렵지 않게 볼 수 있다. 낙타들에게 주인이 있는 것은 분명했지만 주인은 어디에도 보이지 않았고 누구도 낙타들을 감시하지 않았다. 그저 낙타들만 나무 아래에 한가로이 풀을 뜯고 있었다. 낙타의 입장에서 기회라고 생각하고 멀리 달아나버리면 그만일 것 같았다. 막힌 곳이 없는 사막에서 도망가는 낙타를 어떻게 쫓아갈 수 있겠는가?

그러나 낙타들은 한 마리도 도망가지 않았다. 자기 자리에 서 있을 뿐 달아날 생각조차 없어 보였다. 그런 낙타들은 곳곳에서 쉽게 볼 수 있었다. 낙타가 탈출하지 못하는 이유는 무엇일까? 해답은 아주 간단했다. 주인은 낙타의 뒷발 두 개를 끈으로 살짝 묶어 놓았다. 그러면 낙타들은 한 발자국도 움직이지 못했다. 조금만 전진해도 발에 묶인 줄 때문에 넘어졌다. 겨우 끈 하나로 낙타들을 쉽게 제압할 수 있었다.

아도니 베섹도 마찬가지였다. 단지 엄지손가락과 엄지발가락을 잘랐을 뿐이었는데 그는 무기력하게 잡혀 있었다. 엄지만 잘랐음에도 발이 잘린 것처럼 얽매여 버렸다. 그 이유가 아도니 베섹의 입에서 나왔다. 자신이 예전에 70명의 가나안 왕을 잡아다가 엄지손가락과 엄지발가락을 잘라버리고서는 노예로 삼아 능욕하고 노리개 삼았는데 하나님이 정확하게 자신이 한 그대로 만들었다고. 그래서 엄지손가락과 엄지발가락이 잘리는 순간 어디에도 달아날 수 없다는 것을 분명히 알았던 것이다. 하나님은 그의 죄악을 아셨다.

아도니 베섹이 잡았던 70명의 왕은 곧 70개의 나라라는 의미였다. 아도니 베섹은 가나안의 수십 개의 나라 중 최강자로서 수십 명의 왕들을 손아귀에 가지고 놀았다. 아도니 베섹의 잔인함은 70명의 왕을 자신의 상 아래에서 개나 돼지처럼 기어 다니게 했고, 자신이 먹던 고깃덩이를 던져주면 왕들이 다가와 주워 먹게 했다. 차라리 죽이는 게 나았다. 왕들은 노예보다 못한 존재로 전락했으며, 인간에 대한 존엄성은 찾아볼 수 없을 정도로 완전히 짓밟혔다. 아무리 패망한 나라의 왕이어도 예의를 갖추는 것이 최소한의 도리였다. 그러나 아도니 베섹은 점령한 왕들을 동물처럼 취급하면서 자신의 힘을 과시했다.

당시 가나안 땅은 먹고 먹히는 약육강식의 정글이었다. 가나안 땅에는 헷, 아모리, 브리스, 히위, 여부스, 가나안, 기르가스의 일곱 족속이 살고 있었으나 그들이 적절하게 지역을 분배받아 균형을 이루며 고루 발전하는 그런 이상적인 형태가 아니었다. 한 나라가 치고 나와 다른 나라를 해치고, 힘과 권력이 있는 나라는 약한 나라와 백성들을 억압했다.

유다와 시므온이 가나안과 브리스 사람을 무찌를 때 도망을 갔던 아도니 베섹은 가나안이나 브리스 족속 중에 하나였다. 아도니 베섹은 다른 나라가 아닌 가나안의 족속 중 하나의 왕이었다. 그런데도 그는 가나안 종족들을 적으로 삼아 무차별적인 공격과 끔찍한 모멸감으로 다스렸다. 아도니 베섹이 70명 왕의 엄지손가락, 엄지발가락을 잘라서 도망을 못 가게 해놓고 어떤 이익이나 생산을 위해 그들을 이용하지 않았다. 오직 아도니 베섹 한 사람의 쾌락을 위해 악하게 굴었다. 그렇게 그는 가나안 땅에서 가장 악명 높은 왕으로 군림했다.

아도니 베섹이란 그의 이름에서 아도니는 '주'(Lord)라는 뜻이고, 베섹은 지역이름이었다. 말하자면 베섹의 주님이란 뜻이었다. 그는 베섹에서 하나님이었다. 더욱이 70명의 왕을 잡아다가 자신의 왕

궁에 데려와 개처럼 부렸으니 그처럼 전능하고 악한 하나님도 없었을 것이다.

애굽에서 탈출한 노예 출신의 이스라엘 민족이 거센 흐름을 형성하면서 가나안 주변을 공략한 뒤에 가나안 땅에서 적들을 섬멸했다. 그리고 아도니 베섹을 사로잡았다. 이스라엘 군인들이 그의 엄지손가락과 엄지발가락을 자르는 순간, 아도니 베섹은 하나님이 갚으신다는 것을 확실히 알았다. 자신이 하나님처럼 권력을 즐기다가 진짜 하나님의 백성을 만나 엄지가락을 끊어질 때 하나님을 만나게 되었다.

그것은 아도니 베섹이 하나님을 믿는 신앙인이 되었다는 뜻이 아니라 하나님의 정의와는 가장 반대의 삶을 살았던 그가 뒤늦게 후회했다는 말이었다. 이스라엘 백성들이 가나안 땅을 점령하고 적들을 궤멸해야 할 이유가 아도니 베섹을 통해 드러났다. 가나안에서의 전쟁은 정의와 죄악 사이의 전쟁이었다.

아도니야

그는 왜 왕이 되지 못했을까

다윗과 학깃 사이에 태어난 아도니야는 다윗이 죽으면 자신이 왕이
될 거라 떠벌리며 후계자 행세를 했다. 근사한 병거를 마련했고, 기
병과 호위병 50명을 준비했다. 객관적으로 보면 아도니야는 차기 왕
이 될 가장 유력한 사람이었다. 아도니야 위로 형님들은 죽어서 없고
다음 서열은 자신이었다. 아도니야의 용모는 뛰어났다. 아버지 다윗
도 아도니야의 행동에 대해 별로 제지하지 않았다. 다윗의 침묵은 아
도니야가 후계자라는 사실을 검증한 셈이었다.

아도니야는 다윗의 신하였던 요압과 아비아달 제사장을 포섭했다.
한 때 다윗의 오른팔과 왼팔이었던 그들이 아도니야에게 붙었다. 아

도니야는 때가 되었다고 판단한 그날에 소헬렛 바위 옆에서 양과 소, 송아지를 잡아 잔치를 벌였다. 다른 왕자들과 왕의 신하들이 초청이 되었다. 새로운 왕 아도니야의 즉위식이었다.

그러나 결론적으로 말하자면 아도니야는 왕이 되지 못했다. 다윗이 죽은 후 이스라엘의 왕은 솔로몬이 되었다. 목표를 정하고 생각하고 말하면 그대로 이루어질 수 있을까? 말의 중요성을 강조하는 시대, 말하고 이루는 수많은 성공의 신화가 있는 이 시대에 아도니야를 보면 왕이 되지 못한 것이 이상해 보인다. 아도니야는 서열로 보나 외모로 보나 왕이 될 만한 사람이었다. 그리고 그는 스스로 왕이 될 것이라고 믿고 선포했다. 그런데 왜 그는 왕이 되지 못했을까?

우리는 아도니야를 통해 "말하고 믿는 것이 반드시 이루어진다"는 신화가 허구에 가깝다는 것을 확인할 수 있다. 아도니야는 왕이라는 목표를 정했다. 허황된 목표가 아니었다. 다윗은 늙었고 죽음을 앞두고 있었다. 형들은 죽었다. 가장 유력했던 형 암논은 스캔들에 휩싸였다가 동생에게 살해당했고, 다음 주자였던 압살롬은 잠시 왕이 되었지만 전투에서 죽었다.

나이가 많은 왕은 슬슬 은퇴할 준비를 해야 했다. 몸도 많이 노쇠해졌다. 시간만 지나면 왕의 자리에서 내려올 것이고, 누군가가 왕이 되어야 했다. 순서로 따지자면 아도니야가 왕위를 잇는 것이 옳았다. 아도니야는 자신이 왕이 되고자 하는 욕망을 실현해 내기 위해 갖가지 노력을 쏟아 부었다. 목표를 정했고 생각을 했으며 말을 했다. 그런데 그는 결국 왕이 되지 못했다.

그는 다윗, 솔로몬, 나단, 밧세바 등이 형성한 연합 전선에 무릎을 꿇었고, 목숨만 겨우 건지는 지경에 이르렀다. 발 빠르게 움직인 나단 선지자는 밧세바를 통해 다윗 왕에게 접근했고 왕의 승인을 얻어냈다. 아도니야의 세력이 자축을 하는 동안 솔로몬은 온 백성의 승인을 받으며 왕좌에 앉았다. 아도니야 쪽에 붙었던 사람들은 제각기 흩어졌고, 아도니야는 재단의 뿔을 잡고 겨우 목숨을 건질 수 있었다.

인생에는 역경이 있는 법이다. 아도니야는 포기하지 않았다. 그는 왕이 될 수 있는 새로운 방법을 모색했다. 대세는 기울어졌고, 다윗은 왕위를 솔로몬에게 물려준 뒤 세상을 떠났다. 그러나 아도니야는 포기를 모르는 사람이었다. 그는 새로운 계획을 세우고 하나하나 실천해갔다. 어떤 계획이었을까? 아도니야는 솔로몬 왕의 어머니인 밧세바에게 다가갔다. 밧세바는 아도니야에게 미안한 마음이 있었다. 자기 아들이 왕 서열 1위를 주저앉힌 꼴이었다. 아도니야는 다윗 왕의 첩 아비삭을 달라고 요청했다.

아도니야는 아비삭과 결혼을 하고 싶다고 했다. 사울의 심복 아브넬이 사울의 후궁 리스바를 탐한 것과 비슷한 이치였다. 왕의 첩을 소유한다는 것은 왕이 되려는 꿈을 버리지 않았다는 것을 의미했다. 만약 아도니야가 아비삭을 얻게 된다면 이스라엘의 일부분을 떼어서 독립국가로 만든 뒤에 자신이 왕위에 오를 수 있었다. 아도니야는 계산을 숨기고 순진한 얼굴로 밧세바에게 제안을 했다. 아도니야의 시도는 성공했을까? 솔로몬에게 아도니야의 요청을 구하러 갔던 밧세바에게 솔로몬 왕은 이렇게 말했다.

"솔로몬 왕이 그의 어머니에게 대답하여 이르되 어찌하여 아
도니야를 위하여 수넴 여자 아비삭을 구하시나이까. 그는 나
의 형이오니 그를 위하여 왕권도 구하옵소서. 그뿐 아니라 제
사장 아비아달과 스루야의 아들 요압을 위해서도 구하옵소서
하고"(왕상 2:22).

솔로몬은 아도니야의 의도를 한눈에 알아챘다. 그는 심복을 보내
아도니야를 처형했다. 아도니야의 생각과 말과 계획은 모두 수포로
돌아갔다. 포기하지 않고 끝까지 끈질기게 도전했지만 그는 죽음을
당하고 말았다. 왕의 형으로 어느 정도 권력을 누리며 편히 살 수 있
었던 그의 인생은 완전히 사라지고 말았다. 생각하고 말하는 것이 이
루어진다는 게 허구임을 아도니야가 증명해 내고 말았다. 그는 왜 왕
이 될 수 없었고 솔로몬은 왕이 될 수 있었을까?
　하나님의 선택이 가장 중요했다. 하나님의 말씀이야말로 모든
것의 기준이 된다. 사람의 생각과 말이 중요한 것이 아니라 하나님
의 생각과 말씀이 가장 중요하다. 하나님은 다윗에게 이렇게 말씀하
셨다.

"보라. 한 아들이 네게서 나리니 그는 온순한 사람이라. 내가
그로 주변 모든 대적에게서 평온을 얻게 하리라. 그의 이름을

솔로몬이라 하리니 이는 내가 그의 생전에 평안과 안일함을 이스라엘에게 줄 것임이니라"(대상 22:9).

생각하고 말한다고 그대로 되지 않는다. 세상의 모든 것은 내 뜻대로 되지 않는다. 오직 하나님의 뜻만이 이루어질 뿐이다. 아무리 가능성이 높아도 하나님의 뜻이 없으면 아무것도 아니고, 아무런 가능성이 없어도 하나님의 뜻이 있으면 모든 것이 이루어진다. 우리가 얼마나 긍정적인 사고방식을 갖느냐가 중요한 것이 아니라 하나님 앞에 얼마나 겸손하게 설 것인가가 가장 중요하다.

도엑

어떻게 서슴없이 제사장들을 죽일 수 있었을까

다윗이 제사장 아히멜렉에게 빵과 칼을 요구했다. 다윗은 진설병과 골리앗의 칼을 갖게 되었다. 아히멜렉은 신실한 제사장이기에 다윗이 빵을 얻으려고 했던 거짓말을 알았을 것이다. 그러면서도 준 것은 다윗이 하나님의 뜻을 따르는 사람임을 알았기 때문이었다. 그런데 어디선가 숨어 보고 있는 사람이 있었다. 도엑이었다. 그는 사울의 신하였고 사울의 목자장이었다.

다윗을 찾기 위해 눈에 불을 켜고 있는 사울에게 도엑이 다가가 놉에 서 있었던 일을 일러바쳤다. 도엑의 고자질은 절묘했다. 사울이 화를 내면서 누구든지 다윗의 소재를 얘기하라고 부하들을 들쑤시고 있을 때였다. 도엑은 기회를 잡은 것처럼 다윗이 있던 곳을 말했다. 교활한 타이밍이었다.

사울은 빵과 칼을 준 아히멜렉은 물론이고 그 집안의 제사장을 모두 불러들였다. 그리고 그에게 "네가 다윗과 공모했다"고 윽박질렀다. 아히멜렉은 다윗의 말을 있는 그대로 믿고 도와주었을 뿐이었다. 그리고 그것은 사울을 위한 것이기도 했다. 다윗이 사울의 이름을 걸고 말했기 때문이었다. 아히멜렉은 다윗과 공모하지 않았고 사울 왕에게 맞서려는 의도도 없었다. 그러나 사울의 분노는 가라앉을 줄 몰랐다. 아히멜렉은 사울에게 사실을 말했다.

"아히멜렉이 왕에게 대답하여 이르되 왕의 모든 신하 중에 다윗같이 충실한 자가 누구인지요. 그는 왕의 사위도 되고 왕의 호위대장도 되고 왕실에서 존귀한 자가 아니니이까. 내가 그를 위하여 하나님께 물은 것이 오늘이 처음이니이까. 결단코 아니니이다. 원하건대 왕은 종과 종의 아비의 온 집에 아무것도 돌리지 마옵소서. 왕의 종은 이 모든 크고 작은 일에 관하여 아는 것이 없나이다 하니라"(삼상 22:14-15).

아히멜렉은 사울에게 반박하거나 변명하거나 용서를 비는 따위의 일은 하지 않았다. 그는 용감하게 말했다. 다윗은 신하들 중 가장 믿을 만한 사람이며, 사울의 사위이자 경호실장이고, 궁중에서 매우 존귀한 사람이므로 하나님께 기도하고 여쭙는 것은 늘 있던 일이다.

그러므로 우리는 무죄하다! 이런 뜻이었다.

이런 말에 깨닫고 수긍할 사울이라면 결말이 끔찍하지 않았을 것이고, 백성들을 고생시키지 않았을 것이다. 사울은 아히멜렉의 말 때문에 더 화가 났다. 그의 마음속에 있던 살의의 스위치가 켜졌다. 그러고는 자신의 호위병에게 아히멜렉과 그 집안 제사장을 다 죽이라고 명령했다. 왕의 명령이 떨어졌지만 신하들은 제사장을 죽이는 것을 망설일 수밖에 없었다. 하나님이 세운 제사장을 함부로 죽일 수는 없는 일이었다.

사울은 아히멜렉이 다윗과 공모해서 그를 도망시켰다는 죄를 물어 죽이려고 했다. 사울에게는 당장 사형시켜도 시원치 않을 큰 죄일지 모르지만 신하들은 달랐다. 그들은 아히멜렉을 죽일 이유가 전혀 없었다. 차라리 다윗이라면 죽일 수 있었다. 그러나 그의 집안 제사장들이 죽어야 할 이유는 없었다. 그들은 문제의 원인이 아니었다. 그들이 머뭇거리자 왕은 처음 자신에게 고자질했던 도엑에게 제사장들을 죽이도록 명령했다.

도엑은 서슴지 않고 제사장들을 죽였다. 도엑은 왕명을 등에 업고 칼바람을 일으켰다. 거기에는 음흉한 의도가 있었다. 첫째는 자기가 뿌린 씨를 자기가 거둬들이려는 것이었다. 그가 고자질한 것은 자기가 정의롭다고 여겼기 때문이었고, 자신이 정의롭다면 아히멜렉 제사장과 그 가문은 불의한 집단이었다. 불의는 언제든지 처단할 수 있다고 생각했다.

둘째는 다윗에 대한 라이벌 의식 때문이었다. 다윗은 패배자들의 우두머리였지만, 도엑은 사울 목자들의 우두머리였다(삼상 21:7). 같은 우두머리라도 자신이 훨씬 우월한 사람이었다. 자신이 다윗보다 낫다고 생각했으니 다윗이 증오스러웠다. 그래서 다윗을 살려준 아히멜렉과 그 제사장 가문은 모두 악한 무리라고 매도할 수 있었고, 그러니까 얼마든지 죽일 수 있었다.

도엑은 서슴없이 달려들었다(18절). 아무런 무장도 하지 않고, 어떤 저항도 할 수 없는 제사장을 85명이나 죽였다. 단 한 명을 죽이는 것도 엄청난 에너지와 죄책감을 동반하는 일인데, 85명을 죽였다는 것은 그가 광기에 휩싸였다는 증거였고, 그 살육의 현장은 비참하고 피비린내 나는 끔찍한 모습이었다.

사울은 한술 더 떴다. 왕은 제사장이 살던 성읍인 놉으로 가서 남자, 여자, 어린아이, 젖먹이, 소, 나귀, 양 떼를 닥치는 대로 죽였다. 사울은 정상이 아니었다. 그들이 죽어야 할 이유가 있다면 다윗이 자기를 죽이려고 했다는 것, 아히멜렉이 다윗과 공모를 했다는 것인데 그 자체도 말이 안 되는 것이지만, 만약 사실이라고 해도 과연 여자, 어린아이, 젖먹이까지 죽여야 할 일인가?

사울은 다윗이 헤렛 수풀에 숨어 있었던 것을 왕을 암살하기 위해 은거했다고 곡해했다. 다윗이 피해자인데 사울은 정반대로 생각했다. 완전히 어그러진 시각이었고 편집증적이었다. 그런 이상한 감정에 빠진 사울을 이용한 것은 도엑이었다. 사울이 오해하는 모든 것이 진짜라고 믿게끔 조작했다.

사울의 광기도 무섭지만 도엑의 교활함은 더 무서운 것이었다.

사울은 결국 요나단을 포함한 그 아들들과 함께 한날한시에 죽었다. 하나님의 심판이었다. 그가 죽은 후에 하나님의 심판대 앞에서 자신이 죄에 대한 추궁을 받을 것은 분명한 일이었다. 반면에 끔찍한 살육의 현장에서 유일하게 살아남은 아히멜렉의 아들 아비아달이 있었다. 그는 살아남아 다윗 왕조를 위해 중요한 역할을 감당했다. 하나님의 뜻이었다.

악은 겉으로 드러나는 광란보다 그렇게 날뛸 수 있게 만드는 배후세력이 더 무서운 법이다. 창세 때부터 악은 뒤에 숨어서 사람들을 무너뜨리고 하나님의 뜻에서 멀어지게 만들었다. 도엑 같은 사람이 옆에서 사울의 광기를 더욱 부채질이 했고, 사울과 같은 사람이 자기를 책임져주었기에 도엑이 마음대로 살인을 저지를 수 있었다. 개인적인 감정을 가지고 자기가 마치 정의라도 되는 것처럼 남에 대해서 조금도 이해하려 하지 않는 사람은, 이렇게 악마가 되어 버렸다. 우리는 언제나 이런 어리석은 악인을 주의해야 한다.

빌라도

유대인의 왕이냐고 왜 물었을까

예수님이 빌라도에게 끌려와서 법정에 섰다. 그때 빌라도가 물었던
것은 "당신이 유대인의 왕이오?"라는 것이었다. 당시 최고 권력자 빌
라도가 재판관으로 예수님께 심문한 것은 그것이 전부였다. 빌라도
는 당시 유대인의 왕이 누구인지 분명히 알았다. 헤롯이었다. 빌라도
는 헤롯과 사이가 좋지 않았다. 그 말은 빌라도가 헤롯에 대해 분명
히 인식하고 있었다는 뜻이고, 누가 유대인의 왕인지 확실히 알고 있
다는 증거가 된다. 그런데 빌라도는 왜 예수님께 유대인의 왕이냐고
물은 것일까?

빌라도는 정치인이었고 상황 파악을 명확히 하는 사람이었다. 추세

를 확실히 파악하고 있었고, 정세를 살피는 것에는 명수였다. 그는 법과 재판에 대해서도 조예가 높았다. 그가 해야 할 중요한 임무 중의 하나였다. 빌라도는 지금 예수님에 대한 이 재판을 통해서 고도의 정치를 펼치고 있었다.

대제사장, 바리새인 등 당시 유대의 정치, 종교 지도자들이 예수님을 빌라도의 재판정으로 끌고 갔다. 그때 그들이 예수님을 고발한 죄목은 이스라엘 민족을 오도하고 로마에 대한 세금을 반대했으며 자칭 메시아로 칭한 것이었다(눅 23:2). 빌라도는 기소된 내용에 대해서 물어보면 그만이었다. "당신이 민족을 오도하고 세금을 반대한 메시아냐?" 그 질문에 하나라도 긍정적인 답변이 나오면 법대로 처리하면 되었다. 그런데 엉뚱하게도 "당신이 유대인의 왕인가?"라고 물었다. 빌라도가 질문을 그렇게 바꿈으로써 무엇을 의도했던 것일까?

빌라도는 유대의 지도자들을 겨냥했다. "너희들의 고발은 말 같지도 않다. 나는 내 방식대로 질문하겠다"라는 의미였고, 예수님을 고발한 자들을 무시한 처사였다. 빌라도는 유대의 지도자들이 의도한대로 놀아나지 않았다. 그렇다면 "유대의 왕이냐?"라고 물은 진정한 의도는 무엇이었을까?

예수님이 그 질문에 "아니다. 나는 유대의 왕이 아니다"라고 대답하면 유대 지도자들에게 "별것도 아닌 일로 나에게 왔느냐? 풀어줘라"고 핀잔을 주며 문제를 풀 수 있었다. 예수님이 "맞다. 내가 유대의 왕이다"라고 대답을 하면 좀 복잡해지는데, 우선 "이런 미치광이를 데려왔냐? 내가 유대의 왕이 헤롯이란 것을 빤히 아는데 이런 일로 나에게 왔느냐? 풀어줘라"고 말할 수 있었다.

또는 "이렇게 초라한 사람이 왕일 리가 없는데 왕처럼 인기를 끌고 있구나. 헤롯아, 보았느냐? 너도 인기 좀 끌어봐라"면서 유대의 지도자와 헤롯 모두를 골탕 먹일 수 있었다. 빌라도의 질문에는 고도의 계산이 숨겨져 있었고, 적어도 빌라도가 재판관으로 있는 이상 예수님을 사형을 시킨다는 것은 무리인 게 분명했다. 그래서 빌라도는 쉽게 결론을 내렸다.

"빌라도가 대제사장들과 무리에게 이르되 내가 보니 이 사람
에게 죄가 없도다 하니"(눅 23:4).

허무하게 끝날 소동이었다. 빌라도가 판결을 내렸으니 더 이상 재판은 진행할 필요가 없었고, 예수님은 풀려날 일이었다. 그런데 일은 이상하게 흘러갔다. 〈누가복음〉에 의하면 빌라도는 예수님이 갈릴리 출신이라는 것을 알고 갈릴리를 관할하는 헤롯에게 그를 보냈다. 헤롯도 역시 무죄를 선고할 것을 기대했기 때문이었다. 만약 자신의 결정과는 반대로 헤롯이 유죄를 선언해도 괜찮았다. 빌라도는 자기 손에 피를 묻히지 않고 이 문제를 해결할 수 있었다. 과연 빌라도는 고수였다.

헤롯은 무슨 기적이라도 보려고 했으나 예수님은 헤롯에 대한 무시로 일관했다. 유대 지도자들은 재판 자리에서 예수님을 맹렬히 비난했다. 헤롯은 예수님을 유죄라고 할 수도 없었고 무죄로 풀어줄 수

도 없었다. 헤롯은 자신의 지혜로는 아무것도 할 수 없다는 것을 알고 예수님을 다시 빌라도에게 돌려보냈다. 사건은 원점이 되었다.

자, 이제 빌라도가 해야 할 일은 무엇일까? 처음에 판정했던 내용을 확인하면 끝이었다. 그래서 그는 세 번이나 기각을 시켰다(14-18절). 그런데 여론은 예수님의 사형으로 급격하게 형성되었다. 빌라도와 유대 지도자들의 힘을 비교하면 누가 더 셀까? 빌라도와 유대 군중의 파워를 비교하면 누가 더 압도적일까? 말할 것도 없이 빌라도의 권력이 더 컸다. 그는 로마의 총독이었다. 그런데 빌라도는 여론에 굴복했다. 그는 예수님을 십자가 사형에 내어주었다. 자신은 조금도 타격을 받고 싶지 않았다. 예수님은 그에게 그저 도구에 불과했다.

만약 똑같은 방식으로 자신의 아내나 자녀 또는 친구가 곤혹한 처지에 놓였다면 어땠을까? 그는 불같이 화내며 군중과 유대 지도자들을 제압했을 것이다. 예수님은 빌라도에게 소모품에 지나지 않았고 별 상관없는 인물이었다. 그래서 예수님에 대한 무죄라는 확신과 다르게 야수에게 먹이를 던져주듯 예수님을 그들에게 내어주고 말았다. 그 순간 정의는 사라지고 신념과 진리도 땅에 짓밟혔다. 빌라도는 단지 예수님만 내어준 것이 아니라 그의 양심도 짓밟아버린 셈이었다.

예수님은 십자가의 형장으로 끌려갔고 빌라도는 헤롯과 친구가 되었다. 빌라도는 정치의 고수였다. 결국 헤롯이라는 정적을 친구로 만들어서 정치적인 자산을 확보했다. 예수님을 죽임으로써 그는 손해를 본 것이 하나도 없었다. 역사학자 요세푸스에 의하면 빌라도는 당시 황제 티베리우스로부터 이스라엘의 총독으로 임명을 받았다고 되어 있다. 그 지역에서 경력을 쌓으면 황제에 의해 로마의 높은 직위에 올라갈 수 있는 자리였다. 빌라도의 최후는 영광스러웠을까?

빌라도는 사마리아인들을 강제로 해산시키다가 많은 사상자를 냈고, 그 일로 총독 자리에서 해임되었다. 황제 앞에서 자신의 잘못을 설명할 기회를 얻었지만 자신의 뒤를 봐줄 티베리우스 황제는 이미 죽고 없었다. 빌라도는 공직에서 쫓겨났고 모든 권력을 잃고 말았다. 원하는 것을 다 놓쳐버린 그는 끔찍한 정신병에 시달리다가 결국 자살하고 말았다. 똑똑하고 실력 있던 빌라도는 온 세상의 왕인 예수님을 눈앞에 두고도 알아보지 못한 가련하고 어리석은 자에 불과했다.

하나님께서 지으신 창조물 중에 인간은 6일째 되는 마지막 날에 창조되었으니 전체 1/6에 불과했다. 창세기 1장에 나오는 창조물은 빛, 궁창, 땅, 풀, 나무, 해, 달, 별, 새, 물고기, 짐승, 인간의 순으로 나오니까 그렇게 따지면 1/12 정도밖에 되지 않는다. 그런데 하나님의 관심은 풀이나 짐승이 아니라 온통 인간이었다. 다른 피조물들이 왜 나에게 관심이 없냐고 불만을 가질 만도 한 일이다. 그러나 동물은 100년 전이나 1000년 전이나 동일한 모습이다. 나귀는 예수님 때나 지금이나 똑같은 모습을 하고 있다. 그러나 인간은 다르다. 노아 때의 인간과 지금의 인간은 완전히 다른 모습일 것이다. 변화무쌍한 인간이다. 동물이나 자연은 그냥 두어도 각자 자기 일을 하지만 인간은 가만히 두면 죄에 빠지고 간섭하면 답답해한다. 그것이 인간이다. 이렇게 다양한 인간의 모습을 이 책을 통해서 만났으면 좋겠다.

이 책을 통해 살펴본 인물은 80여 명이고, 그들에게 던진 70여개의 질문이 있다. 성경에는 더 많은 인물이 있다. 많은 분량을 차지하는 아브라함, 모세, 여호수아, 다윗, 이사야, 예레미야, 베드로, 요한, 바울 같은 인물은 이 책에 등장하지 않는다. 이름도 잘 모르는 낯선 성경의 조연과 같은 사람들을 살펴보는 이유는 그들을 통해 보잘것없고 볼품없어 보이는 한 사람 한 사람에게 태양빛처럼 비춰주시는 하나님의 은혜를 엿보기 위해서다.

최고의 조연들을 통해 어려운 선택을 잘 해낼 수 있는 가능성을 보고, 기적 속에서 하나님의 은혜를 붙든 사람들을 통해 지금 이곳에서도 기적의 현장이 이루어지기를 바라고, 두 사람을 비교함으로써 그들이 함께 성공하거나 함께 몰락한 이유를 찾아보고, 여인들의 이야기를 통해서 희생당하는 약자들의 현실에 대해 돌아보며, 실패한 사람들, 악한 사람들에 대해서는 인간이 얼마나 악해질 수 있는지, 얼마나 어리석을 수 있는지 반면교사를 삼으면 좋겠다.

나는 성경을 읽을 때마다 소수의 인물에 매료되곤 했다. 유명하고 대단한 인물들에 대해서는 주일학교 때부터 익숙하게 들었지만 잠시 스쳐가는 성경의 인물들에 대해서도 무엇인가 의미가 있다는 생각을 했다. 어쩌면 세상의 모든 사람에 비하면 우리 역시 작디작은 인생을 살아가는 인물에 불과할 것이지만 하나님의 눈길은 우리를 주인공 삼아 각자의 인생을 살게 하셨다고 믿는다. 성경에서 조연처럼 보이는 그런 인물에게도 하나님의 손길이 있다. 그들 인물을 생생한 현장 속에서 만나보는 일은 즐거운 작업이었다.

이런 작업은 약 20년 전부터 있었다. 시간이 날 때마다 한 명의 인물을 붙잡고 그들의 삶에 대해 성경이 다 말하고 있지 않은 것까지 묵상하면서 메모했던 것들을 이제 한 권의 책으로 내놓고자 한다. 더 많은 인물을 만나는 기회가 앞으로 있을 것이다. 사람들을 직접 만날 수 없는 이 전염병의 시대, 우리는 책이라든가 다양한 매체를 통해 사람들을 만나고, 또 만날 수 있고 만나야만 한다. 세상은 절대 망하지 않을 것이다. 예수님이 오실 그날까지 전쟁이나 질병이나 그 어떤 것도 우리를 위협만 할 뿐 인생을 멈추게 할 수는 없다. 용기를 갖고 계속해서 다양한 인물들을 만날 때 우리의 삶은 더욱더 풍성해질 것이다.

전염병이 도는 바람에 집필 환경도 많이 바뀌었다. 주로 집에서 생활하는 가족들에게 고맙고 미안한 마음을 전한다. 글을 쓰는 과정에 푹 빠져 있는 남편을, 아빠를 용납해주는 효정과 남우, 남희 덕분에 이 책이 나오게 되었다. 부디 이 어려운 때에도 지금도 역사하시는 하나님의 인도함 속에서 살아 숨 쉬는 우리와 성경에 등장하는 인물들이 잘 만나고 대화하는 시간이 되기를 바란다.

■ 나의 신앙 고백 1

이 책을 읽고 당신이 가장 도전받은 내용은 무엇입니까?
그 도전받은 것을 나의 신앙생활에 어떻게 적용할 수 있을까요?

....

....

....

....

....

....

■ 나의 신앙 고백 2

이 책을 읽고 당신이 가장 도전받은 내용은 무엇입니까?
그 도전받은 것을 나의 신앙생활에 어떻게 적용할 수 있을까요?

■ 나의 신앙 고백 3

이 책을 읽고 당신이 가장 도전받은 내용은 무엇입니까?
그 도전받은 것을 나의 신앙생활에 어떻게 적용할 수 있을까요?

....

....

....

....

....

....

....